Klaus Moser
Werbepsychologie

Klaus Moser

Werbe-psychologie

Eine Einführung

Mit 77 Abbildungen
und 73 Tabellen

Psychologie Verlags Union
München 1990

Anschrift des Autors:

Dr. Klaus Moser
Universität Hohenheim
Institut 430
Postfach 70 05 62
7000 Stuttgart 70

Lektorat: Dipl.-Psych. Stefan Granzow

CIP-Titelaufnahme der Deutschen Bibliothek

Moser, Klaus:
Werbepsychologie : eine Einführung / Klaus Moser. – München :
Psychologie-Verl.-Union, 1990
ISBN 3-621-27108-2

Umschlagentwurf: Dieter Vollendorf, München
Herstellung: Christine Jehl, Landshut
Satz, Druck und Bindung: Ludwig Auer GmbH, Donauwörth
Cartoons von Matthias Pilot, Mannheim
Printed in Germany

ISBN 3-621-27108-2

Vorwort

Werbepsychologisches Wissen wird zwar oft nachgefragt, aber es wird nur selten systematisch dargestellt und auf seine Grundlagen hin überprüft. Dies war der erste Anlaß für das vorliegende Buch. Die angestrebte Übersicht soll sowohl Möglichkeiten als auch Grenzen der Werbepsychologie aufzeigen und dadurch dem Werbepraktiker und dem Werbekritiker gleichermaßen dienlich sein. Die Unterteilung in fünf Kapitel orientierte sich an der Frage, aus welchen Perspektiven werbepsychologische Kompetenz in der Werbung eingesetzt wird oder werden kann.

Zunächst wird die Werbepsychologie in den generellen Kontext des (betriebswirtschaftlichen) Marketing gestellt. Das Marketing macht dort, wo es sich als Verhaltenswissenschaft und nicht nur als Verwalter des Werbebudgets versteht, schon lange ausführliche Anleihen bei der Psychologie. Allerdings wird dies oftmals von Nicht-Psychologen mit entsprechenden Defiziten betrieben. Dieses Buch soll dazu beitragen, daß der unentbehrliche Beitrag der Psychologie für das Marketing sich ähnlich wie im amerikanischen Raum auch institutionell durchsetzt. Dort ist es beispielsweise üblich, daß Psychologen an betriebswirtschaftlichen Instituten integriert sind. Zudem wird deutlich werden, daß die Psychologie zu mehr als nur zur Werbegestaltung im engeren Sinne etwas zu sagen hat.

Kapitel 2 berichtet über verschiedene Methoden zur Untersuchung der Werbewirkung; Prognose und Überprüfung der Werbewirkung dürften die Hauptaufgaben der Werbepsychologen in der Praxis sein. Das dritte Kapitel präsentiert Theorien und Konzepte, die die Werbewirkung erklären. Das vierte Kapitel geht auf formale Aspekte der Werbegestaltung ein, die in der Regel von anderen Fachleuten vorgegeben werden, so z. B. von Designern, Fotografen oder Redakteuren. Psychologen können diese formalen Aspekte evaluieren. Kapitel 5 hat schließlich eine Auswahl inhaltlicher Aspekte der Werbung zum Thema. Diese inhaltlichen Aspekte sind sehr verbreitet (z. B. Verwendung von Modellen) oder auch spektakulär (z. B. Sex-Appeal). Die Werbepsychologie kann hier Licht in die Vielfalt von Anwendungen und (oft zu Unrecht) unterstellten Wirkmechanismen bringen.

Auf ausführliche Zitationen, die das Lesen erschweren, wurde verzichtet; Quellennachweise wurden aber, soweit nötig, vorgenommen. Zudem wird am Ende der einzelnen Abschnitte nach Möglichkeit auf vertiefende Literatur verwiesen. Ebenfalls wurde darauf geachtet, daß für den Leser keine Statistikkenntnisse erforderlich sind. Das heißt zwar, daß die folgenden Seiten alleine noch nicht darauf vorbereiten, selbständig werbepsychologische Untersuchungen durchzuführen; diese Einführung gibt aber einen Überblick über werbepsychologisches Denken und über dessen Methoden und Inhalte. Sie soll den Leser in die Lage versetzen, sowohl wissenschaftliche Untersuchungen als auch populäre Praktikertips kritisch und konstruktiv zu beurteilen. In vielen Themenbereichen mußte vor allem englischsprachige Literatur zugrundegelegt werden. Aufgrund der manchmal geradezu bedauerlich geringen interkulturellen Unterschiede zum anglo-amerikanischen Bereich scheint dies aber grundsätzlich gerechtfertigt.

Den unmittelbaren Anlaß für das Verfassen dieses Buches bildeten Lehrveranstaltungen an der Fachhochschule für Gestaltung in Mannheim sowie an der Universität Hohenheim. Den Studierenden sei für ihre kritischen Kommentare und engagierten Diskussionen gedankt. Dank schulde ich auch folgenden Kolleginnen und Kollegen für die Durchsicht von Teilen einer früheren Version des Manuskripts: Ulrike Bader, Thea Barthelme, Rüdiger Fruhner, Andrea Gerth, Oliver Hoffmann, Hildegard Nibel, Ulrike Pattberg, Lucia Reisch und Oliver Schwaab. Angelika Schick danke ich für ihre Geduld, mit der sie verschiedene Versionen von Manuskripten in lesbare Formen brachte. Stefan Granzow ist nicht nur für effiziente Zusammenarbeit mit der Psychologie Verlags Union zu danken; er hat auch zur besseren Verständlichkeit und Anschaulichkeit des Textes beigetragen.
Konsument, Verbraucher, Käufer oder Rezipient werden als nicht geschlechtsspezifische Personenbezeichnungen verstanden; aus Gründen der besseren Lesbarkeit werden nur dann weibliche Endungen verwendet, wenn es sich ausschließlich um weibliche Personen handelt oder handeln kann.

Filderstadt, im August 1990 *Klaus Moser*

Inhaltsverzeichnis

1 Marketing-Grundlagen der Werbung

Dieses erste Kapitel führt in die Marketing-Grundlagen der Werbung ein. Zunächst wird die Entwicklung des Marketing-Konzepts beschrieben und verdeutlicht, auf welch verschiedene Bereiche das Marketing-Denken angewendet werden kann. Im Anschluß werden die vier klassischen Instrumente des Marketing vorgestellt, die zusammen das Marketing-Mix bilden. Ziele dieses Kapitels sind die Einordnung der Werbung bzw. werbepsychologischer Fragen in den generellen Kontext der Optimierung des Austauschs von Gütern oder Ideen durch Organisationen. Des weiteren sollen die verhaltenswissenschaftlichen, vor allem psychologischen Bezüge des Marketing herausgestellt werden. Schließlich soll es dem Leser ermöglicht werden, den Stellenwert psychologischer Theorien, Methoden und Ergebnisse für das Marketing beurteilen zu können.

1.1 Die Entwicklung des Marketing-Konzepts

Eines der bekanntesten Lehrbücher zum Thema „Marketing" beginnt mit der Feststellung, daß eben dieses Buch in früheren Auflagen den Titel „Einführung in die Lehre von der Absatzwirtschaft" hatte. Der Begriff „Absatzwirtschaft" umfaßt die Institutionen und betrieblichen Organe sowie die Maßnahmen, die ergriffen werden, um die Spannungen zwischen der Produktion von Gütern und ihrer Verwendung bzw. ihrem Gebrauch zu überwinden (Nieschlag, Dichtl & Hörschgen, 1988).

Der Begriff „Absatzwirtschaft" wurde durch den Begriff „Marketing" ersetzt, weil sich ein zunehmend erweitertes Verständnis absatzwirtschaftlicher Aktivitäten entwickelt hatte. Entsprechend den zunehmenden ökonomischen Verflechtungen und ihrer Bedeutung für die Gesellschaft hat sich für den Begriff „Marketing" (Absatzwirtschaft) ein Bedeutungswandel ergeben. Das zunehmende Interesse an Fragen des Marketing und der Absatzpsychologie geht vor allem darauf zurück, daß einerseits spätestens seit Mitte des 20. Jahrhunderts die Probleme der Unternehmen nicht mehr im *Produktionsbereich,* sondern vor allem im *Absatzbereich* liegen und andererseits die erzielten Rationalisierungserfolge im Produktionsbereich durch steigende Distributionskosten vermindert wurden.

Meffert (1986) unterscheidet vier Entwicklungsphasen des Marketing: die Phasen der Produktionsorientierung, der Verkaufsorientierung, der Kunden- bzw. Marketingorientierung und des strategischen Marketing. Die Phase der Produktionsorientierung ist gekennzeichnet durch Massenproduktion und ein Überwiegen der Nachfrage über das Angebot. Absatzprobleme beschränken sich auf die Vermarktung von Gütern im Sinne von Distribution (Verteilung).

Die Phase der Verkaufsorientierung ist dadurch gekennzeichnet, daß sich das Verhältnis von Nachfrage und Angebot umkehrt, daß sich ein Wandel vom Käufermarkt zum Verkäufermarkt vollzieht (vgl. Kasten 1).

Kasten 1: Die Unterscheidung von Käufer- und Verkäufermarkt

> Werden Märkte als Systeme von Austauschbeziehungen zwischen Käufern und Verkäufern verstanden, so können Käufermärkte von Verkäufermärkten unterschieden werden. Ein *Käufermarkt* liegt dann vor, wenn die Anbieter größere Anstrengungen unternehmen müssen als die potentiellen Nachfrager. Der *Verkäufermarkt* weist die umgekehrte Konstellation auf, d. h. hier müssen die Nachfrager tendenziell größere Anstrengungen zeigen als die Anbieter. In der Regel ist es zwar so, daß Käufermärkte vor allem in marktwirtschaftlichen Gesellschaften anzutreffen sind, während Verkäufermärkte eher in planwirtschaftlich organisierten Staaten vorherrschen; jedoch existieren auch in kapitalistischen Gesellschaften Verkäufermärkte. Die Bundesrepublik kurz nach dem Ende des Zweiten Weltkrieges ist hierfür ebenso ein Beispiel wie weite Segmente des Arbeitsmarktes in den 70er und 80er Jahren. Die Unterscheidung von Käufermarkt und Verkäufermarkt soll verdeutlichen, daß die Intensität von Marketingaktivitäten von bestimmten Bedingungen abhängt, u. a. vom Vorliegen von Käufermärkten.

Nach wie vor hatte aber die Absatzabteilung die Aufgabe, das abzusetzen, was produziert wurde; es ist die Phase des aggressiven Verkaufens.

Die Phase der Marketingorientierung ist durch eine weitere Verschärfung des Wettbewerbs gekennzeichnet. Im Vordergrund stehen die Bemühungen, das Verhalten der Konsumenten zu erforschen und zu beeinflussen.

Das Marketing hat sich im 20. Jahrhundert und hier vor allem nach dem Zweiten Weltkrieg zunehmend zu einer Unternehmensphilosophie weiterentwikkelt. „Unternehmensphilosophie“ steht für die These vom *Marketing als Maxime,* d. h. die Orientierung eines Unternehmens an Verbraucherbedürfnissen bzw. am Markt, und der Einsatz der Marketingmittel (des absatzpolitischen Instrumentariums) zur Erzielung von Wettbewerbsvorteilen hat absolute Priorität. In diese Phase fällt auch die Entwicklung und Ausdifferenzierung des Marketing-Mix (siehe unten).

Der Beginn der vierten Phase, des strategischen Marketing, läßt sich in die 70er Jahre datieren. Kennzeichnend für das strategische Marketing ist die Ausrichtung auf *alle* Marktpartner. Das auf Kunden orientierte Absatzmarketing wurde ergänzt durch das Beschaffungsmarketing und das Public-Marketing. Ein „modernes und strategisches Marketing“ berücksichtigt, daß Organisationen nicht nur eine kundenorientierte Haltung einnehmen, sondern daß der Erfolg auch von den Beziehungen zu verschiedenen Beschaffungsquellen, den Konkurrenten am Markt oder der breiten Öffentlichkeit bestimmt wird. Ein modernes, *integriertes Marketing* setzt sich demnach aus dem Absatzmarketing, dem Beschaffungsmarketing und dem Public-Marketing zusammen. Das Beschaffungsmarketing kann in

Sachgüter-/Lieferantenmarketing, Finanzmarketing und Personalmarketing unterteilt werden. Adressaten sind u. a. Zulieferer, Banken, Aktionäre und der Arbeitsmarkt bzw. (potentielle) Organisationsmitglieder.

Typische Fragen aus dem Bereich des Lieferantenmarketing sind die Darstellung der Bonität eines Unternehmens gegenüber den Lieferanten, der Aufbau von kontinuierlichen Geschäftsbeziehungen oder Absprachen über wechselseitige Unterstützung bei der Werbung. Neben der Beschaffung von Rohstoffen und Investitionsgütern hat auch die Beschaffung von Finanzierungsmitteln und damit das Finanzmarketing bereits bei kleinen Unternehmungen eine nicht unbeträchtliche Bedeutung. Adressaten des Finanzmarketing sind vor allem Banken und Aktionäre, bei sehr finanzstarken Unternehmen eventuell auch politische Institutionen (z. B. im Zusammenhang mit staatlicher Forschungsförderung). Als Instrumente des Finanzmarketing finden u. a. Verwendung: Geschäftsberichte, Aktionärsberichte, Presse-Informationen, Hauszeitschriften, Fachzeitschriften und Hauptversammlungen. Die Grenzen zwischen Lieferanten- und Finanzmarketing sind fließend, wenn z. B. mit Lieferanten spezifische Kreditierungen ausgehandelt werden.

Das Ziel des Personalmarketing besteht darin, eine Organisation für (zukünftiges) Personal attraktiv zu machen und Grundlagen für erfolgreiche Austauschprozesse zu schaffen. Typische Fragen des Personalmarketing lauten etwa, wie ein Unternehmen wahrgenommen wird, welche Bedeutung die Bezahlung im Vergleich zu Arbeitsplatzmerkmalen hat oder was an Stellenanzeigen beachtet wird (Moser, 1990c).

Das Public-Marketing richtet sich an verschiedenen Öffentlichkeiten und ist weitgehend mit den „Public-Relations" (siehe Abschnitt 1.5.2) identisch.

In der soeben beschriebenen Entwicklung des Marketing-Konzeptes war davon die Rede, daß das Ziel von Unternehmen darin bestehe, Wettbewerbsvorteile zu erzielen. Es wäre jedoch kurzsichtig, die erwerbswirtschaftlichen Unternehmensziele deshalb nur in der Gewinnmaximierung zu sehen. Zu den weiteren in der Realität anzutreffenden erwerbswirtschaftlichen Unternehmenszielen gehören zum Beispiel Wachstum, Sicherheit oder Kapazitätsauslastung. Entsprechend den Zielen von Unternehmen ergeben sich auch unterschiedliche Aufgaben für das Marketing. Eine Übersicht zu den Grundaufgaben des Marketing findet sich in Tabelle 1.

Je nach Marktlage stellen sich also unterschiedliche Anforderungen an das Marketing. An den Beispielen „schwankende", „übersteigerte" und „schädigende" Nachfragekonstellation kann verdeutlicht werden, daß es neben der Marktlage auch auf die Beschaffenheit des zu vertreibenden Produktes oder der Dienstleistung ankommt. Nachfrageschwankungen können sich u. a. aufgrund der Tageszeit (z. B. Verkauf von Tageszeitungen an Zeitungskiosken), des Wochentages (z. B. Samstagseinkäufe in Großkaufhäusern) oder der Jahreszeit (z. B. der Besuch von Wintersportgebieten) ergeben. Bekannte Beispiele für übersteigerte bis hin zu schädigender Nachfrage sind vor allem in den Bereichen Umwelt und Kultur zu finden, so etwa wenn hohe Besucherfrequenzen zur Zerstörung von

Tabelle 1: Grundaufgaben des Marketing (Kotler, 1978, S. 80)

Nachfragekonstellation	Marketingaufgabe	Bezeichnung
Negative Nachfrage	Nachfrage umkehren	Konversions-Marketing
Fehlende Nachfrage	Nachfrage schaffen	Anreiz-Marketing
Latente Nachfrage	Nachfrage entwickeln	Entwicklungs-Marketing
Stockende Nachfrage	Nachfrage beleben	Revitalisierungs-Marketing
Schwankende Nachfrage	Nachfrage synchronisieren	Synchro-Marketing
Optimale Nachfrage	Nachfrage erhalten	Erhaltungs-Marketing
Übersteigerte Nachfrage	Nachfrage reduzieren	Reduktions-Marketing
Schädigende Nachfrage	Nachfrage eliminieren	Kontra-Marketing

Erholungsgebieten oder Beeinträchtigungen von kulturellen Veranstaltungen führen.

Vor allem seit Beginn der 70er Jahre setzt sich ein Verständnis von Marketing als Lehre von der Steuerung zwischenmenschlicher und gesellschaftlicher Prozesse durch. Dies wird auch als „generisches Marketing“ bezeichnet. So hat sich ein Marketingsverständnis entwickelt, das Marketing als Lehre von den besten Mitteln zur Verbesserung des Erfolgs von Austauschbeziehungen versteht: „Für eine Organisation bedeutet Marketing das wirksame Management der Austauschbeziehungen mit den verschiedenen Märkten und Interessentengruppen“ (Kotler 1978, S. VII). Marketingkonzepte können somit auch auf nichterwerbswirtschaftlich orientierte Organisationen angewendet werden.

Erwerbswirtschaftliches versus Sozio-Marketing: Betrachten wir Marketing nicht nur als Lehre vom Verkauf oder Vertrieb von Gütern – wie dies der Begriff Absatzwirtschaft nahelegt – sondern als „Lehre von den Mitteln/Instrumenten zur Herbeiführung von Tauschrelationen“ (Hasitschka & Hruschka, 1982), so wird leicht ersichtlich, daß auch politische Wahlkampagnen oder Aktivitäten von amnesty international, der Kirche, von Universitäten oder Theatern durch Marketinginstrumente wirksamer gestaltet werden können. Marketing beschäftigt sich also nicht nur mit erwerbswirtschaftlich, sondern auch mit nicht-erwerbswirtschaftlich orientierten Organisationen. Sozio-Marketing kann in diesen Zusammenhängen umschrieben werden als ein Sammelbegriff für die Konzipierung, die Durchführung und die Bewertung von Programmen, die das Ziel haben, Einstellungen bestimmter Zielgruppen zu Ideen oder zu Verhaltensweisen zu beeinflussen. (Von manchen Autoren wird Sozio-Marketing oder soziales Marketing auch enger definiert, so als „Marketing für soziale Ideen“ oder als Korrekturinstrumente des „kommerziellen Marketing“; vgl. Zentes, 1983). Die wesentlichen Unterschiede zwischen Sozio-Marketing und erwerbswirtschaftlichem Marketing sind in Tabelle 2 zusammengefaßt.

Beispiele für Sozio-Marketing-Maßnahmen von privaten und öffentlichen Schulen

Tabelle 2: Unterschiede zwischen erwerbswirtschaftlichem Marketing und Sozio-Marketing

	erwerbswirtschaftliches Marketing	Sozio-Marketing
Marketinginhalte	Produkte und Dienstleistungen	Ideen, Verhaltensweisen
Organisationsziel	Gewinnerzielung	Gesellschaftsinteresse
Psychologische Ziele	den Bedürfnissen entgegenkommen (oder diese wecken)	Einstellungen und Verhalten der Zielmärkte ändern
Typische Marketingstrategie	aggressives Marketing	minimales Marketing

sind, daß ein bestimmter Prozentsatz von Schülern einen „Einser-Durchschnitt" erzielt, attraktive Unterrichtskomponenten geboten werden oder eine überdurchschnittlich gute Infrastruktur vorliegt (z. B. Schulbusse). Eine Besonderheit vieler Sozio-Marketing-Programme besteht im Einsatz von ehrenamtlichen (unbezahlten) Helfern. Deren Wünsche und Selbstverständnis beschränken die Einsetzbarkeit „aggressiver" Marketingmethoden (z. B. harte Verkaufsgespräche) zugunsten eines minimalen Marketing, das die Qualität der Ideen oder Verhaltensweisen betont.

Profit- versus Nonprofit-Marketing: Die Gegenüberstellung von erwerbswirtschaftlichem und Sozio-Marketing ist nicht die einzige Möglichkeit, die Vielfalt der Anwendungsgebiete von Marketingstrategien und -instrumenten aufzuzeigen. So geht es bei der Unterscheidung von Profit- und Nonprofit-Marketing darum, ob Marketingaktivitäten für profitorientierte oder für nichtprofitorientierte Organisationen betrieben werden. (Da, wie weiter oben bereits erwähnt wurde, nicht alle erwerbswirtschaftlich orientierten Organisationen den Gewinn als oberstes Ziel haben, werden teilweise als Synonyme für Nonprofit-Marketing die Begriffe „nicht-kommerzielles Marketing" oder „Non-Business-Marketing" verwendet; vgl. Zentes, 1983.) In Tabelle 3 sind Beispiele von Organisationen aufgeführt, die entweder auf Gewinn- (Profit-) oder auf Nonprofitbasis arbeiten und privat oder öffentlich sind.

Tabelle 3: Vier Organisationstypen

	Privat	Öffentlich
Profitbasis	Einzelunternehmungen, Personengesellschaften, Kapitalgesellschaften	Staatliche Fluglinien, Staatliche Telefonunternehmen
Nonprofitbasis	Private, karitative Organisationen	Behörden, Öffentliche Krankenhäuser

Öffentliche Einmischung

Beihilfe zum Hunger

terre des hommes hilft Kindern in Not. Seit fast 20 Jahren. In 30 Ländern der Dritten Welt.

terre des hommes unterstützt Selbsthilfeprojekte. Eltern sollen selbst für ihre Kinder sorgen können. Immer häufiger aber müssen wir Menschen satt machen, die gar nicht hungern müßten.

Beispiel: Die Insel Negros auf den Philippinen. terre des hommes unterstützt dort Familien, die vom Zuckeranbau lebten. Der Zucker ist kaum noch zu verkaufen, seit die Europäische Gemeinschaft ihre Zuckerüberschüsse auf dem Weltmarkt losschlägt. So werden die Preise gedrückt, auf Kosten der Steuerzahler. Und zu Lasten der Zuckerarbeiter auf Negros: Sie haben keine Arbeit mehr und können ihre Familien nicht mehr ernähren.

Beihilfe zum Hunger.

Beispiel: Peru. Dort unterstützt terre des hommes Volksküchen, in denen die Frauen aus den Elendsvierteln gemeinsam kochen, um Geld zu sparen. Früher konnten die Frauengruppen die Lebensmittel selbst bezahlen. Als die Subventionen für Brot, Reis und Mais gestrichen wurden,

Die Armen in der Dritten Welt haben die Auslandsschulden nicht gemacht, aber sie sollen sie bezahlen.

terre des hommes
Hilfe für Kinder in Not
Postfach 4126 · 4500 Osnabrück
Spendenkonto 700
Bank für Gemeinwirtschaft

ging das nicht mehr. terre des hommes mußte einspringen.

Die Streichung der Subventionen hat der Internationale Währungsfonds verordnet.

Beihilfe zum Hunger.

Die Politik des Internationalen Währungsfonds bestimmen die wirtschaftlich starken Staaten. Auch die Bundesrepublik Deutschland.

terre des hommes kann Not lindern. Not abschaffen kann die Politik.

terre des hommes fordert von der Bundesregierung eine Außenwirtschaftspolitik, die die Dritte Welt nicht benachteiligt. Und terre des hommes fordert eine Änderung der Politik des Internationalen Währungsfonds.

Eine Wende zugunsten der Armen.

Im Januar ist Bundestagswahl. Erkundigen Sie sich, welche Partei solche Forderungen mitträgt.

Viele Menschen in der Dritten Welt haben keine Wahl. Wir haben eine.
Schreiben Sie uns, wenn Sie Fragen haben oder mehr zum Thema "Beihilfe zum Hunger" wissen wollen.

11017

Coupon

Ich bitte um Informationen über:

[ ] Beihilfe zum Hunger

[ ] Die Arbeit von terre des hommes

Abs.

An terre des hommes, Postfach 4126, 4500 Osnabrück

Wir haben die Wahl

Abbildung 1: Werbung für eine Nonprofit-Organisation

Beispiele für Austauschprozesse im Nonprofit-Bereich sind der Tausch von Dienstleistungen des Staates gegen Steuern und Gebühren der Staatsbürger, von Beratung und Standesvertretung politischer, wirtschaftlicher und kultureller Interessenvertretungen gegen Beitragsleistung der Mitglieder, von sozialen Ideen und Dienstleistungen politischer Parteien gegen Wahlentscheidungen der Wahlberechtigten oder von psychischer Entlastung, Prestige und Information durch eine Spendenorganisation gegen Spendenmittel der Spender (Hasitschka & Hruschka, 1982; vgl. auch Abbildung 1).

Idealtypisch weisen Nonprofit-Organisationen eine ganze Reihe von Besonderheiten auf. Betrachten wir das Beispiel eines Taubenzüchtervereins als Nonprofit-Organisation, die ein Fest veranstaltet. Der Verein wird dieses Fest nicht nur für Dritte, sondern auch (und vor allem) für die Organisationsträger durchführen. Mit den Preisen für verkauften Kaffee und Kuchen sollen nicht Gewinne erwirtschaftet, sondern primär die Kosten gedeckt werden. Neben dem Vertrieb individueller Güter bei einem solchen Fest hat diese Nonprofit-Organisation es aber auch zum Ziel, gemeinnützig tätig zu werden und kollektive Güter zu produzieren, so z. B. den Zusammenhalt von Gemeinschaften zu stärken, Jugendarbeit zu betreiben und dadurch Sozialisationsfunktionen zu übernehmen oder auch „kulturelle" Leistungen zu erbringen. Weitere Unterschiede zwischen Profit- und Nonprofit-Organisationen betreffen u. a. die Intensität der Angebotskonkurrenz, den Einfluß von externen „Willenszentren" (z. B. politische Organisationen), die Rechtsnormen und staatlichen Begünstigungen und schließlich die Erzwingbarkeit der Gegenleistungen (z. B. Mitgliedsbeiträge). Tabelle 4 faßt die wesentlichen Unterschiede von Profit- und Nonprofit-Organisationen zusammen.

Gleichgültig um welche Art von Organisation es sich handelt, können Marketing-Konzepte und Marketing-Instrumente eingesetzt werden, um Austauschprozesse zu gestalten und zu optimieren. Grundsätzlich ist die These vom generischen Marketing sogar mit der Idee vereinbar, daß Menschen auch im privaten Bereich Austauschprozesse betreiben. Kasten 2 enthält ein Beispiel, wie solche Austauschprozesse in persönlichen Beziehungen eine Rolle spielen können.

Kasten 2: Welche Güter werden im Heiratsmarkt zum Tausch angeboten?

Hirschman (1987) untersuchte die Inhalte von persönlichen Kontakt- bzw. Heiratsanzeigen unter der Fragestellung, welche „Güter" Frauen und Männer anbieten und suchen. Frauen boten öfter physische Attraktivität an und suchten finanzielle Sicherheit. Männer boten öfter finanzielle Sicherheit und suchten physische Attraktivität. Beide Geschlechter gaben öfter an, daß sie Liebe suchten als daß sie bereit waren, dieses „Gut" anzubieten.
Ist es angemessen und akzeptabel, auch persönliche Beziehungen und Gefühle unter Austauschgesichtspunkten zu betrachten? Nach der Auffassung von Hirschman ist es klar, daß es sich um einen Heirats- bzw. Beziehungs*markt* handelt.

Tabelle 4: Unterschiede zwischen Profit- und Nonprofit-Organisationen (in Anlehnung an Hasitschka & Hruschka, 1982)

Typen von Organisationen Unterscheidungskriterien	Profit-Organisationen	Nonprofit-Organisationen
Zielgruppen	Dritte (Fremdbedarf)	Organisationsträger (Eigenbedarf) und Dritte (Fremdbedarf)
Wirtschaftsgüter	Individuelle Güter (Preise decken Kosten und Gewinn)	– Individuelle Güter (Preise decken Kosten) – Individuelle Güter (immaterielle Gegenleistung) – Kollektive Güter (indirekte materielle Gegenleistung) – Kollektive Güter (immaterielle Gegenleistung)
Organisatorische Realisierung	Organisatorische Integration und Koordination des Marketing stärker ausgeprägt	Organisatorische Integration und Koordination des Marketing schwächer ausgeprägt
Beschränkungen der Anbieter	– höhere Intensität der Angebotskonkurrenz – Beeinflussung durch externe Willenszentren schwächer – Arteigene Rechtsform – keine Erzwingbarkeit der Gegenleistung (keine Abnahmeverpflichtung) – geringere steuerliche Begünstigungen – Durchsetzbarkeit der Ziele der Organisationsträger größer	– geringere Intensität der Angebotskonkurrenz – Beeinflussung durch externe Willenszentren stärker – Arteigene Rechtsform (z. B. Anstalten, Vereine) – Erzwingbarkeit der Gegenleistung kann auftreten (Abnahmeverpflichtung) – stärkere steuerliche Begünstigungen – Durchsetzbarkeit der Ziele der Organisationsträger geringer

Das Marketing-Mix: Die Instrumente des Marketing können in vier verschiedene Bereiche unterteilt werden: die Produkt- und Programmpolitik, die Preispolitik, die Distributionspolitik und die Kommunikationspolitik. Gegenstand der Produktpolitik sind die Festlegung oder Variation der Produkteigenschaften, des Produktäußeren oder Fragen der Markenbildung. Die Programmpolitik behandelt z. B. Probleme der Kombination verschiedener Produkte. Die Entgeltpolitik betrifft in erster Linie Fragen der Preisgestaltung, reicht aber bis hin zu Finanzierungsproblemen (vor allem bei hochwertigen Gütern). Die Distributionspolitik beschäftigt sich mit Fragen der Organisation des Vertriebssystems, z. B. damit, ob direkt verkauft, ein Zwischenhändler eingeschaltet werden soll, ob Vertreter ausgebildet oder professionell Reisende (Vertreter) beauftragt werden sollen. Die Kommunikationspolitik umfaßt die Instrumente Werbung, persönlicher Verkauf, Verkaufsförderung und Public Relations bzw. Öffentlichkeitsarbeit. Die Gesamtheit der vier absatzpolitischen Instrumentarien sowie der kombinierte Einsatz der einzelnen Instrumente wird als *Marketing-Mix* bezeichnet (vgl. Tabelle 5).

Tabelle 5: Komponenten des Marketing-Mix

Produktpolitik	Distributionspolitik
Produktqualität Sortiment Marke Kundendienst usw.	Absatzkanäle Standort Logistik (Lagerung, Transport)
Preispolitik	**Kommunikationspolitik**
Preise, Rabatte Kredite Konditionen Lieferzeit	Persönlicher Verkauf Public Relations Verkaufsförderung Werbung

In den folgenden vier Abschnitten des ersten Kapitels werden diese vier Komponenten oder Instrumente des Marketing-Mix genauer erläutert.

1.2 Produkt- und Programmpolitik

Zur Produktpolitik zählen alle Entscheidungen, die in unmittelbarem Zusammenhang mit einem Produkt getroffen werden. Sie umfaßt insbesondere die Entwicklung neuer Produkte, die Veränderung vorhandener Produkte sowie deren zweckmäßige Gestaltung.

Betrachten wir zunächst, welche Produkte es überhaupt gibt. Konsumgüter können von Dienstleistungen, Nutzungsrechten und Produktions- bzw. Investitionsgütern unterschieden werden. Die Konsumgüter lassen sich wiederum in Verbrauchs- und Gebrauchsgüter unterteilen. Während Konsumgüter direkt oder über Händler/Wiederverkäufer den Endverbraucher erreichen, finden Investitionsgüter bei Unternehmungen Verwendung, die ihrerseits Investitions- oder Konsumgüter herstellen. Die Unterscheidung von Verbrauchs- versus Gebrauchsgütern bezieht sich darauf, ob ein Gut tendenziell nur einmal (Verbrauch) oder mehrmals (Gebrauch) verwendet werden kann. Produkte werden manchmal auch in „low interest products“ (z. B. Streichhölzer) und „high interest products“ (z. B.

Eigentumswohnungen) unterschieden, für die Kunden mehr oder weniger Interesse zeigen.

Während die Produktpolitik das *einzelne* Produkt zum Gegenstand hat, bezieht sich die Sortiments-, Programm- oder Produktlinienpolitik auf die Zusammenstellung verschiedener Produkte oder Produktgruppen zu einer Gesamtheit. Produkt- und Programmpolitik werden nicht immer klar unterschieden. So nennen Robertson, Zielinski und Ward (1984) Produktzusammensetzung, Programmgestaltung, Verpackung sowie Namensfindung als die vier zentralen Bereiche der *Produkt*politik. Von diesen vier Bereichen werden im folgenden die Namensfindung, das Thema „Verpackung" und Überlegungen zur Produktqualität näher erläutert.

1.2.1 Namensfindung

Aufgrund der Vielfalt bereits existierender Markennamen (schätzungsweise mehr als eine Million) wird das Finden neuer Namen für Produkte oder Dienstleistungen nicht selten zu einem Problem und erfordert Kreativitäts- bzw. Ideenfindungstechniken. Bekannte „Techniken" der Namensfindung sind z. B. das Zusammensetzen von Wortbruchstücken (Nescafé = Nestle und Café), Entlehnungen aus dem Lateinischen oder Griechischen (Ajax) oder Anglizismen (Coke). Manche Warennamen sind Kombinationen von Eigennamen (Eduscho = Eduard Schopf).

Die Suche nach immer neuen Namensvarianten ergibt sich u. a. aus dem Schutzbedürfnis von Markennamen. Aber auch neue Namen sollten *schutzfähig* sein, also nicht imitiert werden bzw. imitierbar sein. Namensentlehnungen werden auch als „Namenspiraterie" bezeichnet. Ein aktuelles Beispiel ist die Marke „Biolan", die die Marke „Bioland" imitieren dürfte (beide betreffen den Lebensmittelbereich).

Ebenfalls wichtig für einen Namen sind das Klangerlebnis bzw. der Assoziationsgehalt des Namens. Dies wird anhand einer Studie deutlich, in der untersucht wurde, welche Namen sich für welche Produkte besonders gut eignen: Mehrabian und de Wetter (1987) fanden, daß ein Produkt als attraktiver eingeschätzt wird, wenn die Gefühlstönung des Namens zum präferierten „Produktgefühl" paßt. Ein Beispiel für den Versuch, Assoziationsgehalten anzusprechen, findet sich in der Namensgebung von Restaurants. In welcher Pizzeria dürfte es das bessere Essen geben, in „La Gondola" oder in „Die Gondel"?

Neben dem Klangerlebnis und den Assoziationsaspekten von Namen sollte auch die Aussprechbarkeit bzw. die Ähnlichkeit von Klang und Schrift beachtet werden. Wie wichtig das sein kann, zeigte sich bei der Einführung der Suchard-Schokolade in den USA während der 40er Jahre. Wegen der schwierigen und fehlerhaften Aussprache begann die Firma Suchard, auf jede Tafel Schokolade den Slogan „say soo shard" zu drucken und später wurde ein lebendiges Warenzeichen geschaffen, ein nettes kleines Mädchen, das als „Sue Shard" bekannt wurde (Anastasi, 1973). Ein weiteres Beispiel für eine aussprachegerechte Namensadoption ist der Name „Sunlight", der zur besseren Aussprechbarkeit im deutschsprachigen Raum zu „Sunlicht" umgeändert wurde.

Wie läßt sich die Vielfalt von Möglichkeiten der Namensgebung systematisieren, und welche (effizienten) Mittel werden tatsächlich eingesetzt? Bergh, Adler und Oliver (1987) klassifizierten die 200 US-amerikanischen Top-Marken der Jahre 1971 bis 1985 entsprechend deren linguistischen Komponenten (siehe Tabelle 6).

Tabelle 6: Eine Übersicht zu verschiedenen linguistischen Komponenten von Markennamen (nach Bergh et al., 1987)

Linguistische Mittel	Definition bzw. Beispiel
Phonetische Mittel	
Alliteration	gleichlautender Anlaut von betonten Stammsilben (Coca Cola)
Assonanz	Vokalwiederholung (Hin und Mit)
Männlicher/stumpfer Reim	einsilbiger Reim, Reim am Ende (Max Pax)
weiblicher/zweisilbiger Reim	zweitletzte Silben reimen sich (American Airlines)
unreine, schwache Reime	z. B. Black & Decker
Onomatopoie	Lautmalerei; Klang der Silben ähnelt dem beworbenen Produkt (Cracker)
Wortverstümmelung	z. B. Chevy für Chevrolet
Verschnitt	Morphemkombinationen mit Auslassungen (Duracell)
Anfangsplosive	p, t, k, d, q, b (Big Mac)
Orthographische Mittel	
Ungewöhnliches oder falsches Buchstabieren	Kool-Aid
Abkürzungen	7-up
Akronyme	Eduscho
Morphologische Mittel	
Affixationen	Hinzufügungen (Jell-O)
Zusammenfügungen	Daimler-Benz
Semantische Mittel	
Metapher	Aqua-Fresh
Metonymie	Anwendung eines Objektes für ein anderes (Midas); über- und untergeordnete Begriffe werden vertauscht
Synekdoché	quantitative Metonymie; Teil steht für ein Ganzes (Red Lobster)
Personifizierung	Betty Crocker
Oxymoron	Verknüpfung von Gegensätzen (Easy-Off)
Paranomasie	Wortspiel, vor allem mit gleichlautenden Wörtern (Hawaiian Punch)
Semantische Angemessenheit	Name und Objekt „passen" (Bufferin)

Bergh et al. (1987) fanden, daß lediglich semantische Appositionen und Plosive öfter in erfolgreichen Marken verwendet werden. Es gibt aber auch Ausnahmen; so verwendet „Coca Cola“ gleich mehrere linguistische Mittel, z. B. Alliteration, Assonanz, männlichen Reim, weiblichen Reim und zwei Anfangsplosive.

1.2.2 Verpackung

Seit Vershofen (1940) unterscheiden wir den Grund- und den Zusatznutzen von Gütern. Während mit Grundnutzen der technisch-funktionale Aspekt oder der „Gebrauchswert“ eines Gutes gemeint ist (z. B. Auto = Beförderungsmittel), weist der Begriff Zusatznutzen auf zusätzliche Aspekte eines Gutes hin, die z. B. in den zusätzlichen Diensten, Erleichterungen oder Signalen als Statussymbol bestehen können (z. B. Auto = Prestigeobjekt).

Während der Grundnutzen die Produkt*qualität* betrifft, wird der Zusatznutzen oft über das Produktäußere vermittelt. Ein bedeutendes Mittel der Variation des Produktäußeren ist die Verpackung. Indem die Verpackung dazu verwendet wird, den Zusatznutzen eines Produktes zu kommunizieren, ist zwar eine wichtige Funktion von Verpackungen genannt: die Verwendung als Werbemittel bzw. Werbeträger. Daneben soll eine Verpackung aber auch dabei helfen, ein Produkt zu schützen und dem Verbraucher Mitteilungen zu liefern. Betrachten wir noch einige weitere Funktionen:

Neben der Signalisierung des Produktvorteils sollen Verpackungen auch an Verwendungs- und Verbrauchsgewohnheiten (z. B. der Haushaltsgröße) orientiert sein. Die Produktadäquatheit einer Verpackung bezieht sich zum einen auf die „technischen Aspekte“ einer Verpackung. Sie soll dem Kriterium der Handlichkeit ebenso genügen wie dem, daß das Produkt einfach zu transportieren ist. Leicht aufbewahrbar sowie bequem zu öffnen und verschließbar zu sein sind ebenso Anforderungen wie die Abstimmung auf den Absatzweg (z. B. sind Regalgrößen oder Automatenfachgröße zu berücksichtigen).

Mehrzweckverpackungen (z. B. Kaffeedosen) können ein Aspekt des Zusatznutzen von Produkten sein. Durch Sichtbarmachung des Produktes (Durchsichtigkeit oder Form), indem das konsumfertige Produkt bzw. die Ausgangsstoffe und Ingredienzen gezeigt werden, können Anreize geschaffen werden, das Produkt zu erwerben. Formale Kriterien wie Prägnanz (Erkennbarkeit, Unverwechselbarkeit) oder Gestaltfestigkeit (stabile, optische Reizkonfiguration) sind ebenso beachtenswert wie die direkte Signalwirkung, die zu Spontanverhalten führen kann. Die Identifizierbarkeit des Produktes kann auch über Material, Farbe oder Form gegeben sein (Wein, Sekt). Ein leider immer noch zu wenig beachtetes Kriterium ist schließlich die Umweltverträglichkeit von Verpackungen.

1.2.3 Produktqualität und Zusatznutzen

Nehmen wir zunächst an, daß die Prüfung der Qualität eines Produktes sich in der Hauptsache an objektiven Kriterien oder Merkmalen orientiert. Welcher Beitrag ist damit von der Psychologie für die Produktqualität zu erwarten? Zunächst

Cartoon Nr. 1: Mangelnde Produktqualität als Zusatznutzen?

einmal ist an die Prüfung von Produktkonzepten mit Hilfe von verbalen Umschreibungen oder Probewerbungen, also an die Durchführung von Produkttests, zu denken. Insbesondere mit der Erkenntnis, daß viele Produkte überhaupt nicht „ankommen“ und für nahezu alle Produkte nur bestimmte Kunden in Frage kommen, ergibt sich die Forderung nach einer systematischen Erforschung der Qualitätsvorstellungen des Marktes, *bevor* versucht wird, Produkte auf eben diesen Markt zu bringen. Beispielsweise schätzt Robertson (1971), daß in der Nahrungsmittelindustrie in den USA von 1000 Produktideen

- 810 während der Ideenentwicklung abgelehnt,
- 135 nach Produkttests abgelehnt,
- 12 aufgrund von Testmarkterfahrung zurückgezogen,
- 43 schließlich auf den Markt gebracht werden und
- 36 davon auf dem Markt bleiben.

Auch der Handel ist an der Voraussage der Qualitätsurteile der Verbraucher interessiert. Ein Beispiel für Determinanten der Sortimententscheidungen des Handels findet sich in Kasten 3.

Kasten 3: Sortimentsentscheidungen des Handels

Welche Kriterien zieht der Handel bei seinen Sortimentsentscheidungen heran? Raffée und Silberer (1984) fanden bei einer Befragung bundesdeutscher Unternehmen zu Beginn der 80er Jahre, daß ca. 50% der Facheinzelhändler und ⅔ der Großversender und Kaufhäuser Ergebnisse von Stiftung-Warentest-Untersuchungen berücksichtigten, wenn es um die Entscheidung ging, ein Produkt in ihr Sortiment neu aufzunehmen. ⅓ der Facheinzelhändler und sogar ca. 90% der Kaufhäuser und Großversender gaben an, bei negativem Urteil der Stiftung Warentest Produkte aus ihrem Sortiment herauszunehmen. Darüberhinaus hatten die Testergebnisse Einfluß auf Werbung, Verkaufsförderung und Verkaufsgespräche im Handel. So ist es schließlich auch nicht überraschend, daß für ca. 80% der Industrieunternehmen Stiftung-Warentest-Ergebnisse im Rahmen von Produktentwicklung, Produktverbesserung und Qualitätskontrolle eine Rolle spielten.

Eine zweite Frage der Produktqualität ist die Notwendigkeit, Produkte voneinander abzugrenzen oder abgrenzbar zu machen. Viele Güter lassen sich in ihrem Grundnutzen kaum noch unterscheiden. Die Heterogenisierung solcher an sich homogener Güter z. B. durch besondere Verpackungen oder Namensgebungen wird als Produktdifferenzierung bezeichnet, bei der vom gleichen Unternehmen das gleiche Produkt mit unterschiedlichem Grund- oder Zusatznutzen auf den Markt gebracht wird (vgl. Kasten 4).

Kasten 4: Warum Produktdifferenzierung?

„Die Strategien sind diffizil. Persil bleibt Persil, und Persil ist teuer. Persil ist von Henkel, und Henkel stellt nicht nur Persil her. Versucht die Konkurrenz Persil-Käufer durch Billigangebote abzuwerben, dann senkt der Henkel-Konzern nicht den Preis von Persil, sondern bekämpft die Konkurrenz durch Sonderangebote henkeleigener Billigmarken, etwa der Marke Weißer Riese. Persil, die traditionelle Qualitätsmarke, darf nicht billig werden, sonst wird die Qualität unglaubwürdig.“ (Heller, 1984, S. 80)

Die Ursachen für das Interesse am Zusatznutzen der Produkte können vielfältiger Natur sein. So kann z. B. ein Überangebot an vergleichbaren Waren und Dienstleistungen zu zusätzlichen Ansprüchen führen (z. B. Sonderausstattungen für Pkws). Auch Erlebnisaspekte können über den Zusatznutzen angesprochen werden. Schließlich bilden Produkte und deren Konsum Mittel zur Definition der eigenen Identität. Man „weiß“, daß bestimmte Menschen bestimmte Autos fahren, bestimmte Kleider tragen oder bestimmte Restaurants aufsuchen (vgl. auch Abbildung 2). Diese Selbstdefinition kann schließlich auch bedeuten, daß Besitz und Konsum als Ersatz für zeitweilige oder dauernde Mängel fungieren. Wicklund und Gollwitzer (1982) haben das Phänomen der „symbolischen Selbstergänzung“ beschrieben und analysiert. So fanden sie, daß Betriebswirtschaftsstudenten, deren Chancen, einen guten Arbeitsplatz zu bekommen, weniger hoch einzuschätzen waren, eher dazu tendierten, sichtbare Symbole (zukünftigen) beruflichen Erfolges zu *demonstrieren,* indem sie z. B. teure Schuhe und Uhren trugen.

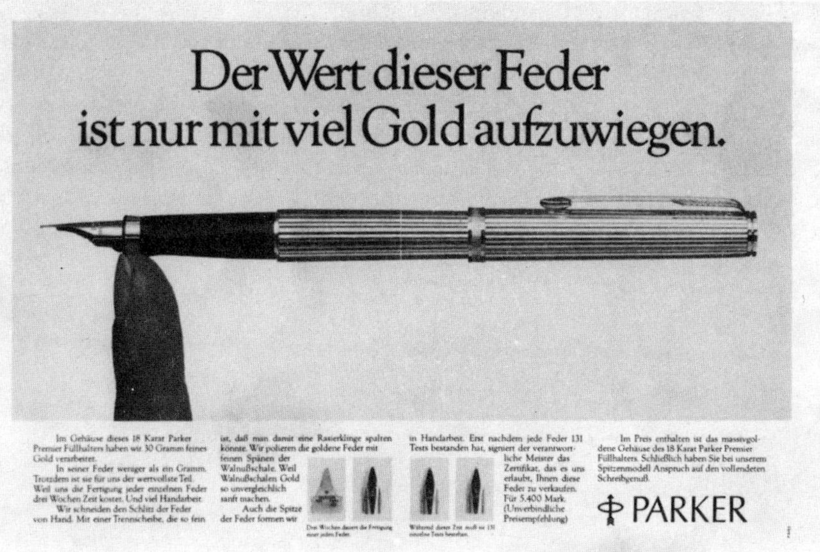

Abbildung 2: Zusatznutzen beim Schreiben (aus: Jahrbuch der Werbung 1984, S. 435)

Produkte können auch dadurch zusätzliche Funktionen gewinnen, daß sie erworben werden, weil das Kaufen selbst Spaß macht (z. B. auf dem Jahrmarkt) oder weil der *Besitz* an sich attraktiv ist (z. B. bei Gemälden). Ein klassisches Beispiel zum Zusatznutzen findet sich in Kasten 5.

Kasten 5: Der demonstrative Konsum

„Güter werden im Dienste einer volleren Entfaltung des menschlichen Daseins produziert und verbraucht, und in der Erfüllung dieses Zwecks besteht ihr wesentlicher Nutzen. Dieser Zweck ist, wie gesagt, in erster Linie der Lebensgenuß des Individuums im absoluten Sinne des Wortes. Doch hat sich die menschliche Vorliebe für den Wettbewerb des Güterkonsums als eines Mittels zu neidvollen Vergleichen bemächtigt und dabei den Konsumgütern einen sekundären Nutzen, nämlich als Ausdruck der relativen Zahlungsfähigkeit, verliehen. Dieser indirekte oder sekundäre Nutzen verschafft nicht nur dem Konsum, sondern allmählich auch den Gütern selbst einen ehrenvollen Charakter, sofern diese den Zielen des Wettbewerbs dienen. Der Konsum teurer Güter ist verdienstvoll, und jene Güter sind ehrenhaft, die beträchtlich mehr kosten, als für die Erfüllung ihres angeblich bloß praktischen Zwecks nötig wäre. Die Kennzeichen überflüssiger Kostspieligkeit werden deshalb zu Kennzeichen des Wertes, die für den indirekten neidvollen Zweck entscheidend sind, dem der Verbrauch dienen soll; umgekehrt sind Güter erniedrigend und unbegehrt, wenn sie den praktischen Zweck so gut, das heißt so sparsam erfüllen, daß sie sich nicht für einen neiderfüllten Vergleich eignen. Dieser indirekte Nutzen verleiht den „besseren" Gütern viel von ihrem Wert, und um dem gebildeten Nützlichkeitssinn zu entsprechen, muß jeder Artikel ein Minimum an sekundären Nutzen aufweisen." (Veblen, 1899/1986, S. 153)

Die Unterscheidung von Grund- und Zusatznutzen ist insofern von Bedeutung, als zahlreiche Produkte sich in ihrem Grundnutzen nicht oder nur wenig unterscheiden. Unterschiedliche Marktanteile dieser verschiedenen Produkte können u. a. durch entsprechende kommunikationspolitische Aktivitäten, die auf den Zusatznutzen abzielen, sowohl erklärt als auch verändert werden. Die Betonung der Qualität ist nur ein Aspekt, die mit dem Erwerb eines Produktes ermöglichten Konsum*erlebnisse* anzusprechen. Weiterführende Überlegungen zum Verhältnis von Qualität und Genuß/Erlebnis finden sich bei Holbrook und Corfman (1985) und Scitovsky (1989).

1.3 Preispolitik

„So ist es nicht deshalb schwierig, die Dinge zu erlangen, weil sie wertvoll sind, sondern wir nennen diejenigen wertvoll, die unserer Begehrung, sie zu erlangen, Hemmnisse entgegensetzen."
(Simmel, 1989, S. 35)

Preispolitische Aktivitäten nehmen einen bedeutsamen Platz in der Konzeption von Marketingstrategien ein. Neben der Festlegung des Entgelts für ein Produkt, eine Dienstleistung oder ein Nutzungsrecht zählen zu den preispolitischen Fragen auch die Klärung der Zahlungsbedingungen wie etwa Zahlungsabzüge (z. B. Rabatte), Zahlungszuschläge (z. B. Ratenzahlungen, Transportzuschläge) oder Zahlungsweisen (z. B. Bezahlung vor oder nach der Leistung). Die Ziele preispolitischer Aktivitäten sind neben klassischen allgemeinen Unternehmenszielen wie Wachstum oder Marktstabilisierung auch die Beeinflussung der Preiskenntnis der Konsumenten, der Erhalt der bestehenden Preisführerschaft am Markt, die Konkurrenzabschreckung oder die Subventionierung „schwacher"Artikel im Sortiment.

Gehen wir zunächst von zwei einfachen Annahmen aus. Einerseits dürfte die Wahrscheinlichkeit, ein Produkt verkaufen zu können, um so größer werden, je niedriger der Preis ist. Andererseits ist es für die meisten Anbieter aber auch erstrebenswert, den Preis eher hoch zu halten. Dies dürfte wiederum die Verkaufswahrscheinlichkeit mindern. Vernachlässigen wir zunächst einmal die Frage, daß vom Preis zu verlangen sein könnte, daß er zumindest die Produktionskosten deckt, oder daß ein teueres und selten verkauftes Produkt eventuell mehr Gewinn einbringen kann als ein billiges und häufig verkauftes. Nehmen wir zunächst einfach an, daß sich Preis und Gewinn (bzw. Absatzerfolg) auf die beschriebene einfache Art und Weise verhalten. Aus der Sicht des Anbieters stellen sich nun zwei Fragen:

(1) Welche *Preisspanne* ist für den (potentiellen) Kunden noch akzeptabel? Wovon hängt es ab, daß Menschen Preise als unterschiedlich „empfinden"? Dies ist die erste klassische Frage der psychologischen Grundlagen der Preispolitik, die in der *Preisschwellenforschung* untersucht wird.

(2) Gibt es nicht Fälle, in denen gerade ein Preisanstieg – zumindest bis zu einem gewissen Grad – sogar zu einem zusätzlichen Absatzerfolg führt? Oder, allgemeiner formuliert: Gibt es Bedingungen oder Umstände, unter denen Veränderungen im Preis nicht zu einer automatischen Veränderung der Nachfrage führen? Insbesondere die Frage, ob aus veränderten Preisen nicht auch auf eine (vermeintlich) veränderte Qualität zu schließen ist, wird im zweiten klassischen Bereich der Psychologie in der Preispolitik, der Forschung zur *Preis-Qualitäts-Beziehung,* untersucht.

Die folgenden beiden Abschnitte sind diesen zwei Fragen gewidmet. In einem dritten Abschnitt soll dann schließlich die Wirkung von Sonderangeboten als einem Beispiel für ein preispolitisches Instrument besprochen werden.

1.3.1 Preisschwellenforschung

Bevor überhaupt sinnvollerweise die Frage zu stellen ist, wie groß bzw. wie gering die Empfindlichkeit für Preisänderungen ist, sollte zunächst klar werden, daß und in welchem Ausmaß es tatsächlich Unterschiede im Preis für das gleiche Produkt gibt. Tabelle 7 gibt Preisspannen am Beispiel einiger exemplarischer Verbrauchsgüter (Lebensmittel) wieder. Dem Leser möge die Zweckmäßigkeit von Preisvergleichen deutlich werden.

Wie groß müssen Preisveränderungen sein, damit sie sich auf Veränderungen in der Entscheidung für oder gegen den Erwerb eines Produkts auswirken?

Tabelle 7: Preisspannen bei Lebensmitteln während einer Woche (Verbraucherzentrale Baden-Württemberg e. V., 8. 5. 1990*)

Lebensmittel	Preise (DM)
Äpfel, Golden Delicious	2.39– 3.99
Bananen	1.99– 2.99
Birnen	3.99– 4.99
Zitronen, Stück	0.20– 0.59
Blumenkohl, Stück	2.49– 2.99
Kopfsalat	0.69– 1.99
Gemüsepaprika, grün	3.76– 9.98
Möhren o. Laub	1.99– 2.99
Lauch	1.99– 2.59
Spargel, weiß	9.99–13.98
Tomaten, rund	2.99– 4.99
Weißkohl	0.80– 1.99
Wirsing	2.49– 2.99
Zwiebeln	1.99– 2.99

* Die Preise beziehen sich, wenn keine anderen Angaben gemacht werden, auf 1 kg Ware. Bei Obst und Gemüse gelten die Preise der Handelsklasse I, bei Geflügel die der Klasse A.

Gemäß der psychophysischen Gesetzmäßigkeit, daß das Differenzierungsvermögen mit der Intensität der Reize abnimmt, müßte eine konstante Preisdifferenz zwischen zwei Produkten, bei *niedrigerem* Preis zu *mehr* Diskriminierung führen (Behrens, 1982). So lautet das „Webersche Gesetz", daß das Empfinden einer Differenz zwischen zwei Reizen durch den *relativen* Zuwachs bestimmt wird. Beispielsweise muß eine Linie um 2,5% länger sein als eine andere, um (in ca. 50% der Untersuchungen) als länger erkannt zu werden. Diese *relative* Unterschiedsschwelle ist konstant. Allerdings unterscheidet sie sich je nach Sinnesmodalität (vgl. Tabelle 8).

Tonhöhe	0,3%
Lautstärke	9,0%
Helligkeit	1,6%
Länge von Linien	2,5%
Gewichte (gehoben)	2,0%
Gewichte (Druck auf die Haut)	15,0%
Geschmack von Salzlösungen	25,0%

Tabelle 8: Relative Unterschiedsschwellen (Herkner, 1986, S. 7)

Bereits *die Alltagsbeobachtung* gibt zu der Vermutung Anlaß, daß die Preisspanne in absoluten Geldbeträgen gemessen für teuere bzw. höherwertige Produkte größer ist als für Produkte des täglichen Bedarfs. Auch experimentelle Untersuchungen zur Sensibilität oder Empfindlichkeit von Konsumenten gegenüber Preisänderungen belegen dies. Christensen (1989) fand, daß Personen mit größerer Einkaufsrechnung eher (zusätzliche) Extras kaufen oder daß im Falle größerer Rechnungen höhere Preise für zusätzliche Produkte akzeptiert werden. Insgesamt scheint die Sensibilität für Preisänderungen bei ca. 10 bis 15 Prozent zu liegen. Umstritten ist allerdings, ob der Schwellenwert, ab dem Preisveränderungen bemerkt werden, bei Preiserhöhungen niedriger liegt als bei Senkungen des Preises (Schmalen, 1982).

Die Gültigkeit und praktische Bedeutsamkeit des Schwellenkonzeptes ist weitgehend auf Produkte beschränkt, für die keine Qualitätsaspekte bekannt sind. Beispielsweise mögen gerade bei sehr billigen Produkten nur wenige bekannte Marken existieren, während bei teueren Produkten eher eine Orientierung an Marken stattfindet. Aber auch die Ergebnisse von Kamen und Toman (1970) sprechen gegen eine *generelle* 10–15%-Regel. Sie fanden, daß die Preissensibilität für Benzin bei *höheren* Ausgangspreisen zunimmt. Die Erklärung von Kamen und Toman lautet, daß es Vorstellungen von einem „fairen Preis" für ein Produkt geben kann. Wird dieser Preis deutlich überschritten, so werden die Anstrengungen verstärkt, wieder in den Bereich dieses fairen Preises zu gelangen.

Anstatt zu fragen, welche Toleranzbreite oder Preisakzeptanz (Lichtenstein, Bloch & Black, 1988) für Produkte zu beobachten ist, kann auch untersucht werden, ob die Wahrnehmung und Beurteilung eines Produktes durch den Preis oder eine Preisänderung beeinflußt wird. Das Verhältnis von Preis und Qualität wird uns im nächsten Abschnitt beschäftigen.

1.3.2 Zur Preis-Qualitäts-Beziehung

Spätestens seit Leibenstein (1950) sind drei zunächst merkwürdig anmutende „psychologische Effekte" in der Preispolitik bekannt. Unter einem *Bandwagon-Effekt* versteht man das Phänomen, daß die Nachfrage nach einem Produkt dann steigt, wenn (und weil!) andere Konsumenten das gleiche Produkt erwerben wollen. Dieser Effekt ist insofern ökonomisch überraschend, als bei steigender Nachfrage ja eine Verteuerung des Produktes zu erwarten ist. Der *Snob-Effekt* beschreibt das umgekehrte Phänomen, nämlich daß die individuelle Nachfrage nach einem Produkt bei einzelnen Konsumenten sinkt, wenn sie allgemein stärker zunimmt und der Preis eventuell sinkt. Hier scheint die Möglichkeit der individuellen Abhebung oder Abgrenzung von der Mehrheit zu fehlen. Schließlich beschreibt der *Veblen-Effekt,* daß ein Produkt gekauft wird, *weil* es teuer ist (vgl. Kasten 6).

Kasten 6: Kaufen, weil es teuer ist

„Die Nützlichkeit von Gegenständen, die man ihrer Schönheit wegen hochschätzt, hängt eng mit dem Preis zusammen. Dafür ein einfaches Beispiel. Ein handgeschmiedeter Silberlöffel, der einen Handelswert von zehn bis zwanzig Dollar besitzt, taugt im allgemeinen nicht mehr – im üblichen Sinne des Wortes – als ein maschinell hergestellter Löffel desselben Materials, ja er taugt wahrscheinlich nicht einmal mehr als ein maschinell hergestellter Löffel aus irgendeinem „niedrigeren" Material, wie etwa Aluminium, der nicht mehr als zehn bis zwanzig Cents kostet. In Wirklichkeit eignet sich der erste Löffel meist sogar weniger gut für seinen angeblichen Zweck. Der naheliegende Einwand lautet natürlich, daß dieser Gesichtspunkt den wesentlichsten Sinn des teuren Löffels außer acht läßt. Der handgeschmiedete Löffel befriedigt nämlich unseren Geschmack und unseren Schönheitssinn, während der maschinell und aus „gemeinem" Metall hergestellte keinen andern als eben einen praktischen Zweck erfüllt. Die Tatsachen sprechen ohne Zweifel zugunsten dieses Einwands, doch wird sich nach einiger Überlegung zeigen, daß dieses mehr scheinbar als stichhaltig ist. 1. Während beide Metalle, aus denen die zwei Löffel bestehen, für ihren Zweck geeignet und schön sind, so ist das Material des handgeschmiedeten Löffels ungefähr hundertmal mehr wert als das andere, ohne daß es darum das letztere an Schönheit der Körnung und Farbe oder an Tauglichkeit übertrifft; 2. wenn sich bei genauerer Prüfung ergeben sollte, daß der angeblich handgeschmiedete Löffel nur eine außerordentlich geschickte Nachahmung darstellt, die allerdings so gut gelungen ist, daß sie nur von einem Experten nach eingehender Untersuchung entdeckt werden kann, so würde der Nutzen des Löffels sogleich um 80 oder 90% abnehmen – wobei wir unter Nutzen auch die Befriedigung verstehen, die der Konsument bei der Betrachtung eines schönen Gegenstandes empfindet; 3. wenn die beiden Löffel auch für einen aufmerksamen Betrachter nahezu identisch sind und nur das geringere Gewicht den billigen Löffel verrät, so wird trotzdem die Identität von Form und Farbe weder den Wert des maschinell gefertigten Löffels erhöhen noch den „Schönheitssinn" des Benutzers befriedigen, es sei denn, daß der billige Löffel eine Neuheit darstellt und nicht zum normalen Preis erstanden werden kann." (Veblen 1899/1986, S. 129 f.)

Während Bandwagon- und Veblen-Effekt beschreiben, daß zumindest unter bestimmten Bedingungen die Attraktivität eines Produktes mit dem Preis zunimmt, behauptet der Snob-Effekt, daß ein niedriger Preis geradezu zu einer Einbuße der Attraktivität führt. In einem gewissen Ausmaß und unter noch näher zu spezifizierenden Bedingungen scheint demnach vom Preis auf die Qualität geschlossen zu werden. Andererseits dürfte es Preisobergrenzen geben, die zwar nicht unbedingt die Qualitätswahrnehmung, vermutlich aber die Kaufbereitschaft, die z. B. durch die individuelle Kaufkraft bestimmt wird, verändern. Wie Monroe und Krishnan (1985) betonen, sind wahrgenommene Qualität und Kaufbereitschaft zu unterscheiden. Insbesondere kann auch mit stark zunehmendem Preis zwar die Qualitätswahrnehmung zunehmen, die Kaufbereitschaft aber sinken. Ist es nun aber so, daß zumindest innerhalb eines bestimmten Bereiches mit der Preiserhöhung Attraktivität und Kaufbereitschaft von Produkten zunehmen? Als exemplarisches Resultat aus den in diesem Zusammenhang unternommenen Untersuchungen zeigt die Abbildung 3 einen umgekehrt u-förmigen Zusammenhang zwischen Preis und Qualitätsbeurteilung.

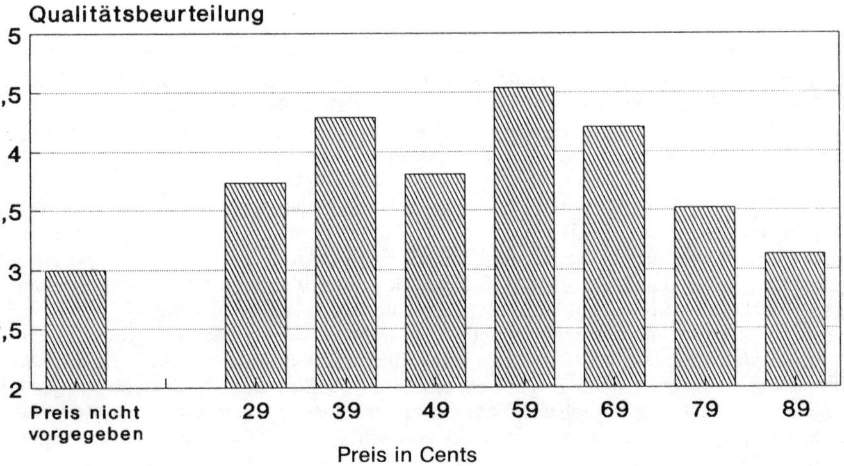

Abbildung 3: Der Zusammenhang zwischen vorgegebenem Preis und Qualitätsbeurteilung bei einem Getränkekonzentrat (Peterson, 1970, S. 526)

In der Untersuchung von Peterson (1970) zeigte sich, daß die Qualitätsbeurteilung mit zunehmendem Preis zunächst besser und dann wieder schlechter wird. Bemerkenswert ist auch, daß das untersuchte Getränkekonzentrat *ohne* vorgegebenen Preis ein wenig positives Qualitätsurteil erhielt. Das von Peterson (1970) gefundene Ergebnis ist eher untypisch; nach Monroe und Krishnan folgt in der

Regel nur der Zusammenhang zwischen Preis und *Kaufbereitschaft* dieser kurvilinearen Beziehung. Nach Feider (1985) ist auch die Behauptung einer Preisuntergrenze, unterhalb derer ein Produkt als qualitativ minderwertig beurteilt wird, problematisch. Dennoch scheint es eine generelle Tendenz zu geben, daß Preis und wahrgenommene Qualität positiv korrelieren.

Das Phänomen, daß sich viele Menschen bei ihren Entscheidungen von nur wenigen Informationen leiten lassen könnten und dann z. B. den Preis als Mittel zur Einschätzung der Qualität verwenden, hat manche Anbieter dazu gebracht, zu fragen, unter *welchen Bedingungen* Konsumenten eher vom Preis auf die Qualität schließen. Als die wesentlichen Determinanten können vorläufig postuliert werden:

(1) der absolute Preis (bei teuren Produkten ist die Tendenz stärker; Monroe & Krishnan, 1985)
(2) der durchschnittliche Abstand im Preis zu den Konkurrenzprodukten (bei preislich homogenen Produkten ist die Tendenz stärker)
(3) die Erfahrungen des Kunden mit dem Produkt bzw. der Produktklasse bzw. die Zahl der Käufe (bei häufiger gekauften Produkten ist der Zusammenhang schwächer)
(4) die Stabilität des Preises (z. B. bei saisonalen Preisschwankungen oder bei häufigen Sonderangeboten ist der Zusammenhang schwächer)
(5) das Involvement (vgl. Abschnitt 3.1.3.4) in die Produktkategorie (bei hohem Involvement ist der Preis weniger relevant; Zaichkowsky, 1988)
(6) die Zahl der Produkte, die unter *einem* Markennamen angeboten werden (bei einer größeren Zahl von Produkten ist die Tendenz stärker; Obermiller, 1988)

Die Bedeutung des Preises eines Produktes für Qualitätsurteile und Kaufentscheidungen sollte nicht überschätzt werden. Weitere relevante Faktoren sind z. B. Bequemlichkeit, Markenname, Werbeaufwand (Kirmani & Wright, 1989) oder Produktpopularität (Gerstner, 1985). Beispielsweise fanden Krishnamurthi und Raj (1985), daß Werbung vor allem bei teuren Produkten zu einer geringeren Beachtung des Preises führt. Zudem sollte nicht davon ausgegangen werden, daß der Preis eines Produktes relativ stark und ohne Probleme manipulierbar ist. Es sollte bedacht werden, daß Preismanipulationen von *informierten,* z. B. geschäftstreuen Kunden rasch durchschaubar sind. In den Fällen, in denen Produkt- oder Markentreue angestrebt wird, kann ein Kunde durch unsichere Preisentwicklungen veranlaßt werden, Produkt oder Marke zu wechseln.

Wie verhält es sich nun aber mit der Beziehung zwischen der „objektiven" Qualität und dem Preis? Die Antwort auf diese Frage kann sicherlich nur mit Vorbehalt gegeben werden, denn über „objektive Qualität" läßt sich sicherlich trefflich streiten. Eine Möglichkeit besteht darin, die Urteile unabhängiger Verbraucherorganisationen heranzuziehen. So kam Gerstner (1985) zu dem Ergebnis, daß „objektiv" betrachtet der Zusammenhang zwischen Qualität und Preis sehr gering ist. Tabelle 9 gibt in Auszügen und vereinfacht die Ergebnisse wieder, die von einer amerikanischen Verbraucherorganisation in den Jahren 1980 bis 1982 veröffentlicht und von Gerstner (1985) analysiert wurden.

Tabelle 9: Der Zusammenhang zwischen Preis und Qualität im Urteil einer Verbraucherorganisation (nach Gerstner, 1985)

	Zahl der untersuchten Marken	Korrelation zwischen Preis und Qualität	höchster Preis in $	Preis der besten Marke in $	Durchschnittspreis in $	Standardabweichung der Preise in $
selten gekaufte Produkte						
Dispersionsfarben	18	-.15	4.95	2.98	3.31	0.79
Grills	10	-.22	170.00	53.00	83.80	38.88
Geschirrspüler	18	·35*	530.00	489.00	404.05	87.51
Stativkameras	29	·38*	130.00	95.00	55.86	22.50
elektr. Wäschetrockner	16	-.05	440.00	361.00	358.00	34.91
Kompakt-Stereoanlagen	16	-.56*	440.00	410.00	379.62	51.40
Hammer	5	-.26	17.00	15.00	16.40	-.89
Microwellenherde	4	·66	900.00	640.00	805.00	113.87
Kleine Malstifte	9	-.00	70.00	58.00	54.11	9.77
Pfannen	3	-.00	52.00	42.00	45.33	5.77
Videorecorder**	3	-1.00	1800.00	1200.00	1450.00	312.75
häufig gekaufte Produkte						
Lachs in der Dose	31	-.24*	1.24	-.72	-.77	-.24
Hühnersuppe	8	-.56	-.37	-.09	-.17	-.12
Würstchen mit Hühnerfleisch	7	-.00	1.31	-.90	1.15	-.13
Papiertücher	30	-.66*	1.76	1.76	-.65	-.27
Mineralwasser	15	-.00	-.36	-.26	-.24	-.06
Truthahnbrust	8	-.44	-.67	-.50	-.58	-.07

* statistisch signifikanter Zusammenhang
** tragbar

Insgesamt fand Gerstner (1985), daß der Zusammenhang zwischen Preis und Qualität stark schwankt und sowohl positiv (z. B. bei Papiertüchern) als auch negativ (z. B. Videorecorder) sein kann. Die Häufigkeit des Kaufs hat auf dieses Ergebnis fast keinen Einfluß. (Der Zusammenhang wurde über die Korrelation zwischen Preis und Qualität ermittelt. Der Wert einer Korrelation kann zwischen −1 und +1 liegen. Ein Wert größer als Null besagt, daß mit dem Preis auch die Qualität zunimmt, während ein negativer Wert besagt, daß die Qualität bei höheren Preisen abnimmt.)

Diller (1977) wertete Testergebnisse der Stiftung Warentest aus den Jahren 1972 bis 1976 aus. Nur 51% der teuersten Artikel erreichten auch die beste Note, während 18% der teuersten Artikel sogar am schlechtesten abschnitten. Im Gegensatz dazu zählten 26% der billigsten zu den besten Produkten. Zu den Untersuchungen von Gerstner und Diller ist jedoch anzumerken, daß eben auf Daten von Verbraucherorganisationen zurückgegriffen wurde. Es dürfte aber vermutlich auch in deren Interesse liegen, gerade den *geringen* Zusammenhang zwischen Preis und Qualität aufzuzeigen. Diskussionen hierzu finden sich u. a. bei Curry & Riesz (1988) und Lichtenstein & Burton (1989).

1.3.3 Das Beispiel Sonderangebote

Das im Alltag auffälligste Instrument der Preispolitik ist das Sonderangebot. Zwei Fragen sind aus psychologischer Perspektive interessant, nämlich die Frage, ob Sonderangebote überhaupt als „preisgünstig" wahrgenommen werden und ob Sonderangebote auch längerfristig wirksam sind.

Aus der Sicht von Konsumenten mögen Sonderangebote Unsicherheit erzeugen, weil die zur Beurteilung der Preisgünstigkeit erforderlichen Preisvergleiche Schwierigkeiten bereiten. Tatsächlich zeigt es sich, daß Preise sowohl absolut als auch im Vergleich zu Konkurrenzprodukten den Konsumenten oft nur wenig bekannt sind. Sonderangebote werden deshalb in der Regel sinnvollerweise besonders gekennzeichnet. In letzter Zeit wurde allerdings bestritten, daß das Preiswissen von Konsumenten tatsächlich so gering ist. Diller (1988) meint, daß ein sogenanntes „mittleres Preisempfinden" als Urteilsanker eine große Rolle bei Kaufentscheidungen spielt und daß dieses auch oft bei Konsumenten vorhanden ist.

Die langfristige Wirksamkeit von Sonderangeboten ist fraglich. Einerseits ermöglichen Sonderangebote im Sinne der „Foot-in-the-door-Technik" (siehe Abschnitt 1.5.1) ein erstes Bekanntmachen mit einem Produkt und bilden Anlaß zu einem Probekauf. Andererseits kann der Kauf aber dann später nicht wiederholt werden, da der Kunde ganz einfach unzufrieden sein und (nicht nur aufgrund der Aufhebung der Preisreduktion) zu „seiner" früheren Marke zurückkehren kann. Schließlich kann alleine schon die Tatsache, daß ein Produkt als *Sonderangebot* bekannt gemacht wurde, dazu führen, daß in den nachfolgenden „Normalphasen" das Produkt weniger attraktiv erscheint. Wie läßt sich dies erklären?

Nach der „Theorie der Selbstwahrnehmung" (Bem, 1972) kann angenommen werden, daß sogenannte „Attributionsmechanismen" für die geringe Wirksamkeit von Sonderangeboten verantwortlich gemacht werden können. Grundsätzlich geht die Theorie der Selbstwahrnehmung davon aus, daß wir unsere Auffassungen, Meinungen und Absichten nicht direkt beobachten können, sondern daß wir sie zu einem großen Teil aus unseren Verhaltensweisen erschließen. So wird jemand, der sich selbst dabei beobachten kann, wie er eine Rede über Werbepsychologie hält, daraus schließen, daß er ein starkes Interesse an Werbepsychologie hat. Er wird um so eher von seinem Verhalten auf sein Interesse schließen (attribuieren) können, je weniger alternative Erklärungsmöglichkeiten vorliegen. (Beispielsweise ist auf ein geringeres Interesse schließbar, wenn physischer Druck oder monetäre Anreize die Rede erklären können.)

Wie kann die Theorie der Selbstwahrnehmung die oft nur kurzfristige Wirkung von Sonderangeboten erklären? Auch hier haben wir den Fall, daß Menschen etwas *tun* (ein Produkt zu einem Sonderangebotspreis kaufen) und anschließend zu erklären versuchen, warum sie dies getan haben. Im Gegensatz zu einem „normalen" Kauf haben nun jedoch die Konsumenten die Möglichkeit, ihr einmaliges Interesse an dem Produkt auf die Besonderheit der Situation (Sonderangebot!) zurückzuführen. Es ist also nicht notwendig bzw. weniger wahrscheinlich, daß die Ursache für das eigene Verhalten in den *überdauernden* Eigenschaften des *Produktes* gesucht wird.

1.4 Distributionspolitik

Die Distributionspolitik beschäftigt sich mit der Gestaltung der Durchführung von Austauschprozessen. Sie sorgt für die Überwindung der räumlichen und zeitlichen Distanz und ist das Verbindungsstück zwischen Produktion und Verbrauch. Zentrale Problembereiche der Distribution sind die Bestimmung von Absatzwegen und Vertriebssystemen sowie die Bewertung von Standorten. Der physische Teil der Distribution wird hiervon abgegrenzt und als (Marketing-)Logistik bezeichnet. Typische Fragestellungen der Distributionspolitik sind zum Beispiel das Image von Einzelhandelsbetrieben, das Kundenimage, das Erscheinungsbild des Verkaufspersonals, die Gestaltung von Regalräumen, die Wirkung von Sonder-Displays, der Effekt der Zweitplazierung von Produkten oder die Wirkung von Regallücken (Beeskow, Dichtl, Finck & Müller, 1983).

Zwei exemplarische Untersuchungen aus dem Bereich der Distributionspolitik seien angeführt. Schwanzer (1986) klassifizierte die Fassaden von Geschäften mit Hilfe einer Typologie, wie sie in Abbildung 4 gezeigt wird.

Fassaden von verschiedenen Geschäften (z. B. Banken) wurden zunächst einem Beispiel der Typologie zugeordnet. Im Anschluß wurde untersucht, wie diese Fassaden beurteilt werden. Abbildung 5 gibt einen Auszug aus den Ergebnissen wieder, die das Erscheinungsbild („Image") der Geschäftsfassaden „Nurglas" und „Portal" beschreiben. Schwanzer (1986) fand, daß Fassaden vom Typus „Nurglas" fortschrittlicher gesehen werden als „Portale". Gleichzeitig werden Portalfassaden im Vergleich zum Nurglas aber als sympathischer beschrieben.

Wie Moser (1990c) berichtet, ist es aber nicht einmal notwendig, Bilder von verschiedenen Geschäften zu zeigen, um unterschiedliche Eindrücke von Unternehmen feststellen zu können. Versuchspersonen wurden gebeten, die zwei Unternehmensformen „Familienunternehmen" und „Aktiengesellschaft" mit Hilfe verschiedener Merkmale zu beschreiben. Ähnlich den Ergebnissen einer früheren Untersuchung von Bergler (1963) werden mit Familienunternehmen eine stärkere persönliche Bindung, mehr Tradition und ein engeres Verhältnis zum Vorgesetzten in Verbindung gebracht. Aktiengesellschaften werden hingegen als krisenfester, großzügiger und fortschrittlicher gesehen.

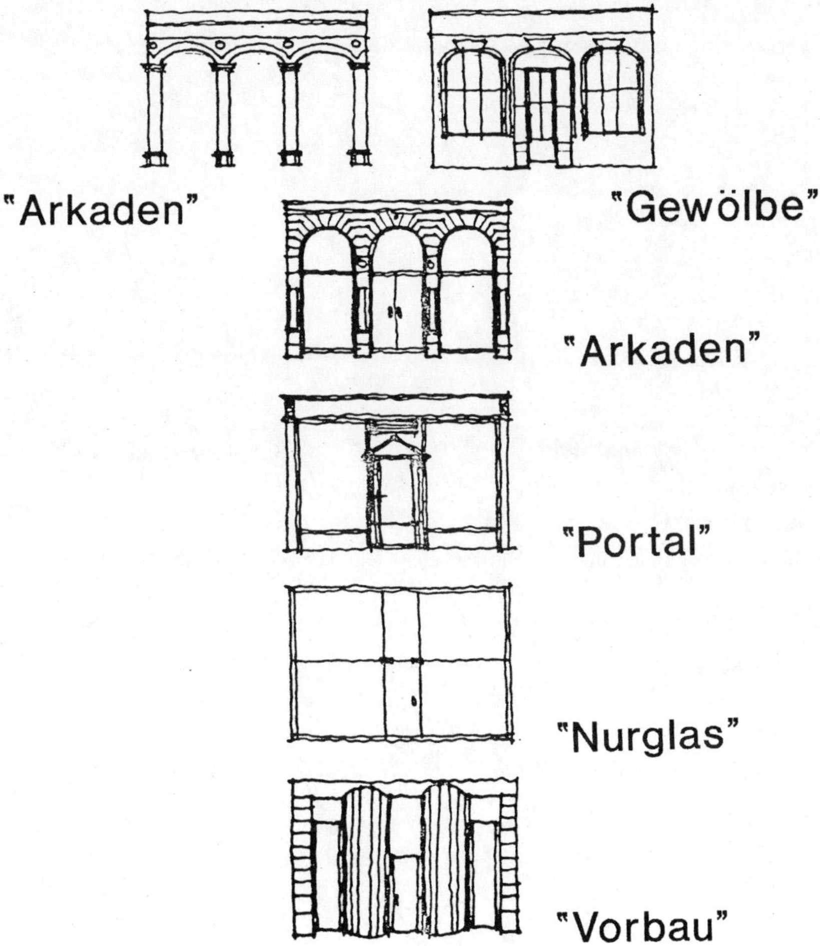

Abbildung 4: Typologie von Geschäftsfassaden (Schwanzer, 1986)

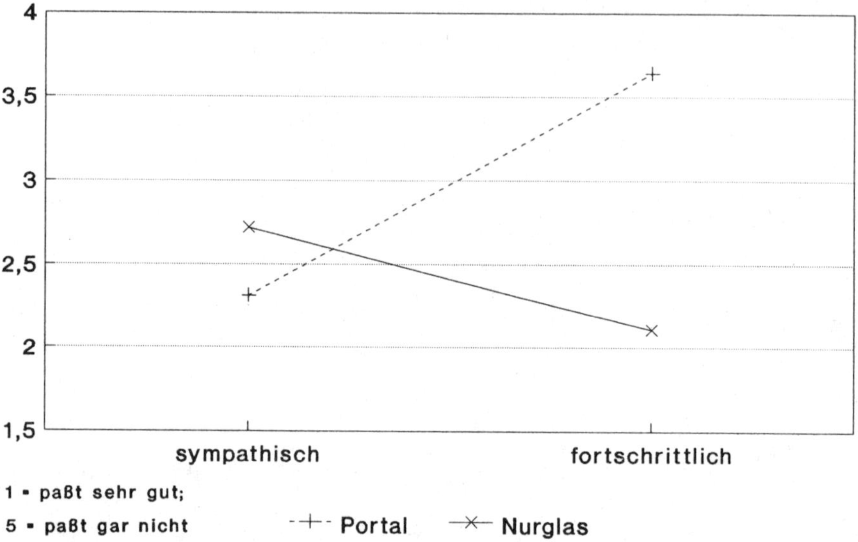

Abbildung 5: Das Image der Geschäftsfassaden „Nurglas" und „Portal" (Schwanzer, 1986)

Abbildung 6: Für ungewöhnliche Standorte mit ungewöhnlichen Mitteln werben

Im Überblick kommen für die Wahl und die Beurteilung der Wirksamkeit unterschiedlicher Distributionskanäle, Standorte, Geschäfts- oder Unternehmensformen eine Vielzahl von Kriterien in Betracht. Tabelle 10 faßt einige solcher Kriterien sowie entsprechende Beispielfragen zusammen.

Tabelle 10: Beurteilungskriterien für die Bestimmung von Absatzwegen mit einigen typischen Beispielfragen

Kontrollierbarkeit und Steuerbarkeit	(Sind die Filialen produktiv?)
Anpassungsfähigkeit und Flexibilität	(Lassen sich die Vertreter umschulen?)
Prestige, Image, Goodwill	(Kommt uns der Zwischenhändler entgegen?)
Sachkompetenz	(Muß der Vertreter Experte für unseren Produktbereich sein?)
Schaffung von Kundentreue	(Vertritt der Außendienst eine „sell and run"-Auffassung?)
Sicherung der Marktpräsenz	(Ist der Einzelhändler ökonomisch abgesichert?)
Übernahme von Garantie-, Pflege- und Kundendienstleistungen	(Hat der Vertragshändler eine Werkstatt zur Reparatur von Bagatellfällen?)
Produktfaktoren	
– technisch-physikalische Eigenschaften	(Sind genügend Regale vorhanden?)
– Kundendienstbedarf	(Verkaufen wir Verbrauchs- oder Gebrauchsgüter?)
– Beratungsbedarf	(Sind kompetente Verkäufer da?)
– Preis	(Erwarten die Kunden, daß hier billig eingekauft wird?)
Unternehmensfaktoren	
– Leistungsprogramm	(Wieviele unserer Produkte kann der Händler verkaufen?)
– Marketingstrategie	(Bemüht sich der Einzelhandel um unser Produkt?)
– Absatzwegerfahrung	(Vertreibt das Unternehmen auch Produkte anderer Firmen?)
Marktfaktoren	
– Kundenstrukturen	(Passen die Kundenerwartungen zum Absatzweg?)
– Konkurrenzsituation	(Über wen läßt die Konkurrenz verkaufen?)
Umweltfaktoren	
– Konjunktur	(Sind „Tante-Emma-Läden" in?)
– gesetzliche Regelungen	(Welche Dienstleistungen dürfen Vertreter verkaufen?)
– Wirtschaftsordnung	(Gibt es überhaupt einen leistungsfähigen Mittelstand?)

Insgesamt betrachtet haben Fragen der Distributionspolitik im Marketing relativ geringe Beachtung gefunden. Bestimmte Aspekte der Distributionspolitik wie z. B. der Name des Geschäftes werden außerdem als praktisch weniger bedeutsam eingeschätzt (Rao & Monroe, 1989). Hinzu kommt, daß sich einige Fragestellungen mit den Bereichen „Persönlicher Verkauf" und „Verkaufsförderung" als Teilen der Kommunikationspolitik (siehe unten) überschneiden.

1.5 Kommunikationspolitik

Den vierten Teil des Marketing-Mix bilden die kommunikationspolitischen Aktivitäten Persönlicher Verkauf, Werbung, Verkaufsförderung und Public Relations. Die Kombination dieser vier Aktivitäten bzw. Maßnahmen wird als Kommunikations-Mix bezeichnet. Da die Darstellung verschiedener psychologischer Aspekte der Werbung den Inhalt der nachfolgenden Kapitel bildet, wird im Teilabschnitt 1.5.2 lediglich ein Überblick zu verschiedenen Varianten und Funktionen der Werbung gegeben.

1.5.1 Persönlicher Verkauf

Die wohl ursprünglichste und älteste Form, in der ökonomische Austauschbeziehungen stattfinden, sind persönliche Interaktionen bzw. der Persönliche Verkauf (Personal Selling). Unter „Persönlichem Verkauf" werden direkte „face-to-face" oder „voice-to-voice"-Interaktionen verstanden: Immer versucht ein Verkäufer, einen Kunden zu überzeugen oder ein Produkt zu verkaufen. Zunächst werden drei typische Auffassungen über erfolgreichen Persönlichen Verkauf vorgestellt. Anschließend wird auf die Unterscheidung von individuellem und organisationalem Verkaufen eingegangen.

Es gibt verschiedene Auffassungen über erfolgreiches Verkaufen. Eine erste Auffassung lautet, daß es verkäuferisches Talent an sich gibt. Es gibt also Menschen, die „Kühlschränke nach Alaska" verkaufen können. Die Anfänge systematischer Forschung zu effektivem Verkaufen bestanden darin, solche Merkmale zu entdecken und die entsprechenden Menschen („Verkäuferpersönlichkeiten") dann gezielt zu suchen. Erste Ansätze, Personalauswahlmethoden für den Verkaufsbereich zu entwickeln, gab es bereits in den 20er Jahren (Schuler & Moser, in Druck). In einer Überblicksarbeit werteten Churchill, Ford, Hartley und Walker (1985) 116 Forschungsarbeiten aus, die die verschiedenen Faktoren untersuchten, von denen Verkäuferleistungen abhängig sein könnten. Die Autoren kamen zu dem Ergebnis, daß die Zusammenhänge zwischen Persönlichkeitsmerkmalen und Verkaufserfolg doch nicht so groß sind, wie ursprünglich vermutet wurde.

Eine zweite These lautet, daß es vor allem auf die Kenntnisse und das Anwenden einiger „Tricks“ ankommt, daß somit im Prinzip jeder verkaufen kann. Des weiteren können die persönlichen sozialen Kontakte in den Mittelpunkt gestellt werden. Hier lautet also die Frage: „Was sind die Merkmale erfolgreicher Verkaufssituationen?“ Einige Vorschläge zur Gestaltung von Verkaufssituationen werden beispielsweise von Wage (1982) berichtet.

So lautet eine immer wieder genannte Verkaufsregel, daß der *Vorteil für den Kunden* angesprochen werden soll. In Kasten 7 werden Beispiele für Verkäuferaussagen gegenübergestellt, wobei Verkäufer A immer produkt- oder firmenbezogen spricht, während Verkäufer B zum Vorteil des Kunden spricht.

Kasten 7: Beispiele für kundenbezogene Verkaufsaussagen (in Anlehnung an Wage, 1982)

Verkäufer A	**Verkäufer B**
Unser Material läßt sich leichter verarbeiten	Ihre Mitarbeiter werden sehr leicht mit diesem Material arbeiten können.
Diese Konstruktion ist, wie bei uns üblich, leicht und doch solide.	Sie werden gerne mit diesem leichten Material arbeiten, Sie haben dabei aber auch die Sicherheit, sich auf eine solide Konstruktion verlassen zu können.
Wir haben unsere Regale raumsparend konstruiert.	Sie werden bemerken, wieviel Extraraum Sie durch die Konstruktion dieser Regale gewinnen.
Denken Sie doch einmal zurück, Herr Scholl, wie wir vor zwei Jahren unseren Umsatz mit der neuen Verpackung gesteigert haben!	Erinnern Sie sich noch, Herr Scholl, wieviel mehr Umsatz Sie vor zwei Jahren mit dieser neuen Verpackung gemacht haben?
Hier, Herr Scholl, haben wir ein Produkt, auf das unsere Techniker sehr stolz sind.	Hier, Herr Scholl, ist ein Produkt, mit dem unsere Kunden sehr glücklich sind.

Eine dritte Auffassung lautet schließlich, daß es bestimmte erfolgreiche Verkaufstechniken gibt. Einige davon sollen im folgenden kurz beschrieben werden.

Die „That's-Not-All“-Technik: Von Burger (1986) wurde die „That's-Not-All“-Technik untersucht, bei der der Verkäufer nach einer anfänglichen Preisnennung, noch bevor der Kunde antwortet, entweder ein zusätzliches Produkt hinzugibt oder den Preis senkt. In zwei Experimenten konnte gezeigt werden, daß diese Technik der Methode überlegen ist, sofort das bessere Angebot zu machen. Eine Erklärung für diesen Effekt könnte sein, daß die Kunden so zu einer „Gegenleistung“ verpflichtet werden. Wichtig ist demnach, daß der Zusatz vor einem Einwand des Kunden kommt, so daß er nicht als Ergebnis eines „Handels“ interpretiert werden kann.

Prompting: Mit „Prompting“ wird die Technik bezeichnet, daß unmittelbar im Anschluß an eine Bestellung bzw. an einen Kauf ein Kunde gefragt wird, ob er außerdem oder in Ergänzung zu dem Produkt, das er erworben hat, an einem weiteren Produkt Interesse hat. Charakteristische Beispiele hierfür sind etwa das Anbieten von Putzmitteln oder Schuhlöffeln nach einem Schuhkauf oder auch das Anbieten von Zusatzversicherungen. Die Wirksamkeit dieser Technik beruht darauf, daß der Kunde durch seine erste Aktivität bereits Vertrauen signalisiert hat und nun in „Begründungszwang“ kommen würde, wenn er das folgende Angebot nun ausschlägt.

Die „Foot-in-the-door“-Technik: Die „Foot-in-the-door“-Technik basiert auf der Idee, daß die Bereitschaft, auf eine Bitte einzugehen, dann zunimmt, wenn derjenige, der überzeugt werden soll, zuerst einer vorausgehenden kleinen Bitte entgegenkommt. Die „Foot-in-the-door“-Technik wurde von Freedman und Fraser (1966) bekanntgemacht. In ihrer Untersuchung fanden sie, daß Hausbewohner zu einem größeren Prozentsatz bereit waren, ein häßliches Schild, das für sicheres Autofahren werben sollte, in ihrem Garten aufzustellen, wenn sie der vorangehenden Bitte, ein sehr kleines Schild an einem Fenster an der Vorderseite ihres Hauses aufzustellen, bereits nachgekommen waren. Engel, Blackwell und Miniard (1986) geben eine Übersicht über Erfolge der Anwendung der „Foot-in-the-door“-Technik. Die Wirksamkeit dieser Technik wurde bisher vor allem in den Bereichen „Beantworten von Umfragen“ und „Spenden für mildtätige Zwecke“ geprüft.

Die „Door-in-the-face“-Technik: Die „Door-in-the-face“-Technik (Mowen & Cialdini, 1980) beruht im Prinzip auf dem umgekehrten Vorgehen wie die „Foot-in-the-door“-Technik. Hier wird jemand darum gebeten, daß er etwas tut, das viel mehr von ihm verlangt als das, was eigentlich von ihm erwünscht wird. Diese „Technik“ ist z.B. aus den Verhandlungen zwischen Tarifpartnern bekannt. Bleibt ergänzend zu erwähnen, daß für das Funktionieren dieses Effektes einerseits die Wahrnehmung des zu Überzeugenden wesentlich ist und daß andererseits der Überzeugende tatsächlich Konzessionen macht. Ein weiteres bekanntes (und berüchtigtes) Beispiel sind Abonnement-Werbungen, bei denen zunächst dazu aufgefordert wird, mehrere Zeitschriften zu abonnieren und dann die Alternative genannt wird, „nur“ eine Zeitschrift zu bestellen.

Labeling: Mit „Labeling“ wird eine Technik bezeichnet, die all die Versuche zusammenfaßt, einem Menschen mehr oder weniger positive Eigenschaften über ihn zu sagen („Sie sind freundlich, ein guter Vater, großzügig usw.“). Die Effektivität dieses Verfahrens wurde wiederholt und für Bereiche wie Wählen, Abfallbeseitigung und auch kommerzielle Werbung demonstriert (Engel et al., 1986).

Persönlicher Verkauf findet nicht nur bei einzelnen Endverbrauchern statt, sondern es ist auch möglich, daß Organisationen bzw. deren Repräsentanten als

„persönliche" Kunden auftreten. Robertson, Zielinski und Ward (1984) unterscheiden vier Entwicklungsphasen bis hin zum heutigen Verständnis von *organisationalem Kaufen* und dem Verkäuferverhalten (vgl. Tabelle 11).

Tabelle 11: Organisationales Kaufverhalten und Verkäuferverhalten in historischer Sicht (Robertson et al. 1984, S. 479)

Zeitphase	Organisationen werden gesehen als...	Verkäufer werden gesehen als...	Zugrundeliegendes Modell
Rationale Käufer (bis ca. 1930)	eindimensional, Einkauf nach produktbezogenen, eindeutigen Kriterien	Auftragnehmer, „lebendiger" Katalog	Ökonomisches Konzept von Rationalität
„Musiker" (bis 2. WK)	teils rational, teils beeinflußbar; Beziehungen zentral	„bunte" Verkaufsrepräsentanten	Freud'sches Konzept; Irrationalität
Gruppenverkäufer (bis 70er Jahre)	komplex, multiindividuell, vielstufige Entscheidungen	Team-Verkäufer	entscheidungstheoretisch
Problemlöser (80er Jahre)	wie zuvor, aber Beziehungen zwischen Käufern und Kunden entscheidend	Problemlöser	Identifikation mit und Verstehen von Kunden und deren marktbezogenen Problemen

Erst zu Beginn der siebziger Jahre entstand ein verstärktes Interesse an der Tatsache, daß an den Transaktionen, die Organisationen durchführen, oft mehrere Personen in verschiedenen Rollen beteiligt sind, daß es sogenannte „Buying Center" gibt (Johnston & Bonoma, 1981). Daher konzentrieren sich die Forschungstätigkeiten, aber auch die meisten praktischen Hinweise zum Verkaufen auf das individuelle Verkaufen an den Endverbraucher. Dabei sind einige Unterschiede zwischen individuellen und gewerblichen Kunden denkbar, die auch Konsequenzen für Verkaufsgespräche haben (Tabelle 12).

Die Gegenüberstellung von gewerblichen und individuellen Beschaffungsentscheidungen, die in Tabelle 12 vorgenommen wurde, ist idealtypisch. Wenn eine

Tabelle 12: Unterschiede in den Beschaffungsentscheidungen zwischen individuellen und gewerblichen Abnehmern

Gewerblicher Abnehmer	Individueller Abnehmer
abgeleiteter Bedarf	persönlicher Bedarf
institutionalisierter Kauf	individueller und spontaner Kauf
Fachleute und berufsmäßige Einkäufer	Laien
mehrere Entscheidungsträger	individuelle Entscheider
Rationalität	Irrationalität

Mutter für ihr Kind ein Spielzeug kauft, dann ist auch ihr Bedarf „abgeleitet". Wenn die Mutter jeden ersten Samstag im Monat im gleichen Supermarkt ihren Großeinkauf macht, ist dies auch schon eine „Institutionalisierung des Kaufs". In verschiedenen Konsumbereichen findet bereits innerhalb der Familie eine „Spezialisierung" statt (siehe Abschnitt 3.5.2), während an anderen Entscheidungen im allgemeinen mehrere Personen beteiligt sind. Schließlich spielen auch im gewerblichen Bereich beim Erwerb eines Produktes oder einer Dienstleistung nicht nur rationale Gesichtspunkte eine Rolle, während individuelle Entscheidungen durchaus Rationalitätskriterien genügen können (siehe Abschnitt 3.2).

1.5.2 Werbung

Die Anfänge der Werbung in einer ökonomisch, psychologisch und gesellschaftlich bedeutsamen Form gehen auf die Verbreitung von Papier sowie die Entwicklung der Buchdruckkunst zurück. Erste breitere Anwendungen von Werbung gab es im *politischen* Bereich während der Aufklärung und der französischen Revolution. Im 19. und 20. Jahrhundert dominierten dann ökonomische Anwendungen. Wichtige Stationen in der Entwicklung der Werbung waren die aufkommende Produktion von Massengütern seit den 20er Jahren des 20. Jahrhunderts, die eine breitgestreute Massenwerbung erst erfolgversprechend machen konnte, sowie die Entstehung der Massenmedien Film, Funk und Fernsehen. Die neueste Entwicklung besteht in der vermehrten Werbung für Investitionsgüter und nicht-ökonomische Bereiche (Politik, Kultur etc.).

In diesem Abschnitt werden zunächst einige Formen bzw. Varianten der Werbung beschrieben. Anschließend werden einige illustrative Daten berichtet, die die volks- und betriebswirtschaftliche Bedeutung der Werbung verdeutlichen. Es wird auf die Zunahme der Bedeutung der Werbung und damit auch der Werbekosten in den letzten Jahren sowie die Kosten von Werbung eingegangen. Selbstverständlich ändern sich diese Daten, so daß der Leser auf einschlägige Wirtschaftszeitungen und Zeitschriften sowie Veröffentlichungen der Werbewirtschaft wie z. B. des Zentralausschusses für Werbewirtschaft (ZAW) verwiesen werden muß, wenn er an aktuellen Daten interessiert ist. Schließlich werden die Instrumente der Werbung, die Werbeträger und Werbemittel vorgestellt.

1.5.2.1 Formen der Werbung

Bei näherer Betrachtung der Werbelandschaft fällt eine breite Palette verschiedener Arten von Werbung auf. So können u. a. folgende Werbeformen unterschieden werden: Produkt- und Firmenwerbung, Allein- und Kollektivwerbung, Individual- und Mengenwerbung, direkte und indirekte Werbung sowie Vorkauf- vs. Nachkaufwerbung (siehe auch Abbildung 7a–c).

Produktwerbung wird – wie der Name nahelegt – für ein Produkt oder eine Gruppe von Produkten betrieben. Im Unterschied hierzu wird bei der *Firmenwerbung* eine Werbung für eine oder mehrere Firmen geschaltet. Dabei kann es

Cartoon Nr. 2: Werbung

HESSEN

In Gießen sind wir den Amerikanern und Russen voraus.

Bei elektrischen Raketentriebwerken gelang den Wissenschaftlern des I. Physikalischen Instituts der Universität Gießen eine bessere, schnellere und sparsamere Alternative: das Ionentriebwerk.

Bei ihm wird der Treibstoff nicht verbrannt, sondern elektrisch aufgeladen und in Hochspannungsfeldern auf zehnmal höhere Strahlgeschwindigkeiten beschleunigt als dies konventionelle Raketen können.

Damit wird es künftig möglich sein, Nachrichtensatelliten über 10 Jahre funktionsfähig zu halten, interplanetare Rundflüge durchzuführen, aber auch auf der Erde solche Triebwerke zur Materialbearbeitung einzusetzen.

In Hessen arbeiten viele kluge Köpfe

30.000 Hochschulwissenschaftler arbeiten an den fünf renommierten hessischen Universitäten, an Forschungsinstituten und in Technologiezentren, um das große Zukunftspotential in die Praxis umzusetzen. Die hessische Landesregierung fördert Entwicklungsprojekte mit bis zu 70 % der Kosten. Viele technologieorientierte Existenzgründungen finden daher in Hessen statt. Drei japanische Automobilkonzerne haben beispielsweise ihre Forschungsinstitute in Hessen eingerichtet. 22,7 % aller ausländischen Direktinvestitionen werden in Hessen getätigt. Mit den Ausgaben für Wissenschaft und Forschung liegt Hessens Wirtschaft an der Spitze aller Bundesländer.

Weitere Informationen:
HLT Wirtschaftsförderung Hessen
Abraham Lincoln-Straße 38-42
6200 Wiesbaden · Telefon (0 61 21) 7 74-0
Telex 4 186 127 · Telefax (0 61 21) 7 74-2 65

Service aus einer Hand:
Industrieansiedlung · Wirtschaftsförderung
Wirtschaftsforschung · Kommunalberatung

HESSEN. Wer Erfolg sucht, kommt zu uns.

Abbildung 7: Unterschiedliche Arten von Werbung

Abbildung 7a: Produktwerbung – für ein Bundesland

Abbildung 7b: Sammelwerbung

Abbildung 7c: Firmenwerbung

durchaus vorkommen, daß eine Firma so sehr mit einem spezifischen Produkt identifiziert wird, daß Produkt- und Firmenwerbung nicht mehr unterscheidbar sind (z. B. Uhu). Es gibt aber auch Firmen, die bewußt darauf verzichten, ihren Namen bei der Produktwerbung zu erwähnen (z. B. Procter & Gamble). Wie Abbildung 8 zeigt, sollte nach Auffassung von Unternehmensrepräsentanten die Firmenwerbung bzw. die Werbung für ein Unternehmen hauptsächlich mit Hilfe von Befragungen des Zielmarktes, also den üblichen Methoden der Werbewirkung, geprüft werden.

Produkt- und Firmenwerbung können *allein* oder *kollektiv* betrieben werden. *Kollektivwerbung* liegt dann vor, wenn sich mindestens zwei Unternehmen oder Organisationen zu Werbezwecken zusammenschließen. Die Kollektivwerbung kann auch als Kooperativwerbung bezeichnet werden. Varianten kooperativer Werbung sind Gemeinschaftswerbung, Verbundwerbung und Sammelwerbung. Während bei der Gemeinschaftswerbung mehrere Unternehmen gemeinsam werben, basiert das Prinzip der Verbundwerbung auf der Idee der wechselseitigen Ergänzung. Ein Beispiel ist die gemeinsame Werbung für Kleidung und Schmuck. Unter Sammelwerbung ist schließlich eine Restkategorie der Gemeinschaftswerbung zu verstehen, bei der die Werbetreibenden andere gemeinsame Interessen haben (z. B. in der gleichen Straße wohnen).

Die Unterscheidung von *Individualwerbung* und *Mengenwerbung* spricht die Frage an, ob das Mitglied der Zielgruppe individuell oder als Teil einer Gruppe

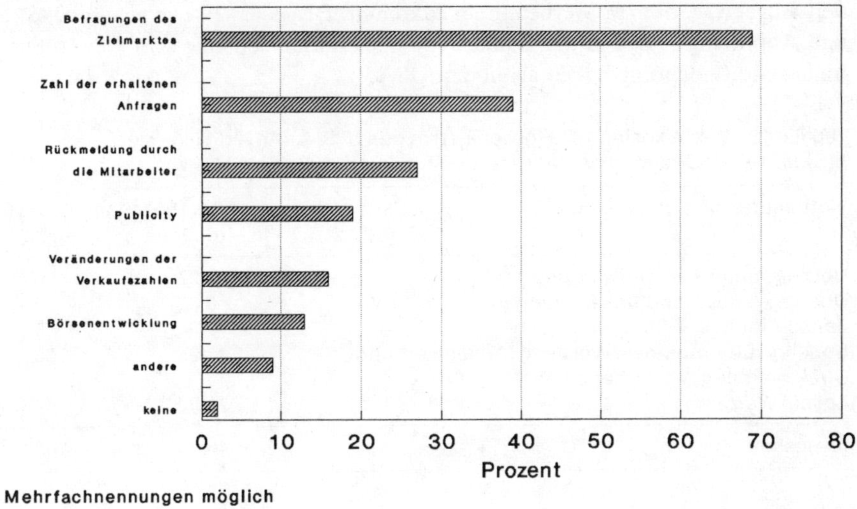

Abbildung 8: Wie die Wirkung von „Werbung für ein Unternehmen" geprüft werden sollte (Patti & McDonald, 1985, S. 45)

angesprochen wird. Ein Beispiel für Individualwerbung sind z. B. persönlich adressierte Werbebriefe („Direct-Mailing").

Der größte Teil der Werbung ist *direkte* Werbung und versucht den Adressaten direkt anzusprechen. Daneben beruhen einige Werbestrategien aber auch auf dem Prinzip der *indirekten Ansprache* über Meinungsführer (siehe Abschnitt 3.5.4). Hierbei hofft der Werbetreibende, daß einzelne Mitglieder aus der Gruppe der Werbeadressaten ihm bei seiner Absicht der Information und Überzeugung absichtlich oder auch unabsichtlich behilflich sind (siehe Abschnitt 3.4.1).

Der größte Anteil der Werbung ist sicherlich *Vorkaufwerbung,* d. h. sie findet vor einem (erhofften) Verkauf statt. Es setzt sich aber auch immer mehr die Auffassung durch, daß Werbung auch nach dem Verkauf bedeutsam ist. Diese *Nachkaufwerbung* hat vor allem die Funktion, Markentreue zu erzeugen und Stammkäufer zu gewinnen. Nachkaufwerbung ist in diesem Sinne auch Vorkaufwerbung. Daneben setzt sie aber auch an dem Phänomen der Kognitiven Dissonanz an, indem sie versucht, auf diejenigen einzuwirken, die nach ihrem Kauf unsicher geworden sind. Sie sollen zum einen in ihrer Entscheidung bestätigt und außerdem als Meinungsführer (siehe 3.5.4) eingesetzt werden.

1.5.2.2 Kosten von Werbung

Die Werbebranche war einer *der* Wachstumsbereiche in den letzten Jahrzehnten. Dabei unterscheiden sich verschiedene Länder in der Bedeutung, die verschiedenen Werbeträgern bzw. Werbemitteln zukommt. Beispielsweise zeigen Tabelle 13 und Abbildung 9, daß in der Bundesrepublik Printmedien eine sehr viel größere finanzielle Bedeutung haben als in den USA.

Tabelle 13: Werbekosten 1979 (geschätzt) in den U. S. A. (Advertising Age, 11. Juni 1979, S. 3; zitiert nach Grunert & Stupening, 1981, S. 15)

Werbemittelbereich	Werbekosten in Mrd. Dollar	in %
Überregionale Fernsehwerbung	7,27	16
Überregionale Rundfunksendungen	0,82	2
Zeitschriften- u. Zeitungswerbung	2,94	6
Sonstige überregionale Werbung (Außenwerbung, Direktwerbung, Wirtschaftspresse)	13,95	30
Lokale Werbung	21,92	47
Insgesamt	46,90	100

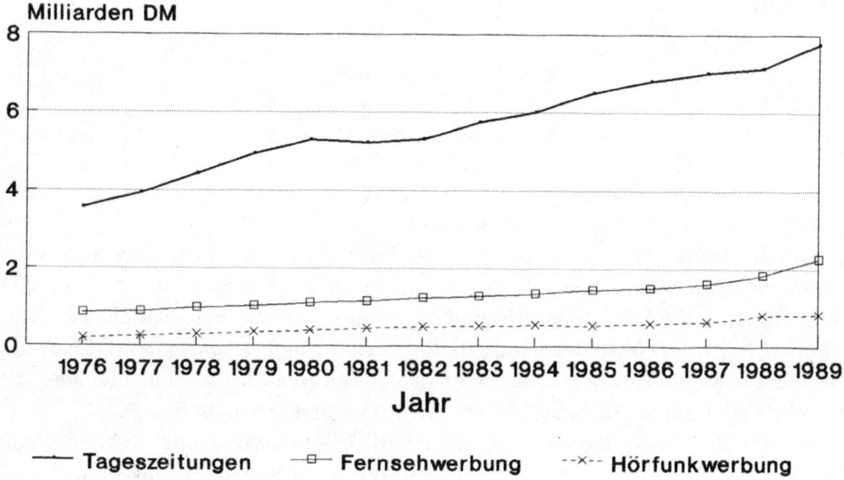

Abbildung 9: Nettowerbeumsätze ausgewählter Werbeträger in Milliarden DM (ZAW, 1990)

Die Kosten von Werbung hängen stark von dem jeweiligen Werbeträger ab. Neben den absoluten Preisen sind auch der *Tausend-Leser-Preis* und der *Tausend-Kontakte-Preis* zu beachten. Der Tausend-Leser-Preis wird berechnet, indem der Preis durch die Zahl der Leser dividiert und mit 1000 multipliziert wird, während beim Tausend-Kontakte-Preis die Zahl der Leser durch die Zahl der (geschätzten) Kontakte ersetzt wird. Tausend-Leser-Preise geben teilweise eine andere Perspektive her als die absoluten Preise. So war der Brutto-Seitenpreis der *ADAC-*

Motorwelt ca. dreimal so hoch wie der Preis für eine Anzeige in *Auto, Motor und Sport;* hingegen war der Tausend-Leser-Preis letzterer Zeitschrift zu Beginn der 80er Jahre nahezu doppelt so hoch. Analog dem Tausend-Leser-Preis kann für das Fernsehen der Tausend-Seher-Preis bestimmt werden (vgl. Tabelle 14). Für die 90er Jahre sind hier allerdings Änderungen zu erwarten, da die ARD-Werbung neu organisiert werden soll.

Tabelle 14: Werbeblockreichweiten und Tausendseherpreise im Februar 1990
Erwachsene ab 14 Jahre (Quelle: GfK-Fernsehforschung)

Sender	Sehbeteiligung		Tausendseherpreis
	%	Mio	DM
NDR	7	0,61	21,89
RB u. Umland	9	0,11	24,63
SFB	12	0,16	31,62
WDR	8	1,06	26,87
HR 1	8	0,33	25,15
SR	9	0,08	33,72
SDR/SWF	8	0,79	19,61
BR	7	0,58	19,35
ARD	8	3,65	22,60
Hessen Drei national	–	0,17	22,71
ZDF	9	4,45	16,27

Die Tausenderkontaktpreise nach Zeitschriftengruppen für Ende der 80er Jahre sind in Tabelle 15 wiedergegeben. Außerdem geht aus dieser Tabelle hervor, wie stark *innerhalb* jeder Gruppe die Preise schwanken. Während beispielsweise bei Programmzeitschriften die Unterschiede recht gering sind, haben die Zeitschriften aus dem Bereich „Wirtschaft und Politik“ sehr unterschiedliche Tausenderkontaktpreise. Schließlich zeigt die rechte Spalte die durchschnittliche Erhöhung der Preise bei vierfarbiger Werbung (4c) gegenüber Schwarz-Weiß-Werbung (sw).

Tabelle 15: Tausenderkontaktpreise nach Zeitschriftengruppen (Stand September 1987; Berndt & Altobelli, 1988)

Zeitschriftengruppen	Zahl der Titel	Tausenderkontaktpreise				Durchschnittliche Erhöhung der Tausenderkontaktpreise 4c gegenüber sw (in %)
		Arithmetische Mittel		Standardabweichungen		
		sw	4c	sw	4c	
I Aktuelle Illustrierte	5	27,24	47,97	4,98	9,13	75,46
II Programmzeitschriften	6	16,75	29,43	2,63	4,42	75,84
III Frauenzeitschriften	34	32,20	55,34	27,62	43,14	74,46
IV Wirtschaft u. Politik	7	83,97	136,08	47,19	67,98	67,99
V Auto und Sport	11	55,64	64,25	25,14	48,52	78,96
VI Hobby und Special Interest	26	61,39	109,10	24,19	39,01	77,67

Tabelle 16 informiert darüber, wie groß der Anteil der Anzeigen an der Gesamtseitenzahl der verschiedenen Zeitschriftengruppen ist. Den größten Anteil an sw-Anzeigen haben die Zeitschriften aus „Wirtschaft und Politik“, während die meisten 4c-Anzeigen in den aktuellen Illustrierten zu finden sind. Diese illustrativen Ausführungen mögen soweit genügen.

Tabelle 16: Anzeigenanteile nach Zeitschriftengruppen (Stand September 1987; Berndt & Altobelli, 1988)

Zeitschriftengruppen	Anzeigenanteil in %			
	Arithmetisches Mittel		Standardabweichung	
	sw	4c	sw	4c
I. Aktuelle Illustrierte	12,43	21,16	1,25	9,12
II. Programmzeitschriften	11,16	19,63	1,45	2,44
III. Frauenzeitschriften	12,87	16,93	6,68	12,42
IV. Wirtschaft und Politik	28,80	17,88	11,65	8,88
V. Auto und Sport	19,95	17,58	8,15	4,91
IV. Hobby & Special Interest	16,30	14,99	9,75	6,87

1.5.2.3 Werbeträger und Werbemittel

Das Kommunizieren und damit auch das Werben setzen den Einsatz von Mitteln und die Wahl von Wegen voraus. Für den Bereich der Werbung sind dies die *Werbemittel* und die *Werbeträger.* Unter Werbeträgern werden die Hilfsmittel verstanden, mit Hilfe derer die Werbung transportiert wird. Ein bedeutender Werbeträger ist die Verpackung. Da manche Werbeträger wie die Verpackung auch noch eine Reihe anderer Funktionen haben, werden sie auch als Werbehilfen oder Sekundär-Werbemittel bezeichnet. Daneben finden folgende weitere Werbeträger Verwendung:

- Zeitungen (Tageszeitungen, Wochenzeitungen, Anzeigenblätter etc.)
- Zeitschriften (Illustrierten, Programmzeitschriften, Magazine etc.)
- weitere Druckerzeugnisse (z. B. Bücher, Adreßbücher, Romane)
- Rundfunk- und Fernsehsendungen
- Filme
- Litfaßsäulen
- Schaufenster
- persönliche Direktwerbung usw.

Zu den neueren Werbeträgern zählen die Anzeigenblätter. Diese haben während der 80er Jahre nach neueren Daten einen beachtlichen Anteil am Umsatzvolumen aller Werbeträger eingenommen. Müller (1983) schätzt den Umsatz im Jahr 1983 auf ca. 2 Milliarden DM. Es existiert also eine Vielfalt an Werbeträgern, und so stellt sich die Frage, wie diese hinsichtlich ihrer Wirksamkeit beurteilt werden können. Eine Möglichkeit besteht darin, die Leserschaft zu untersuchen, da im allgemeinen nur bestimmte Personen durch ein Produkt angesprochen werden können und die Werbung genau diese Zielgruppen erreichen soll. Die Ergebnisse einer exemplarischen Untersuchung zur Leserschaft von zwei Werbeträgern sind in Tabelle 17 wiedergegeben.

Tabelle 17: Vergleich von zwei Werbeträgern bezüglich Einstellungen ihrer Leserschaft (nach Tigert, 1974)

	regelmäßige Playboy-Leser*	regelmäßige Readers Digest Leser*
Meine größten Erfolge liegen noch vor mir	50	26
Ich gehe regelmäßig zur Kirche	18	40
Filme sollten zensiert werden	14	40
Die meisten Männer würden ihre Ehefrauen betrügen, wenn sie die richtige Gelegenheit finden würden	27	12

* Prozentsatz der Befragten, die eindeutig zustimmten

Beim Vergleich der Leserschaft von „Playboy“ und „Readers Digest“ zeigten sich einige interessante Unterschiede. Beispielsweise könnte die höhere Erfolgszuversicht der „Playboy“-Leser durch die vermehrte Verwendung von Leistungsbegriffen angesprochen werden.

Von den Werbeträgern können die *Werbemittel* unterschieden werden. Zum Beispiel sind das Fernsehen oder die Zeitung Werbeträger, der Fernsehspot oder die Anzeige die jeweiligen Werbemittel. Zu den wichtigsten Werbemitteln zählen neben Anzeigen (Inseraten) und Fernsehspots Rundfunkdurchsagen, Prospekte, Kinowerbung, Werbebriefe, Schaufensterdekorationen, Leuchtschriften, Flugblätter, Plakate, Kundenzeitschriften, persönliche Gespräche, Preisausschreiben, Warenproben, Werbegeschenke oder Coupons. Werbeträger und Werbemittel im Bereich „Neue Medien“ (Bildschirmtext, Kabelfernsehen, Satellitenfernsehen usw.) sowie Direktwerbung („Direkt-Mailing“) werden in Huth und Pflaum (1986) besprochen.

Nicht nur für Werbeträger, sondern auch für Werbemittel können eine Vielzahl von Beurteilungskriterien herangezogen werden, die die Entscheidung bei der Selektion des jeweils besten Werbemittels unterstützen können. Naheliegende Entscheidungsgesichtspunkte bei der Auswahl bestimmter Werbeträger sind die Reichweite und die Nutzungsgewohnheiten der Nutzer der Werbeträger. Hiermit wird auch schon ein Beispiel für ein bedeutendes Spannungsverhältnis zwischen den verschiedenen Kriterien angesprochen: Zwar zeichnen sich bestimmte Werbeträger durch eine besonders hohe Reichweite aus (z. B. bestimmte Tageszeitungen), andererseits werden diese jedoch nicht sehr oft oder nicht sehr lange genutzt. Weitere Kriterien zur Bewertung der Werbeträgerqualität bzw. der „Kontaktqualität“ sind in Tabelle 18 zusammengestellt (vgl. auch Abbildung 10).

Tabelle 18: Beurteilungskriterien für die Kontaktqualität eines Werbeträgers

Übermittlungsart und Übermittlungsvermögen

- Darstellungsmöglichkeit (z. B. Farben, Bilder)
- Dauer des Kontaktes (z. B. Länge eines Spots)
- Wiederholbarkeit des Kontaktes (z. B. Erscheinungshäufigkeit)
- Werbliches Umfeld (z. B. Größe der anderen Werbeanzeigen)
- Redaktionelles Umfeld (z. B. Thematik der Reportagen)
- Auswahlmöglichkeit (z. B. Zielgruppendefinition)
- Kosten

Verhältnis von Empfänger und Werbeträger

- Generelle Funktion des Werbeträgers (z. B. Politik, Bildung)
- Situation bei der Informationsaufnahme (z. B. Autofahrt)
- Medienbindung (z. B. Treue, Exklusivnutzung)
- Image des Werbeträgers (z. B. Inhalt, Glaubwürdigkeit)

Auch die Werbemittel können nach verschiedenen Kriterien bewertet werden (vgl. Tabelle 19). Vergleichen wir z. B. einen Direktbrief und einen Fernsehspot, so kann der Direktbrief gezielter gestreut werden und er stellt eher einen isolierten Werbeeindruck dar als der Fernsehspot.

Abbildung 10: Das Verhalten beim Lesen berücksichtigen; hier die Situation bei der Informationsaufnahme: Zeitungsleser machen an wichtige Stellen ein Kreuz.

Tabelle 19: Selektionskriterien für Werbemittel

- Möglichkeit einer gezielten Streuung
- Anzahl und Art der kombinierbaren Werbeelemente
- Umfang der möglichen werblichen Aussage
- Wirkungsdauer
- Wirkungsort und Kontaktsituation
- Zeitlich elastischer Einsatz
- Isolierung von konkurrierenden Werbeeindrücken
- Möglichkeit des Ausweichens für den Umworbenen
- Einstellung der Umworbenen zum Werbemittel bzw. Werbeträger
- Möglichkeiten der Werbeerfolgs- bzw. Werbewirkungskontrolle
- Kosten

Es wird für jeden Anwendungsfall gesondert zu untersuchen sein, welches Kriterium relevant ist. Beispielsweise mögen für ein Kleinunternehmen die Kosten des Werbemittels bedeutsamer sein als die Möglichkeit einer gezielten überregionalen Streuung. Die Produktart hat ebenfalls Konsequenzen für die Gewichtung der Selektionskriterien. Für Investititonsgüter haben Messen vermutlich eine andere

Bedeutung als für Obst und Gemüse (vgl. zur weiteren Information hierzu Backhaus, 1982). Die Entscheidung für verschiedene Werbemittel und Werbeträger sowie die Verteilung des Werbeetats werden in der Mediaplanung oder Streuplanung vorgenommen (Guggenheim, 1984). Weitere Resultate zu den Fragen der Wirksamkeit von Werbeträgern finden sich in den Abschnitten 3.3 und 3.4.

1.5.3 Verkaufsförderung

Mit Verkaufsförderung (sales promotion) oder Vertriebsförderung wird oft alles das bezeichnet, was nicht direkt Werbung oder Verkaufen ist, diese beiden Bereiche aber unterstützt (Ray 1982). Typische Fragestellungen der Verkaufsförderung sind: Wie können Vertreter optimal informiert und motiviert werden, damit sie Kunden im Handel gewinnen, halten und den Kundenstamm ausbauen? Mit welchen Aktionen kann der Handel beim Vertrieb von Produkten oder Dienstleistungen durch Maßnahmen am Verkaufsort unterstützt werden? Wie können die Kunden des Handels angesprochen werden?

Verkaufsförderung findet also auf den drei Ebenen Verkaufsorganisation, Handel und Kunden (Endverbraucher) statt. Verkaufsförderungsaktionen, die sich direkt an den *Kunden* oder Endverbraucher richten, sind z. B. Verkaufsvorführungen, Verbraucherpreisausschreiben oder Versendung von Warenproben. Die Unterstützung des *Handels* geschieht u. a. durch die Bereitstellung von Verkaufsbroschüren, Weiterbildung, Erstellung von Display-Materialien, Rabatte, kostenlose Proben oder Gratispackungen. Beispiele für die Vertriebsförderung in der *Verkaufsorganisation* sind Wettbewerbe bzw. Prämiensysteme für die Verkäufer oder Schulungen. Tabelle 20 gibt einen Überblick über die wichtigsten Instrumente der Verkaufsförderung.

Bei den Verkaufsförderungsaktionen, die sich an den Verbraucher richten, ist zu beachten, daß sie dazu führen sollen, daß sich der Verbraucher an den *Handel* wendet. Ansonsten würde es sich ja um *direkte* Werbeaktionen handeln. Die Bereiche „Distribution" und „Verkaufsförderung" lassen sich nicht immer klar trennen. Beispielsweise zählt die Verkäuferschulung zu beiden Bereichen.

Zwei Maßnahmen seien exemplarisch angesprochen, die für den Bereich der Unterstützung von Verkaufsmaßnahmen von Bedeutung sind. Janis, Kaye und Kirschner (1965) fanden, daß sich Versuchspersonen stärker beeinflussen ließen, wenn sie während eines Beeinflussungsversuches Nahrungsmittel zu sich nahmen. Hier läßt sich eine Parallele zu den Bewirtungsbemühungen ziehen, die bei Verkaufstreffen von Großhändlern für Einzelhändler unternommen werden. Eine andere Maßnahme zur Verkaufsförderung kann darin bestehen, dem Einzelhandel oder Supermärkten Tonträger mit Hintergrundmusik zur Verfügung zu stellen. Milliman untersuchte (1982) die Wirkung von verschiedener Hintergrundmusik und fand, daß langsame Hintergrundmusik im Vergleich zu schneller Hintergrundmusik in einem Supermarkt dazu führte, daß die Kunden weniger schnell durch den Laden gingen. Gleichzeitig war eine Umsatzsteigerung von 38% festzustellen. Allerdings ist hierzu anzumerken, daß das langsame Gehen in anderen

Tabelle 20: Verkaufsförderungsinstrumente

Kundenorientierte Verkaufsförderung

- Kostenlose Proben
- Gutscheine (die beim Einkauf einen Rabatt einbringen)
- Rückerstattungsangebote (die entweder die Rücknahme des Produktes oder die Erstattung des Kaufpreises garantieren)
- Preisreduktionen und Sonderpreise
- Prämien (als Angebot einer Kaufvergünstigung für ein anderes, zusätzliches Produkt)
- Preisausschreiben
- Sammelmarken
- Vorführungen

Handelsorientierte Verkaufsförderung

- Kaufnachlaß
- Umsatznachlaß
- Wiederkaufnachlaß (sofern ein vorhergehender Vertragsabschluß aufgrund einer Förderungsmaßnahme erfolgte)
- Kostenlose Güter (z. B. wird beim Kauf von 10 Einheiten eine Einheit umsonst abgegeben)
- Merchandising (der Händler wird für eine nicht routinemäßige Darbietung des Produktes belohnt)
- Kooperative Werbung (Werbenachlaß des Herstellers, der von den Einzelhändlern dazu verwendet werden muß, gezielte Werbung einzusetzen, z. B. Inserate, Werbematerialien)
- Händlerliste-Förderung (eine an Konsumenten gerichtete Werbebotschaft, die über ein Produkt oder ein Sonderangebot berichtet, enthält Namen und gegebenenfalls die Adressen von Einzelhändlern, die das Produkt führen bzw. an der Förderungsmaßnahme teilnehmen)
- Schaffung materieller Anreize („push money"; Förderung, bei der Geld oder Geschenke an den Einzelhändler verteilt werden, sofern dieser sich besonders bemüht, die Herstellerprodukte zu verkaufen)
- Verkaufswettbewerbe (Inaussichtstellen von Belohnungen für Umsatzsteigerungen)
- Einsatz von Propagandisten/-innen
- Erstellung von Display-Materialien
- Händler-Prämien (Einzelhändler erhalten Prämien beim Verkauf bestimmter Warenmengen)

Verkaufspersonalorientierte Verkaufsförderung

- Bonus (finanzielle Vergütung für außergewöhnliche Verkaufsleistung)
- Verkaufspersonal-Wettbewerbe (bei denen die höchsten Umsatzleistungen des Verkaufspersonals mit Preisen belohnt werden)
- Verkaufstreffen (Erfahrungsaustausch und Schulung in Verkaufstechniken)

Einkaufssituationen zu eher unerwünschten Effekten führen kann (z. B. Fast-Food-Restaurant). Fraglich ist auch, ob die Art der Musik in der Untersuchung von Milliman (1982) nicht auch das Verhalten der *Bediensteten* beeinflußt hat. Beide Aspekte wurden von Milliman (1986) geprüft. Besucher eines Restaurants blieben länger (56 vs. 45 Minuten) und gaben mehr Geld aus, wenn langsame Musik im Hintergrund lief. Allerdings dauerte es auch tendenziell etwas länger, bis die Besucher bedient wurden. Zu etwas kritischeren Resultaten kam Rarrek (1989), stellte aber fest, daß Hintergrundmusik zu einer besseren Beurteilung der Einkaufsstätte führen kann.

1.5.4 Public Relations (Öffentlichkeitsarbeit)

So wie Marketing als Fortführung und Erweiterung der traditionellen Absatzwirtschaft verstanden werden kann, so stehen Public Relations (PR) für eine Fortführung bzw. Ergänzung der traditionellen Werbung. Sie stehen auch für das Programm eines „integrierten Marketing" (siehe Abschnitt 1.1) und werden oft als Instrument der Werbung für das Unternehmen bezeichnet. Eine einfache Definition von PR lautet: „Tue Gutes und sorge dafür, daß darüber gesprochen wird". Als Instrumente der Public Relations sind zu nennen: die Beziehungen zu den Medien, mündliche Kommunikation, Anzeigeninserate, Zeitschriften, Filme oder finanziell unterstützte Veranstaltungen (z. B. Konzerte, Theater, Stiftungen, Spenden oder Betriebsbesichtigungen). In den 80er Jahren sind vor allem die Unterstützung („Sponsoring") von Sportveranstaltungen und ökologischen Aktivitäten bekannt geworden (vgl. Kasten 8).

Kasten 8: Public Relations heißt: „Tue Gutes und . . ."

„Ehningen beginnt Umfrage zur Umwelt

Ehningen, Kreis Böblingen. In Steinheim an der Murr im Kreis Ludwigsburg lief die erfolgreiche Premiere ab, jetzt ist Ehningen an der Reihe: Die Landesbausparkasse Württemberg (LBS) veranstaltet hier in Zusammenarbeit mit der Gemeinde und der Kreissparkasse die Aktion „Gesunde Umwelt". Die Aktion läuft in drei Stufen ab. Zunächst wird eine Umfrage bei allen Haushalten und allen Schulklassen gestartet. Gefragt wird danach, was jeder einzelne in seinem Lebensbereich zu einer gesunden Umwelt in Ehningen beitragen kann und was die Gemeinde verbessern könnte. Der Fragebogen muß bis zum 17. November zurückgegeben werden. Bürgermeister Hans Heinzmann: „Wir wollen damit erreichen, daß sich jeder Ehninger über seine unmittelbare Umwelt Gedanken macht." Alle Anregungen und Vorschläge werden gesammelt und von einer Jury ausgewertet. Die besten Vorschläge werden prämiert" (aus der Stuttgarter Zeitung, 3. 11. 1989).

Die Öffentlichkeit als Adressat der Public Relations wird unterteilt in Beschäftigte und deren Angehörige, Massenmedien, Besuchergruppen, Aktionäre, Händler bzw. Wiederverkäufer, Lieferanten, Gemeinden, Ausbildungs- und Erziehungsinstitutionen, Regierungen und organisierte Kundengruppen. Die wichtigsten Unterscheidungsmerkmale zwischen PR und Werbung sind in Tabelle 21 zusammengefaßt.

Abschließend sei noch die Unterscheidung von PR und Publicity angesprochen. Publicity und Public Relations unterscheiden sich vor allem hinsichtlich ihres Zwecks und ihrer Zielgruppen. Während Publicity bestimmte Märkte bzw. Adressaten anspricht und eher produktbezogen ist, zielen die Public Relations auf verschiedene „Öffentlichkeiten" ab und sind eher unternehmensbezogen.

Das Feld der Public Relations gewinnt immer mehr an Bedeutung, wie eine jüngere Übersicht von Signitzer (1988) zeigt. Die meisten PR-Maßnahmen werden mit psychologischen Methoden untersucht, die auch bei der Prüfung von Werbekonzeptionen Anwendung finden. Es sind dies vor allem Methoden der Imageforschung wie z. B. das Semantische Differential (siehe Kapitel 2).

Tabelle 21: Gegenüberstellung von Public Relations (Öffentlichkeitsarbeit) und Werbung

	Public Relations	Werbung
gesellschaftliche Funktion	Anbahnung von Beziehungen mit der Zielrichtung der gesellschaftlichen Umwelt Einbettung der Einzelwirtschaft in die Umwelt	Anbahnung von Beziehungen in Absatz- und Beschaffungsmärkten Auslösung von Kaufprozessen
unternehmenspolitische Funktion	Unternehmenspolitische Funktion der Leitung als Teil der einzelwirtschaftlichen Philosophie	Teilfunktion des Marketing
volkswirtschaftliche Funktion	Anpassung an und Integration in alle Bereiche des öffentlichen Lebens durch interne und externe Information	Aufgabe, den Verkauf von Produkten zu erleichtern
betriebswirtschaftliche Funktion	Streben nach dauerhaften und festen Bindungen zwischen der Einzelwirtschaft und der gesellschaftspolitischen Umwelt Schaffung bzw. Erhaltung eines möglichst weitreichenden Sympathie- und Zustimmungsanteils	Es werden langfristige und kurzfristige Wirkungen angestrebt Gewinnung bzw. Erhaltung möglichst hoher Marktanteile
psychologische Funktion	Zuständigkeit für die Darstellung und Interpretation der Gesamtpolitik der Unternehmung Bildung von Meinungen zum Aufbau eines positiven Images	Darstellung und Interpretation der Marketingpolitik Versuch der Verhaltensbeeinflussung mit dem Ziel, Kaufimpulse auszulösen
Zielgruppen	Die Public Relations sind je nach Problemstellung auf die jeweils interessante Öffentlichkeit gerichtet	Die Werbung ist im wesentlichen marktorientiert und richtet sich an die für die Produkte relevanten Zielgruppen

Verwendete Instrumente	primär Massenkommunikation	neben Massenkommunikation auch zielgruppenspezifisch individuell
Kostenintensität	weniger kostenintensiv; teilweise kostenlos	kostenintensiv
Verhältnis zu Sponsor	teilweise nicht mit Sponsor identifizierbar	immer mit Sponsor identifizierbar

1.6 Zusammenfassung

Kapitel 1 führte in die Marketing-Grundlagen der Werbung ein. Marketingkonzepte entwickelten sich aus der Absatzwirtschaft, umfassen aber heute wesentlich mehr als den Distributionsaspekt der Waren. Das Marketing-Denken kann prinzipiell auf alle Austauschbeziehungen angewandt werden, nicht nur auf den Austausch von Gütern. Das Marketing-Mix setzt sich aus Produkt- und Programmpolitik, Preispolitik, Distributionspolitik und Kommunikationspolitik zusammen. Für jede dieser Komponenten wurden verhaltens- und wirkungsbezogene Beispiele angeführt.

2 Messung der Werbewirkung

In diesem Kapitel wird ein Überblick über einige psychologische Methoden zur Überprüfung der Werbewirkung gegeben. Zunächst wird auf die Unterscheidung von Werbewirkung und Werbeerfolg eingegangen, dann auf die Bedeutung von Werbewirkungsmodellen. Schließlich werden einige Werbewirkungsmethoden dargestellt und Beurteilungskriterien erörtert sowie das Beispiel „Coupons“ diskutiert.

2.1 Werbewirkung oder Werbeerfolg?

Wenn der Werbeerfolg bestimmt werden soll, so kann versucht werden, ihn mittels einer Werbeerfolgsprognose (Pretest) vorherzusagen oder ihn im Nachhinein in der Werbeerfolgskontrolle (Posttest) zu erfassen. Im folgenden werden wir von Werbe*erfolg* sprechen, wenn wir die ökonomische Seite der Werbung meinen,

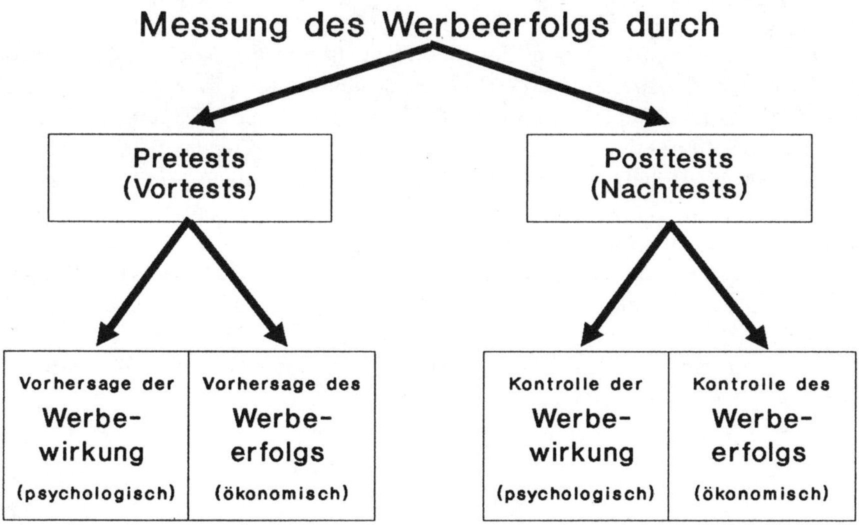

Abbildung 11: Klassifikation von Methoden zur Überprüfung des Werbeerfolgs

und wir werden den Begriff Werbe*wirkung* verwenden, wenn es um die nichtökonomischen Aspekte (zumeist psychologischer Art) von Werbung geht (siehe Abbildung 11).

Erstes Ziel der Rechtfertigung von Werbemaßnahmen im ökonomischen Bereich ist sicherlich der Nachweis des *Werbeerfolgs,* belegbar etwa an der Umsatzsteigerung. Allerdings stehen dem Nachweis ökonomischer Effektivität einige Probleme entgegen: Ein bestimmter Unternehmenserfolg ist in der Regel von vielen Faktoren beeinflußt, d. h. der Marketing-Mix-Faktor Werbung ist nur äußerst schwierig isolierbar. Weiterhin ist es schwierig, *periodengerechte Abgrenzungen* vorzunehmen, d. h. bestimmte Maßnahmen bestimmten Effekten (zeitlich definierbar) zuzuschreiben. Neben solchen „carry-over"-Effekten (zeitlicher Art) können auch „spill-over"-Effekte auftreten. Hiermit ist gemeint, daß von der Werbung negative oder positive Effekte auf andere Marketinginstrumente ausgehen können. Aufgrund der Multideterminiertheit von Umsatzsteigerungen (oder anderen ökonomischen Indikatoren) durch verschiedene Mittel des Marketing-Mix kommt natürlich auch dem Werbebudget einige Bedeutung zu. Meistens werden mehrere Werbemittel eingesetzt, so daß die Wirksamkeit jedes spezifischen Werbemittels nicht eindeutig bestimmt werden kann.

Zwar können die vorstehenden Argumente gegen eine ökonomische und *für* eine psychologische Vorgehensweise vorgebracht werden, aber trotzdem gibt es natürlich auch Versuche, ökonomische Werbeerfolgsprognosen wie auch -kontrollen durchzuführen. Das naheliegendste Beispiel für eine ökonomische Werbeerfolgsprognose ist ein *Gebietsverkaufstest* in einem *Testmarkt,* in dem Produkte oder Dienstleistungen in einem begrenzten Markt unter ansonsten „realen" Bedingungen vermarktet werden. Die Vorteile dieser Vorgehensweise müssen kaum herausgestellt werden: Es findet eine umfassende Überprüfung von Marktchancen statt; Reaktionen der Verbraucher, des Handels und der Konkurrenz können beobachtet und analysiert werden. Dennoch gibt es auch Einwände gegen die Verwendung des Testmarkt-Konzepts: Die Kosten sind sehr hoch, einzelne Wirkfaktoren der Marketingstrategie lassen sich kaum isolieren, die Wiederkaufrate kann kaum abgeschätzt werden, die Konkurrenz wird (zu) früh mit dem neuen Produkt bekannt gemacht, der Testmarkt kann nicht repräsentativ sein, und es können problematische Werbeträgereffizienz oder konfundierende soziale Faktoren vorliegen. Zu den letzten beiden Punkten sei bemerkt, daß wirksame Werbeträger oftmals über die Testmärkte hinaus verbreitet sind, so daß sich Streuverluste ergeben. Außerdem kann die beschränkte Verfügbarkeit des beworbenen Produkts zu negativen Einstellungen bei den Beworbenen führen, da sie nicht über das Produkt verfügen können.

2.2 Die Rolle von Werbewirkungsmodellen

Betrachten wir nun genauer, was wir unter Verfahren zur Erfassung der psychologischen Werbewirkung verstehen. Hierbei ist zunächst zu beachten, daß es unterschiedliche *Werbewirkungsmodelle* gibt. Das einfachste Werbewirkungsmodell ist das S-R (Stimulus-Response)-Modell. Beim Stimulus-Response bzw. Reiz-Reaktionsmodell wird davon ausgegangen, daß Reize *unmittelbar* wirksam sind und z. B. zum Kauf eines Produktes führen. Im Gegensatz hierzu gehen die meisten heute diskutierten Modelle von einer oder mehreren sogenannten „intervenierenden Variablen“ aus, die Bindeglieder zwischen Reiz und Reaktion bilden. Das bekannteste dieser S-O-R-Modelle („O“ steht dabei für „Organismus“) ist gleichzeitig eines der ältesten, nämlich das sogenannte AIDA-Modell (vgl. Tabelle 22).

Tabelle 22: Das AIDA-Modell der Werbewirkung

A	für „attention“	(Aufmerksamkeit)
I	für „interest“	(Interesse)
D	für „desire“	(Wunsch, Verlangen)
A	für „action“	(Handlung)

Lange Zeit wurde dieses Modell nicht nur in dem Sinne propagiert, daß es die Prozesse bei Rezipienten von Werbung beschreiben würde. Zahlreichen Werbungskonzeptionen lag darüber hinaus die Idee zugrunde, daß sie die genannten vier Komponenten enthalten sollten. Dementsprechend sollte Werbung also

- Aufmerksamkeit erzeugen
- Interesse wecken
- Wünsche ansprechen und
- zur Handlung (meistens zum Kauf) auffordern.

Neben diesem Modell wurden Dutzende andere Werbewirkungsmodelle vorgeschlagen. Ein sehr differenziertes Modell stammt von Howard und Sheth (1969), nach dem die Wirkung einer Werbung von einer Vielzahl von Einflüssen, die teilweise untereinander verknüpft sind, bestimmt wird. McGuire (1985) unterscheidet zwölf Ebenen der Wirksamkeit einer persuasiven Kommunikation (z. B. einer Werbebotschaft). Sie bauen aufeinander auf bzw. folgen im allgemeinen zeitlich aufeinander (siehe Tabelle 23).

Nach McGuire (1985) können Mißverständnisse entstehen, wenn die verschiedenen Wirkungsebenen als austauschbar gelten. Vielmehr ist beispielsweise die Aufmerksamkeit lediglich eine Voraussetzung für Gedächtnisveränderungen. Allerdings läßt sich die Behauptung kritisieren, daß die verschiedenen Ebenen *immer* aufeinander folgen. So zeigen Batra und Ray (1985), daß im Falle von geringer innerer Beteiligung (Involvement) zuerst Änderungen des Verhaltens und dann Änderungen in den Einstellungen erfolgen können.

Tabelle 23: Verschiedene Ebenen der Wirksamkeit einer persuasiven Kommunikation (McGuire, 1985, S. 259)

1. Sich einer Kommunikation aussetzen
2. Aufmerksamkeit
3. Interesse
4. Den Inhalt verstehen
5. Verknüpfte Kognitionen (Gedanken) generieren
6. Relevante Fertigkeiten erwerben
7. Einer Position zustimmen (Einstellungsänderung)
8. Die Veränderung im Gedächtnis speichern
9. Das relevante Material im Gedächtnis speichern
10. Auf der Grundlage des erinnerten Materials entscheiden
11. Entsprechend der Entscheidung handeln
12. Konsolidierung des neuen (Verhaltens-) Musters nach der Handlung

Welche psychologische Bedeutung haben Werbewirkungsmodelle? Zunächst formulieren sie die angestrebte *Forschungsstrategie.* Ein Vertreter des S-R-Modells wird verschiedene Stimuli für den Konsumenten variieren und dann eine direkte Kaufreaktion erfassen. Der Vertreter des „AIDA"-Modells wird hingegen schon am Interesse oder an der Aufmerksamkeit des Konsumenten interessiert sein. Die verschiedenen Werbewirkungsmodelle rechtfertigen damit auch unterschiedliche *Meßmethoden* (nur „Kaufverhalten" oder z. B. „Aufmerksamkeitswerte"). Schließlich spezifizieren die Modelle verschiedene *Wirkmechanismen.* Beispielsweise ist nach McGuire (1985) das Verständnis des Inhalts einer Werbebotschaft die Voraussetzung für eine Einstellungsänderung.

Im folgenden wird nun eine Auswahl der gängigen Meßmethoden besprochen. Die Wirkmechanismen bzw. theoretischen Erklärungen für die Werbewirksamkeit werden in Kapitel 3 ausführlich untersucht.

2.3 Testmethoden zur Überprüfung der Werbewirkung

Psychologische Testmethoden werden zur Prognose oder nachträglichen Prüfung der Werbewirkung eingesetzt. Von der Ebene der erhofften oder beabsichtigten Wirkung hängt auch die Entscheidung für ein Testverfahren ab. Zunächst wird ein Überblick über die bekannteren Überprüfungsmöglichkeiten gegeben, und einige wenige Verfahren werden etwas ausführlicher betrachtet. Dann werden Beurteilungskriterien für die verschiedenen Testverfahren besprochen.

Zunächst kann die Werbewirksamkeit auf der *Verhaltensebene* geprüft werden, so z. B. darüber, ob Kunden Coupons von Anzeigen zurückschicken. Auch bei dem Verfahren der „Schnellgreifbühne" wird Verhalten direkt beobachtet. Hier haben die Versuchspersonen die Möglichkeit, innerhalb einer kurzen Zeit aus einer Vielzahl von Produkten einige auszuwählen. So kann z. B. die Aufmerksamkeitswirkung der Verpackung oder einfach die Bekanntheit der Produkte ermittelt werden.

Eine offensichtliche Möglichkeit, zu Bewertungen von Werbung zu kommen, sind direkte *Beurteilungen durch Experten* oder durch *Konsumenten*. Ein Beispiel für eine hierfür einsetzbare Methode ist in Abbildung 12 wiedergegeben.

		Höchste Punktzahl
Signalwirkung Wie stark erweckt die Anzeige die Aufmerksamkeit des Lesers? (Bewerten Sie die zeichnerische Gestaltung, die Schlagzeile, die Typographie und die Gesamtgestaltung.)	______	(15)
Wie gut erweckt die Anzeige die Aufmerksamkeit des *erwünschten* Lesers?	______	(5)
Weiterlesewirkung Wie gut erfüllt die Anzeige die Aufgabe, den Betrachter zum Weiterlesen zu veranlassen?	______	(20)
Kognitive Wirkung Wie klar ist die Kernbotschaft oder der beschriebene Vorteil?	______	(20)
Affektive Wirkung Wie gut ist die Wahl des Werbeappells im Vergleich zu anderen möglichen Appellen ausgefallen?	______	(10)
Wie wirksam erweckt dieser Appell die gewünschten Gefühlsregungen?	______	(10)
Verhaltenswirkung Wie gut suggeriert die Anzeige eine entsprechende Handlung?	______	(10)
Wie wahrscheinlich ist es, daß der Leser diese Handlung vollzieht?	______	(10)

0 – 20	20 – 40	40 – 60	60 – 80	80 – 100
sehr schlechte Anzeige	mittelmäßige Anzeige	durchschnittliche Anzeige	recht gute Anzeige	sehr wirksame Anzeige

Abbildung 12: Beispiel für einen Fragebogen zur Bewertung von Anzeigen (Kotler, 1978, S. 210)

Sollen Urteile über die Qualität von Werbeanzeigen *individuell* oder *in Gruppen* erhoben werden? Die Antwort auf diese Frage könnte in einem Experiment von Petty, Harkins und Williams (1980) zu finden sein. Versuchspersonen wurden

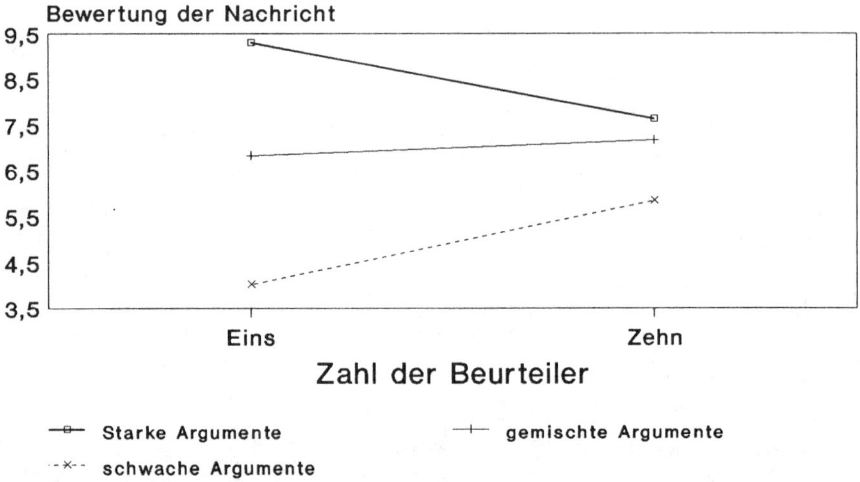

Abbildung 13: Bewertung einer Nachricht in Abhängigkeit von der Beurteilerzahl und der Qualität des Arguments (Petty et al. 1980, S. 88 f.)

entweder alleine oder in Gruppen von jeweils zehn Personen gebeten, die Qualität von starken, gemischten oder schwachen Argumenten zu bewerten (siehe Abbildung 13).

Nach Petty et al. (1980) liegen die Urteile mit zunehmender Zahl der beurteilenden Personen näher beieinander: Schwache Argumente werden als weniger schwach und starke Argumente werden als weniger stark bewertet. Für praktische Fragestellungen, in denen eine deutliche Differenzierung zwischen unterschiedlich überzeugenden Werbevorlagen angestrebt wird, ist ein solcher Effekt jedoch unerwünscht. Ein Verzicht auf Gruppenurteile ist somit in diesen Fällen empfehlenswert.

Die nächste Gruppe der Verfahren zur Prüfung der Werbewirksamkeit betrifft den Bereich der *Einstellungen*. Einfache Beispiele sind, daß etwa gefragt wird, ob ein Produkt bekannt ist oder ob Konsumenten bereit wären, das Produkt zu kaufen. Anstatt diese Fragen mit „ja“ oder „nein“ beantworten zu lassen, können auch sogenannte Likert-Skalen vorgegeben werden. Diese Skalen haben mehrere Ausprägungen, die z. B. für das Ausmaß der Zustimmung oder Ablehnung einer Aussage stehen (siehe Abbildung 14).

Eine gewisse formale Ähnlichkeit zur Likert-Skala weist das *Semantische Differential* (Polaritätenprofil) auf. Das Semantische Differential wurde ursprünglich entwickelt, um die Bedeutung von Wörtern und Begriffen zu untersuchen, und ist in den letzten Jahrzehnten zu einem beliebten Instrument zur Beurteilung von Produkten, Firmen usw. geworden. Auch beim Semantischen Differential werden Skalen vorgegeben, wobei diese nun aber mit Adjektivpaaren verankert sind.

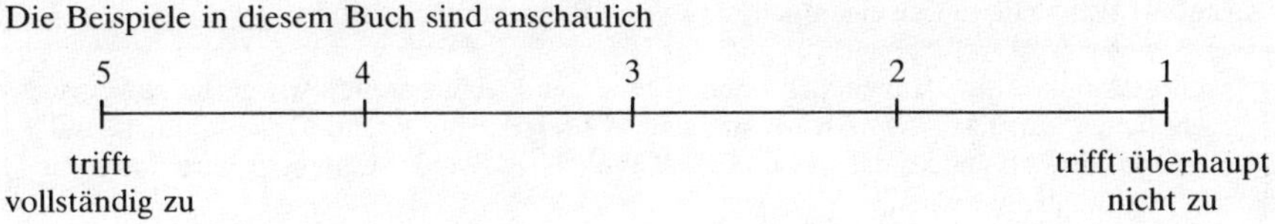

Abbildung 14: Beispiel für eine Likert-Skala

Semantische Differentiale werden u. a. zur Untersuchung des *Images* von Meinungsgegenständen eingesetzt. Abbildung 15 gibt die Ergebnisse einer Untersuchung zum „Image" von zwei psychologischen Auswahlverfahren wieder.

Oftmals äußern Befragte, daß die Probleme haben, einzelne Produkte oder Unternehmen *isoliert* zu beschreiben, daß sie sich aber einen *Vergleich* durchaus zutrauen. Ein Verfahren hierfür ist die *Paarvergleichsmethode*, bei der jeweils zwei Paare von Produkten miteinander verglichen werden. Anschließend kann dann z. B. ausgezählt werden, wie oft ein Produkt „besser" oder „schlechter" bewertet worden ist oder berechnet werden, wie ähnlich sich Produkte sind (siehe Kasten 9).

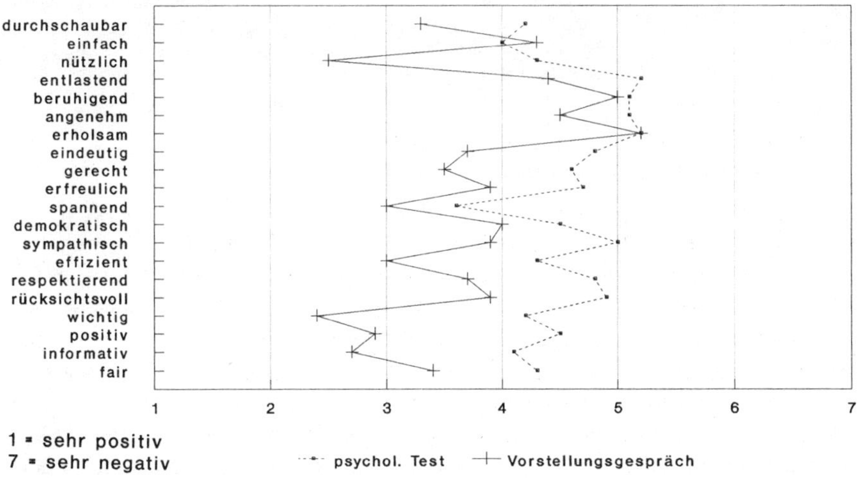

Abbildung 15: Bewertung von Interviews und Testverfahren auf einem Semantischen Differential (Fruhner, Schuler, Funke & Moser, in Druck)

Kasten 9: Was bedeutet es eigentlich, daß sich Dinge „ähnlich“ sind?

Wenn Produkte nicht zugänglich oder zu teuer sind, dann greifen wir gerne auf etwas „Ähnliches“ zurück. Nehmen wir an, daß A und B bzw. B und C sich ähnlich sind: Bedeutet dies nun auch, daß A und C sich ähnlich sind? Oder kommt es darauf an, was mit was verglichen wird?
Moser (1990d) ließ Versuchspersonen die drei Länder Kuba, Jamaika und UdSSR auf einer Skala von 0 bis 100 vergleichen. Der Wert 100 sollte vergeben werden, wenn die Länder als sehr ähnlich angesehen wurden, und der Wert 0, wenn die Länder als überhaupt nicht ähnlich wahrgenommen wurden. Es ergaben sich folgende Resultate: Die Ähnlichkeit von Kuba und Jamaika wurde mit 67 eingeschätzt, die von Kuba und der UdSSR mit 27. Dennoch wurden Jamaika und die UdSSR als nahezu überhaupt nicht ähnlich wahrgenommen (Wert = 2,5!). Die Erklärung für dieses im Prinzip seit hundert Jahren bekannte Phänomen (Tversky, 1977) könnte darin zu finden sein, daß unterschiedliche Kriterien herangezogen werden, wenn nach der Ähnlichkeit von Ländern gefragt wird (z. B. Geographie oder politisches System).

Beim Verfahren der *Rangreihenbildung* ist es die Aufgabe der Versuchspersonen, eine Liste von Gegenständen oder Begriffen in eine bewertende Rangfolge zu bringen. Tabelle 24 gibt ein Beispiel aus einer Untersuchung wieder, in der die Befragten acht Personalauswahlverfahren in eine Rangreihe bringen sollten.

Tabelle 24: Beispiel für eine Frage zur Rangreihenbildung (Fruhner et al., in Druck)

Rangplatz*	Verfahren	Mittelwert
1	Vorstellungsgespräch	2.2
2	Praktikum	2,6
3	Arbeitsprobe	2,8
4	Zeugnisnoten	3.6
5	Psychologische Tests	4.9
6	Lebenslauf	5.1
7	Handschrift	7.1
8	Losverfahren	7.8

* Rangfolge der Verfahren, nach denen Befragte „bevorzugt“ ausgewählt werden möchten

Eine Vielzahl von Testverfahren wird eingesetzt, um die *Gedächtniswirkung* von Werbung zu prüfen. Verfahren der *Wiedererkennung* (Rekognition) prüfen, ob ein Befragter eine bestimmte Vorlage wiedererkennt. Beim *kontrollierten* Rekognitionstest wird eine Auswahl von Vorlagen vorgegeben, wobei gewährleistet wird, daß die Versuchspersonen einige davon nicht gesehen haben können. Dies ermöglicht es dem Versuchsleiter (im Gegensatz zum unkontrollierten Rekognitionstest), das *Raten* zu kontrollieren (Einzelheiten hierzu finden sich bei Singh & Cole, 1985). Der *Starch-Test* kann als eine Variante des Rekognitionstests bezeichnet werden. Hier geht ein Versuchsleiter mit der Versuchsperson nach dem Lesen einer Zeitschrift diese nochmals durch und fragt, ob die Versuchsperson die Werbevorlagen zuvor gesehen hat („noted“), näher betrachtet hat, so daß die

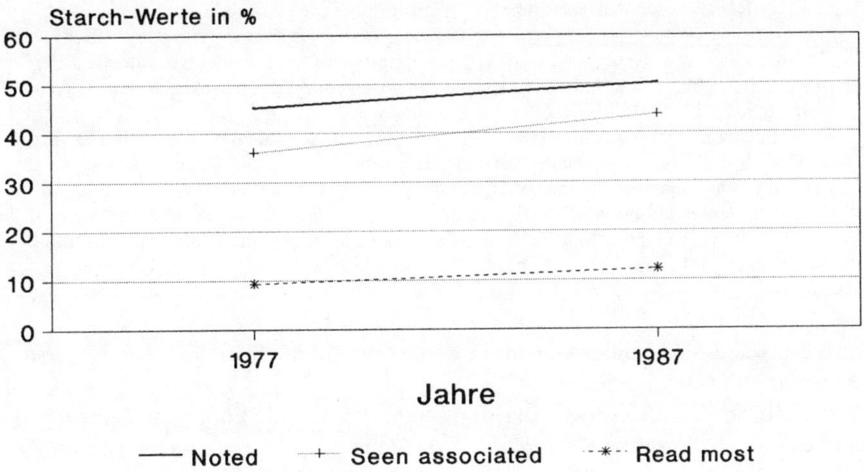

Grundlage: 20 Publikationen und 11.148
(1977) bzw. 13.078 (1987) Anzeigen

Abbildung 16: Starch-Leserschafts-Werte für 1-seitige 4-Farben-Anzeigen in Frauenzeitschriften 1977 und 1987 (Rossiter, 1988, S. 38)

Marke identifiziert werden konnte („seen associated"), oder mehr als 50% gelesen hat („read most"). In Abbildung 16 werden diese drei Werte dargestellt und die Frage untersucht, ob in den letzten Jahren die Beachtung der Werbung eher zu- oder eher abgenommen hat.

Das Resultat der Untersuchung von Rossiter (1988) lautet, daß die Wirksamkeit der Werbung zwischen 1977 und 1987 eher zugenommen hat. Zugleich wird aber deutlich, daß die drei Starch-Werte unterschiedliche Werte für die Werbewirkung liefern.

Schließlich kann auch der *Copy-Test* noch zur Gruppe der Rekognitionsverfahren gezählt werden. Dieses Testverfahren liefert Informationen darüber, ob der Leser eine *Seite* (a) gelesen, (b) aufgeschlagen oder (c) nicht aufgeschlagen hat.

Im Gegensatz zu den Rekognitionsverfahren beruhen Tests der *Reproduktion* (Recallverfahren) darauf, daß die Versuchspersonen sich *aktiv* erinnern müssen. Zinkhan (1983) beschreibt Vor- und Nachteile verschiedener Varianten von Recalltests. Unterschiede zwischen Recallverfahren und Rekognitionsverfahren werden im Kasten 10 angesprochen.

Thorson und Rothschild (1985) empfehlen, für kurzfristige Werbewirkungsprüfungen Recall-Tests und für längerfristige Prüfungen Rekognitions-Tests zu verwenden. Abschließend sei darauf hingewiesen, daß unter *Dummy-Testing* sowohl Recall- als auch Rekognitionsverfahren fallen können. Hier wird zusätzlich ver-

Kasten 10: Recall- oder Rekognitionstest: Warum die Werbewirkung „relativ" ist

Grundsätzlich ist die Aufgabe bei Rekognitionstests einfacher als bei Recalltests. Aber von welchen Faktoren könnte es abhängen, daß der Unterschied zwischen den Werten dieser beiden Testverfahren größer oder geringer ist?
Nach Bettman (1979) profitiert Rekognition von der Seltenheit und Recall von der Häufigkeit der Darbietung einer Werbung. Informationen für die Rekognition werden schneller abgespeichert. Hohe Aktivierung der Versuchspersonen erhöht Rekognitionswerte, aber behindert Reproduktionsleistungen. Überlegen Sie sich die Konsequenzen: Nach welchem Maß sind ungewöhnliche Markennamen, die Wiederholung von Werbung oder die Verwendung von Sex-Appeal wirksamer?

sucht, etwa durch Einbezug von Texten mehr „Realitätstreue" der Untersuchungssituationen zu erzielen.

Die Ebene der *Motivation*, die durch eine bestimmte Vorlage angesprochen werden könnte, kann z. B. durch verschiedene *projektive Testverfahren* erfaßt werden. Beispielsweise sollen die Versuchspersonen Wörter assoziieren, vorgegebene Sätze nach ihrer „Phantasie" ergänzen oder vorgegebene Bilder von vieldeutigem Inhalt beschreiben. Eine Alternative hierzu besteht in der Methode des lauten Denkens, also etwa darin, die Versuchspersonen während der Betrachtung einer Vorlage ihre Gedanken und Empfindungen beschreiben zu lassen (O'Shaughnessy, 1987).

Cartoon Nr. 3: Messung der Werbewirksamkeit

Nicht eindeutig von der motivationalen Ebene trennbar ist die *physiologische* oder *Aktivierungsebene*. Hier kommen z. B. die Messung der Pupillenweite, des Hautwiderstandes, des Herzschlags oder der Atmung in Frage. Die Verwendung physiologischer Maße wird von Kroeber-Riel (1984) propagiert, birgt aber auch verschiedene Probleme in sich, da sie oftmals nur *unspezifische* Informationen über die Werbewirkung erbringen. Neuere Ergebnisse werden von Klebba (1985) und von Cacioppo, Petty und Geen (1989) berichtet.

Weite Verbreitung haben schließlich auch schon Verfahren gefunden, die die Wahrnehmungs- oder Aufmerksamkeitsprozesse zu erfassen versuchen. Beispielsweise können mit Hilfe eines *Tachistoskops* die Darbietungsdauer einer Vorlage in extrem kurzen Zeitabständen variiert und so die „ersten Wahrnehmungserlebnisse" erfaßt werden. Das *Nyktoskop* kann prüfen, ob Werbevorlagen auch noch bei schlechter Beleuchtung gut erkennbar sind. *Identifikations-* oder *Maskierungstests* prüfen, ob bereits aufgrund von Teilen einer Vorlage die Inhalte erkannt werden können. Das Prinzip solcher aktualgenetischer Verfahren besteht in der Erschwerung der Wahrnehmung. Verfahren der *Blickregistrierung* bzw. Blickbewegungsregistrierung ermöglichen es schließlich, zu erfassen, wohin eine Versuchsperson zuerst schaut (zeitlicher Ablauf) und wie lange sie dies tut (Dauer). Abbildung 17 zeigt das Ergebnis einer Blickbewegungsregistrierung.

Blickaufzeichnungen liefern im Vergleich zu Rekognitionswerten höhere Werte für die Anzeigenbeachtung. Beispielsweise fand v. Keitz (1986), daß 63% der Leser Anzeigen „beachteten", wenn die Blickbewegungen als Datengrundlage herangezogen wurden, während die Rekognitionswerte geringer ausfielen (35%).

Welche Kriterien sind bei der Auswahl oder der Entwicklung eines Werbewirkungsverfahrens zu beachten? Es würde den Rahmen einer Einführung sprengen, auf alle technischen und statistischen Details einzugehen. Folgende fünf Merkpunkte sollten aber grundsätzlich beachtet werden: Das Verfahren sollte gültig bzw. „valide" sein (Validität) und eine möglichst hohe Meßgenauigkeit oder „Reliabilität" aufweisen. Das Verfahren sollte objektiv hinsichtlich Durchführung, Auswertung und Interpretation sein (Objektivität). Schließlich sollten Kosten-Nutzen-Erwägungen (z. B. Dauer der Durchführung, Schwierigkeit der Auswertung, Zahl der Befragten) und die Akzeptanz bei den Versuchspersonen oder Probekonsumenten (z. B. zeitlicher Aufwand, Persönlichkeitsschutz, Transparenz) berücksichtigt werden.

Validität und Reliabilität können durch Probleme bei Befragungen gefährdet werden, wie der „Tendenz zur Mitte" (die Befragten kreuzen eine Mittelkategorie an, z. B. weil sie sich keine Gedanken machen wollen), der „Tendenz zur Zustimmung" (manche Befragten antworten lieber „ja" als „nein") oder der Tendenz zur „sozialen Erwünschtheit" (Befragte antworten so, wie sie glauben, daß es von ihnen erwartet wird). Wer eine brauchbare Untersuchung der Wirksamkeit von Werbung anstrebt, dem sei das intensive Studium von spezieller Methodenliteratur (z. B. Bortz, 1989) oder eine Beratung durch Fachleute dringend empfohlen.

Abschließend muß darauf hingewiesen werden, daß in diesem Abschnitt nur eine Auswahl der Methoden der Werbewirkung vorgestellt werden konnte. Ein

Abbildung 17: Beispiel für den Blickverlauf bei einer Blickbewegungsregistrierung (Gesamtbetrachtungszeit 10 Sekunden; Kroeber-Riel, 1980, S. 235)

Klassiker ist nach wie vor die Überblicksarbeit von Spiegel (1970). Aktuelle Methoden finden sich bei Leckenby und Plummer (1983).

2.4 Das Beispiel Coupons

Da das Einsenden von Coupons als relativ verhaltens- und produktnah charakterisiert wird, werden Coupons oft als attraktive Werbebewertungsmittel bezeichnet. Es können zwei Fragen gestellt werden: Führt die Möglichkeit, Coupons einzuschicken, zu verstärktem Kaufverhalten? Wie effektiv ist es, Rezipienten mit Hilfe von Coupons mit einem Produkt bekannt zu machen? Engel et al. (1986, S. 188 ff.) fassen die Ergebnisse mehrerer Marktforschungsstudien zusammen, die eine erste Beantwortung der beiden Fragen ermöglichen (siehe Abbildung 18).

Während aus der oberen Abbildung hervorgeht, daß die zusätzliche Verwendung von Coupons zu verstärktem *versuchsweisem* Kaufen der Marken führt, gibt die untere Abbildung das zunächst einmal überraschende Ergebnis wieder, daß die Rezipienten, die aufgrund von Coupons ein Produkt das erste Mal ausprobiert haben, weniger oft dazu tendieren, das Produkt *nochmals* zu verwenden (bzw. zu kaufen) als die Kontrollgruppen, die sich ohne Coupons mit dem Produkt vertraut gemacht haben. Eine Erklärung hierfür ist, daß die Rezipienten, die Coupons einsenden, grundsätzlich weniger markentreu und damit auch weniger treu gegenüber der Marke sind, die sie probeweise anfordern. Eine zweite Erklärung betont

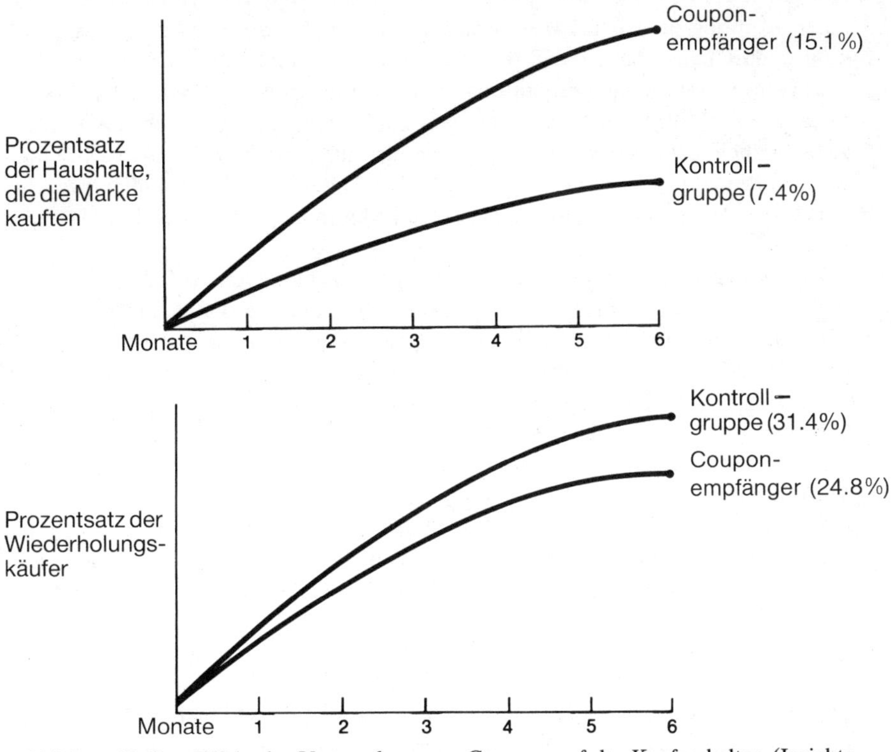

Abbildung 18: Der Effekt der Verwendung von Coupons auf das Kaufverhalten (Insights, NPD Research, Inc., 1979–1982; zitiert nach Engel et al., 1986, S. 189). Grundlage: Mittelwert von vier Marken

ein statistisches Phänomen: Wenn durch Coupons auch weniger Interessierte angesprochen werden, dann werden diese seltener zu Wiederholungskäufern und senken somit den *durchschnittlichen* Anteil der Wiederholungskäufer (Neslin & Shoemaker, 1989). Dies läßt sich an den Daten in Abbildung 13 zeigen. Wenn mehr als doppelt so viele Couponempfänger die Marke kaufen, dann verbleibt nämlich auch bei Berücksichtigung des geringeren Prozentsatzes der Wiederholungskäufer *insgesamt* eine Wirksamkeit der Coupons (24,8% von 15,1% sind mehr Personen als 31,4% von 7,4%).

Eine psychologische Erklärung liefert die Selbstwahrnehmungstheorie (Bem, 1972). Diese Theorie besagt, daß Einstellungen in starkem Ausmaß aus dem eigenen Verhalten erschlossen werden. Wenn sich also ein Konsument fragt, warum er das Produkt erworben hat und er sich daran erinnert, daß dies wegen eines Coupons war, so schließt er hieraus, daß er es „gerade so" oder „zum Ausprobieren" – und nicht etwa „aus Überzeugung" – gekauft hat.

Bereits Poffenberger (1925) zeigte sich darüber überrascht, wie oft das Rücksenden von Coupons sowohl als Maß für die Effektivität einer Werbeanzeige als auch als Mittel zur Bewertung des Werbeträgers herangezogen wird. Dabei sind eine ganze Reihe von Faktoren denkbar, die darüber mitentscheiden, ob die Leser einer Werbung oder eines Werbeträgers ihr Interesse an dem beworbenen Produkt dadurch ausdrücken, daß sie Coupons ausfüllen und abschicken. Poffenberger (1925) nennt als Faktoren unter anderem (1) das Ausmaß, in dem das Produkt in einem naheliegenden Geschäft erworben werden kann, (2) ob das Produkt selbst, lediglich Probepackungen oder nur ausführlichere schriftliche Beschreibungen des Produkts angefordert werden sollen, (3) den Preis und (4) die Grundthematik des Werbeträgers, insofern hieraus Merkmale der Leserschaft indiziert werden.

Die Verwendung von Coupons ist aber auch aus anderen Gründen problematisch. Sie weisen oft nur eine geringe Aufmerksamkeitswirkung auf. Ihre Größe wird auf ein Minimum reduziert, sie finden sich oft in der Peripherie einer Anzeige, der Blickverlauf wird selten auf sie gesteuert, und die Schrift ist oft zu klein. Entsprechend gering fallen möglicherweise auch die Erinnerungswerte für Coupons aus, d. h. daß nur relativ selten erinnert wird, ob eine Anzeige überhaupt Coupons enthält. Ein zweiter Faktor neben der Aufmerksamkeitswirkung ist die Verwenderfreundlichkeit. So ist das verwendete Papier oft zu glatt (z. B. für Kugelschreiber) oder zu porös (z. B. für Füller, da die Tinte zerfließt). Das Fehlen einer Perforation kann zu einem (vermuteten) Zerreißen des Werbeträgers führen. Oftmals ist auch auf den Coupons ganz einfach nicht ausreichend Platz für Namen und Adresse. Poffenberger (1925) verglich die Länge, die in den Coupons für die Unterschrift zur Verfügung gestellt wurde, mit zufällig ausgewählten Unterschriften. Das Ergebnis war, daß in der überwiegenden Mehrzahl der Fälle der Platz viel zu gering war. Schließlich vermutet Poffenberger (1925), daß die Diskrepanz zwischen der Höhe des zugestandenen Raumes zum Schreiben und der Höhe des Raumes, der für die Unterschriften benötigt wird, sogar noch größer ist. Bereits ein kurzer Blick in verschiedene aktuelle Illustrierten und Publikumszeitschriften zeigt, daß sich seit den 20er Jahren nichts Wesentliches verändert hat.

Für die Zukunft muß sich zeigen, ob Coupons nicht mehr und mehr durch andere Reaktionsmöglichkeiten (z. B. direkte telefonische Bestellungen) abgelöst werden (Woodside & Soni, 1988). Ausführlicher überprüft werden können auch die Fragen, ob sich Personen im Nutzen von Coupons unterscheiden und ob Coupons auch bei Nichteinsendung als Werbung wirken (Bawa & Shoemaker, 1989).

2.5 Zusammenfassung

Kapitel 2 führte in die verschiedenen Methoden der Werbewirkungsprüfung ein. Zunächst wurde die Problematik der ökonomischen Überprüfbarkeit dargestellt. Dann wurde die Bedeutung von Werbewirkungsmodellen erläutert. Der Hauptteil des Kapitels bestand aus einer Übersicht über einige der bekannteren Werbewirkungstests sowie der Nennung einiger Qualitätskriterien für Testverfahren. Den Abschluß bildete die Darstellung von einigen Problemen bei der Verwendung von Coupons als einer verhaltensbezogenen Methode der Werbewirkungsprüfung.

3 Psychologische Grundlagen der Werbung

Mit den im vorausgehenden Abschnitt angeprochenen Werbewirkungsmodellen wurden bereits einige mögliche Variablen bzw. Prozesse genannt, die zwischen „Reiz und Reaktion“, also zwischen der Darbietung einer Werbebotschaft und dem anschließenden Kaufverhalten, eine Rolle spielen (können). Des weiteren wurde deutlich, daß die verschiedenen Prozeßstufen jeweils Anlaß für den Einsatz von Methoden der Werbewirkungsmessung wurden, daß diese Methoden also an verschiedenen Punkten zwischen Werbedarbietung und Werbewirkung ansetzen. In diesem Kapitel werden wir uns nun mit den *theoretischen Grundlagen* der vermuteten Einflüsse oder Wirkungsmechanismen befassen. Zunächst findet eine Untersuchung der Aufmerksamkeits- und Wahrnehmungsprozesse statt. Darauf werden die Fragen der Weiterverarbeitung der aufgenommenen Informationen sowie des Lernens von Informationen, Verhalten oder Verhaltensbereitschaft besprochen. Es folgt eine Diskussion einstellungspsychologischer Fragen sowie sozialer und kultureller Einflüsse. Den Abschluß bilden entwicklungspsychologische Aspekte. Selbstverständlich kann jeweils nur ein erster Einblick in die Vielfalt der Forschungsansätze, Untersuchungsmethoden und Ergebnisse gegeben werden. Für weiterführende Auseinandersetzungen wird auf die psychologische Fachliteratur verwiesen.

3.1 Wahrnehmungspsychologische Grundlagen

Wahrnehmung ist der Vorgang und das Ergebnis der Aufnahme und Verarbeitung von Reizen. Das Ergebnis ist in der Regel eine Kombination aus externen Reizen, Erwartungen oder Erfahrungen und wird von den physiologischen Möglichkeiten des Wahrnehmungsapparates mitbestimmt. Das heißt, daß Reize nie vollkommen erwartungs- oder vorurteilslos aus der externen Umwelt aufgenommen werden. Erwartungen und Hypothesen spielen eine bedeutende Rolle bei der Wahrnehmung, die zum Teil aus der Überprüfung von vorgefaßten Hypothesen besteht. Neben Hypothesen beeinflussen auch Emotionen und Werthaltungen die Wahrnehmung und tragen dazu bei, daß wir nicht einfach „Abbilder der Realität“ registrieren, sondern daß wir Realität auch konstruieren. In diesem Abschnitt wird zunächst auf die Aspekte „hypothesengeleiteter“ Wahrnehmung eingegangen, dann werden ganzheitstheoretische Ansätze behandelt und schließlich wird die Frage erörtert, welche Rolle verschiedene Aufmerksamkeitsprozesse bei der Wahrnehmung und weiteren Verarbeitung von Informationen spielen.

3.1.1 Die Hypothesentheorie der Wahrnehmung

Levine, Chein und Murphy (1942) zeigten hungrigen Versuchspersonen mehrdeutige Abbildungen. Im Vergleich zu nichthungrigen Versuchspersonen gaben die hungrigen Versuchspersonen öfter an, nahrungsbezogene Inhalte in den Abbildungen zu erkennen. Die Wahrnehmung hängt demnach also auch von unserem momentanen Zustand sowie Erwartungen oder „Hypothesen“ ab. Diese Hypothesen sind bei der Wahrnehmung unter folgenden vier Bedingungen besonders wirksam: (1) wenn die Hypothesen bereits häufig bestätigt wurden, (2) wenn sie sich in allgemeinere Sinnstrukturen einbetten lassen, (3) wenn sie motivational mitbestimmt werden, d. h. der Bedürfnisbefriedigung dienen, und (4) wenn sie von sozialen Bezugsgruppen geteilt werden. (Als zusätzliche Einflußgrößen sind anführbar, daß mit der Zahl der konkurrierenden Hypothesen und mit der Menge an Informationen die Wirkung der Hypothese abnimmt.) Betrachten wir nun Beispiele zu jeder dieser vier Bedingungen.

Eine Beeinflussung der Wahrnehmung durch bereits häufig bestätigte Hypothesen liegt im folgenden Fall vor. Nehmen wir an, daß uns jemand eine Spielkarte zeigt, auf der die Form eines Herzes zu sehen ist. Da die meisten Menschen schon oft Spielkarten gesehen haben, werden sie vermutlich ein *rotes* Herz sehen, denn die Wahrnehmung der Form führt zu einer Hypothese (über die Farbe), die schon oft bestätigt wurde. Selbst wenn ein Trickspieler nun die Farbe verändert hat, meinen wir weiterhin, ein rotes Herz zu sehen.

Die meisten oft bestätigten Hypothesen sind uns allerdings kaum bewußt. Erst wenn ihnen offensichtlich entgegengehandelt wurde, werden wir wieder an sie erinnert, und oftmals ist dies der Auslöser für Humor oder Verblüffung (siehe Abschnitt 5.2). Wenn wir beispielsweise an einen Zeitungskiosk gehen und das Wort „Frankfurter“ äußern, dann gehen wir von der Hypothese aus, daß es an diesem Kiosk Zeitungen gibt und daß die Verkäuferin die Zeitung kennt, die so genannt wird. Die Verkäuferin wiederum wird sich sehr wundern, wenn wir ihr erklären, daß sie gefälligst ihre Zeitung behalten und uns stattdessen ein gleichnamiges Würstchen geben soll.

Die Einflußnahme *allgemeiner Sinnstrukturen* auf die Organisation (und manchmal auch Verzerrung) der Wahrnehmung verdeutlicht am besten ein Beispiel (siehe Abbildung 19). In Abbildung 19 nehmen wir je nach der Zahl der Akteure die Absichten und Motive der ersten Person unterschiedlich wahr (z. B. als „eiliger Mensch“, „eifersüchtiger Mensch“, „Mensch auf der Flucht“).

Ein erstes Beispiel für *motivationale Einflüsse* auf die Wahrnehmung (die Auswirkung des Hungers) wurde bereits beschrieben. Ein weiteres Beispiel ist die *„absolute Größenakzentuierung“*. Unter absoluter Größenakzentuierung wird das Phänomen verstanden, daß der Wert von Objekten deren subjektiv wahrgenommene Größe beeinflußt. Eines der frühen Experimente hierzu stammt von Brunner und Goodman (1947). Sie fanden, daß Geldmünzen in ihrer Größe überschätzt wurden, und zwar um so stärker, je subjektiv wertvoller sie waren: Kinder

Abbildung 19: Ein Beispiel zur Wirkung von Sinnstrukturen bei der Wahrnehmung (Bransford, 1979, S. 144 f.)

aus sozial niederen Schichten überschätzten die Größe der Münzen stärker als Kinder aus höheren Schichten.

Ein Anwendungsversuch dieser Ergebnisse in der Werbung besteht darin, Produkte überdimensional groß darzustellen, um damit (im Umkehrschluß) beim Betrachter den Eindruck zu erwecken, daß das Produkt besonders wertvoll sei. Eine andere praktische Anwendung des Phänomens, daß die Werthaftigkeit eines Produkts dessen Wahrnehmung und Beurteilung beeinflußt, findet sich im Bereich der Markenbildung. Marken werden u. a. mit der Absicht entwickelt, Produkte über ihren Grundnutzen hinaus attraktiv zu machen. Die Wahl einer Biermarke ist beispielsweise für manche Verbraucher schon fast mit einer tiefen Überzeugung verknüpft. Wenn dies zutrifft, könnte vermutet werden, daß das Wissen um die Marke nicht nur die Größen –, sondern auch die Geschmackswahrnehmung beeinflußt.

Allison und Uhl (1964) untersuchten die Markentreue von Biertrinkern. Versuchspersonen waren Männer, die mindestens dreimal pro Woche Bier tranken. Sie erhielten zwei Wochen lang von drei Biermarken jeweils zwei Flaschen Bier zum Probetrinken. Die Biermarken, unter denen auch nach Möglichkeit jeweils die Lieblingsmarke der Versuchspersonen war, sollten während der ersten Woche „blind", d. h. ohne Wissen über die Marke, beurteilt werden. Während der zweiten Woche blieb das Etikett aufgeklebt, wodurch die Marken bekannt waren.

Betrachten wir zunächst die Ergebnisse aus der ersten Woche, d. h. unter der „Blind-Bedingung". Es zeigte sich, daß unter dieser Bedingung die Versuchspersonen die Biermarken nicht wesentlich unterscheiden konnten. Es gelang ihnen auch nicht, die „eigene" Marke, d. h. die Marke, die sie am häufigsten konsumierten, von den anderen Marken zu unterscheiden.

Was geschieht nun, wenn die Markennamen bekannt sind? Aus Tabelle 25 gehen zwei interessante Resultate der zweiten Woche hervor. Zum einen verbesserten sich für alle Marken die Qualitätsurteile, und zwar auch bei der Beurteilung der „fremden" Marken. Des weiteren ergaben sich während der zweiten Woche größere Unterschiede zwischen den Qualitätsurteilen.

Tabelle 25: Vergleichender Geschmackstest – blind oder Marke bekannt (Allison & Uhl, 1964, S. 39)

Biermarke	blinder Test	markierter Test	Unterschied zwischen blindem und markiertem Test
1	65,0	70,6	ja
2	64,1	72,9	ja
3	63,3	67,8	ja
4	53,4	76,9	ja
5	63,3	67,0	ja

Schließlich zeigte es sich, daß unter der Bedingung, daß die Bierflaschen markiert waren, die Versuchspersonen „ihre" Marke (mit einer Ausnahme) jeweils am besten bewerteten (Tabelle 26).

Tabelle 26: Vergleichender Geschmackstest bei bekannter Marke (Allison & Uhl, 1964, S. 39)

Marke, die am häufigsten getrunken wurde	Geschmacksurteil				
	1	2	3	4	5
1	77,3	61,1	62,8	73,4	63,1
2	66,3	83,6	67,4	78,3	63,1
3	67,3	71,5	82,3	71,9	71,5
4*	73,1	72,5	77,5	80,0	67,5
5**	70,3	69,3	67,2	76,7	73,5

* Unterschied nur gegenüber Marke 5
** Unterschied nur gegenüber Marke 3

Lassen sich die Verhältnisse, wie sie von Allison und Uhl (1964) gefunden wurden, auch auf andere Produkte übertragen? Fleishman (1951) untersuchte ebenfalls die Präferenzen von Biertrinkern. Er fand jedoch, daß die Personen durchaus diskriminieren und „ihre" Sorte herausfinden konnten. Littman und Manning (1954) befaßten sich mit der Unterscheidbarkeit von drei Zigarettensorten. Sie fanden, daß die Versuchspersonen (Collegestudenten) sowohl die Marke wiedererkennen konnten als auch diese häufiger den anderen Marken vorzogen.

Haben *soziale Bezugsgruppen* Einfluß auf die Wahrnehmung? Asch (1956) führte Experimente durch, in denen der Einfluß anderer Menschen auf das eigene Urteil aufgezeigt wurde. Gruppen von Versuchspersonen wurden Linien auf Testkarten gezeigt, und sie sollten urteilen, welche Linie so lange wie eine Standardlinie war.

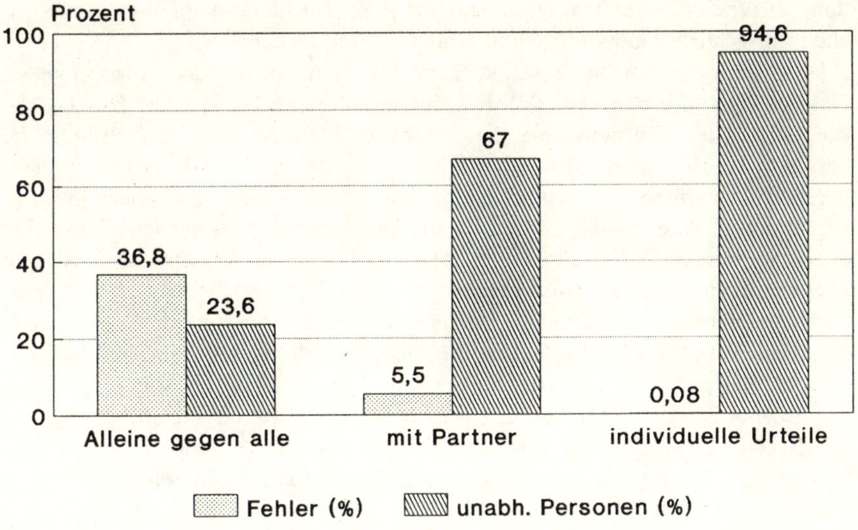

Abbildung 20: Urteile mit und ohne sozialen Druck (Asch, 1956)

Asch (1956) prüfte in einer Bedingung die Korrektheit der Schätzungen („keine Opposition"). In zwei weiteren experimentellen Bedingungen instruierte Asch einen Teil der Versuchspersonen, eine Opposition zu bilden und falsche Urteile abzugeben, ohne daß dies die anderen Versuchspersonen wußten. Wie Abbildung 20 zeigt, schließen sich die naiven Versuchspersonen vor allem dann, wenn sie allein gegen eine Mehrheit stehen, der Meinung der anderen an, während die Unterstützung durch einen „Partner" die Änderung des eigenen Urteils in die Richtung des sozialen Drucks bereits deutlich weniger stark werden läßt. Selbst bei einer recht einfachen und eindeutigen Aufgabe wie der Beurteilung der relativen Länge von Linien lassen wir uns also von unserer sozialen Umgebung beeinflussen und zwar insbesondere dann, wenn niemand da ist, der uns unterstützt.

Weitere Anwendungsmöglichkeiten der Wahrnehmungsgesetze, wie wir sie in diesem Abschnitt kennengelernt haben, wurden bereits in den vorangehenden

Kapiteln beschrieben. So machen sich die projektiven Testverfahren (siehe Abschnitt 2.3) das Prinzip der *motivierten* Wahrnehmung zunutze.

3.1.2 Ganzheitspsychologische und gestalttheoretische Grundlagen der Wahrnehmung

Ganzheitspsychologische Richtungen gehen davon aus, daß Wahrnehmungseindrücke sich nicht einfach aus Ideen oder Elementen „additiv" zusammenfügen, sondern daß es sich um wahrnehmbare Ganzheiten handelt. Die *genetische Ganzheitspsychologie* betont die Gefühle, die Wahrnehmungserlebnissen vorausgehen, sowie das Phänomen der „ungegliederten Ganzheit" (siehe Abbildung 21). Abbildung 21 scheint bei erstem Hinsehen eine kohärente Wahrnehmung zu ermöglichen; tatsächlich handelt es sich aber um ein „unmögliches Bild".

Die genetische Ganzheitspsychologie geht weiterhin davon aus, daß es spontane Gefühle sind, die den ersten Wahrnehmungseindruck bestimmen. Die Auffassung, daß erste (Wahrnehmungs-)Eindrücke vor allem durch spontane Emotionen bestimmt werden, wird neuerdings wieder von Zajonc (1980) vertreten. Diese begleitenden affektiven Reaktionen sind primär, unvermeidlich und schwer zu verbalisieren. Sogenannte „aktualgenetische Verfahren" versuchen eben diese ersten gefühlsmäßigen Eindrücke zu erfassen, so z. B. die verschiedenen Methoden zur „Lockerung der Reizbindung". Genetische Ganzheitspsychologen sprechen auch davon, daß Verfahren der gelockerten Reizbindung den *Anmutungscharakter* eines Stimulus prüfen, der als Gefühlseindruck der Wahrnehmung vorausgeht. Beispiele für Methoden zur Lockerung der Reizbindung sind die zeitliche Verkürzung der Betrachtungsdauer (durch das Tachistoskop), die Verseitlichung der Reizvorlage (mit Hilfe eines Perimeters) und die Verdunklung (durch das Nyktoskop). Ein Beispiel für die Anwendung eines aktualgenetischen Verfahrens findet sich in Kasten 11.

Im Gegensatz zur genetischen Ganzheitspsychologie geht die *Gestalttheorie* der Berliner Schule davon aus, daß Wahrnehmungen ursprünglich durch *Gestalt*faktoren gesteuert werden: Das Wahrnehmungsfeld besitzt eine „Eigentendenz auf

Abbildung 21: Beispiel für das Phänomen der „ungegliederten Ganzheit"

Kasten 11: Ergebnis eines aktualgenetischen Verfahrens

„Ein Inserat, das für ein Genußmittel warb, zeigte sympathisch dargestellte Neger bei der Ernte des Rohstoffes im Ursprungsland. Es war zu prüfen, ob von den Negern ungünstige Momente ausgingen. Auch bei sorgfältiger Exploration ließ sich nichts Derartiges fassen... Beim aktualgenetischen Versuch dagegen traten diese Störmomente sogleich eindeutig und unvermittelt auf, obwohl häufig die Neger überhaupt noch nicht explizit als solche erfaßt waren. Trotzdem wurden die bereits wahrgenommenen Gestalten auf Befragen als „widerlich", „unsympathisch", „gefährlich" usw. bezeichnet. (... eine Aussage, die später, nach Abänderung der Neger in hellhäutige Personen, nie auftrat.)" (Spiegel, 1970, S. 61)

ausgezeichnete Gestaltung". Der Vorteil der Orientierung an Gestaltfaktoren ist für den Werbetreibenden darin zu sehen, daß sie von der „Psychologie" des Verbrauchers unabhängig machen, denn die Gestaltgesetze werden als allgemeingültig bezeichnet. Damit bildet die Gestalttheorie einen gewissen Gegensatz zur „Hypothesentheorie der Wahrnehmung" aus dem vorhergehenden Abschnitt.

Die wichtigsten Gestaltgesetze sind mit Beispielen in Abbildung 22 wiedergegeben. Inhaltliche Anwendungsmöglichkeiten der Gestaltgesetze für die Werbegestaltung sind dadurch möglich, daß die Gestaltung von Werbevorlagen möglichst an „guten" Gestalten orientiert ist. Manche praktischen Anwendungen sind so selbstverständlich, daß ihre Erwähnung trivial erscheinen mag. Das Gesetz der Ähnlichkeit ist etwa beim Formationstanz wirksam, bei dem gleichgekleidete Tänzer als zusammengehörig „wahrgenommen" werden. Figur-Grund-Phänomene sind allgegenwärtig (z. B. soll das Unterstreichen von Textstellen diese „hervorheben"); Solosänger werden hervorgehoben, indem sie aufstehen oder eine besondere Kleidung tragen. Allgemein sind die wichtigsten Determinanten dafür, daß etwas als eine Figur wahrgenommen wird, die Kleinheit, die Helligkeit, die Seltenheit von Farben und die Nähe im Wahrnehmungsfeld. Eine praktisch wichtigere Anwendung der Gestaltgesetze ist die Prüfung auf *ungewollte* Gestaltphänomene, die beispielsweise durch ungeschickte Anordnungen von Textteilen oder auch mangelnde optische Trennbarkeit von nebeneinander plazierten Werbeanzeigen auftreten können. In Abschnitt 2.3 wurden schließlich Testverfahren angeführt, die sich Experimentalanordnungen aus der Gestalttheorie zur Prüfung der Wirksamkeit von Werbevorlagen zunutze machen.

Eine Unterscheidung zwischen den verschiedenen wahrnehmungspsychologischen Ansätzen ist nicht eindeutig möglich. Beispielsweise können „unmögliche Bilder" auch durch Besonderheiten des Wahrnehmungsapparates erklärt werden, nämlich durch eine Fehlleistung bei dem Versuch, Figur und Grund zu identifizieren. Diese Fehlleistung kommt dadurch zustande, daß im allgemeinen lediglich ein *Teil* der Peripherie von Figuren abgetastet wird und z. B. nicht alle Kanten fixiert werden (Murch und Woodworth, 1978). Gestaltpsychologie und Hypothesentheorie sind nicht klar abgrenzbar; so betonen beide die Rolle von Einstellungen. Abschließend ist zu erwähnen, daß die These von *mehreren* Gestaltgesetzen

Gesetz der Nähe

Im Beispiel werden zwei Reihen von Kreisen gesehen.

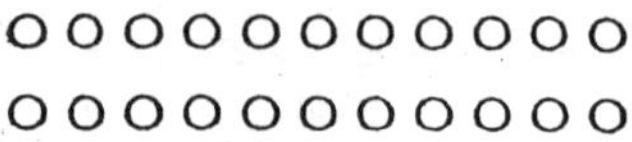

Gesetz der Geschlossenheit

Fehlende Wahrnehmungsteile werden spontan so ergänzt, daß bekannte „Gestalten“ erkennbar sind; im Beispiel ein Hund.

Gesetz von Figur und Grund

Es werden stets bestimmte Wahrnehmungsaspekte zum Hintergrund kontrastiert; im Beispiel können nur entweder die zwei Gesichter oder der Pokal gesehen werden – nicht beide gleichzeitig.

Gesetz der Kontinuität

Im Beispiel wird eine kontinuierliche Schlangenlinie gesehen.

Gesetz des Aufgehens ohne Rest

Im Beispiel werden vier breite Balken „gesehen“.

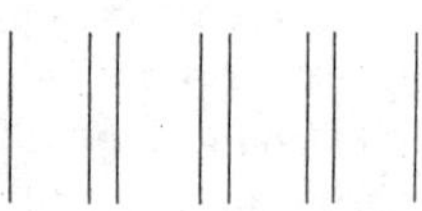

Gesetz der Ähnlichkeit

Im Beispiel werden jeweils zwei „zusammengehörende“ Reihen gesehen.

Gesetz der guten Gestalt (Prägnanz)

Im Beispiel werden die „guten Gestalten“, zwei Vierecke, gesehen.

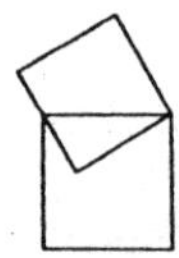

Gesetz des gemeinsamen Schicksals

Im Beispiel werden Strichmännchen mit gleicher Haltung als zusammengehörend gesehen.

Gesetz der Einstellung

Neu Hinzukommendes wird wie das Vorhandene organisiert; im Beispiel wird je nach Leserichtung ein B oder eine 13 gesehen.

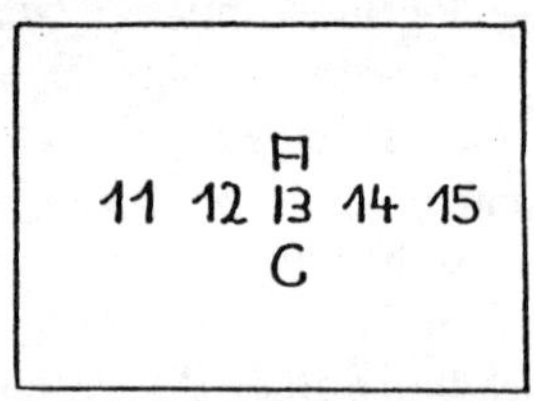

Abbildung 22: Beispiele für verschiedene Gestaltgesetze

umstritten ist. Teilweise wird lediglich das Prägnanzgesetz als echtes Gestaltgesetz bezeichnet. Die anderen „Gesetze" nennen dann nur *Faktoren*, die zu Gestaltwahrnehmungen zusätzlich beitragen. Weiterführende Informationen finden sich bei Metzger (1974) sowie Pomerantz und Kubovy (1981).

3.1.3 Aufmerksamkeit und Involvement

Die Hypothesentheorie der Wahrnehmung besagte, daß wir dazu tendieren, Dinge eher so wahrzunehmen, wie wir sie erwarten oder kennen. Wir besitzen bestimmte Schemata darüber, wie es sich mit Personen oder Dingen verhält. Unsere Wahrnehmung und unsere Erinnerung werden in Richtung dieser Schemata verzerrt. Nun erleben wir aber im Alltag auch das Gegenteil: Wir werden von ungewöhnlichen Ereignissen überrascht, unsere Aufmerksamkeit wird unwillkürlich auf Neues gelenkt, und wir erinnern uns an Auffälliges und Ungewöhnliches besser als an Bekanntes oder Übliches. An diesen Phänomenen scheinen insbesondere verschiedene Aufmerksamkeitsprozesse beteiligt zu sein, die nun im einzelnen betrachtet werden sollen.

Aufmerksamkeit scheint die Grundvoraussetzung für die Wahrnehmung und das Verarbeiten von Informationen zu sein. Sie kann unwillkürlich angesprochen werden, beispielsweise durch einen lauten Knall. Wie im ersten Abschnitt erläutert wurde, nehmen wir nicht alle Reize in unserer Umgebung wahr, sondern wir wählen aus; die Aufmerksamkeit übernimmt hier die Funktion einer Steuervorrichtung. Diese Steuerungsaufgabe kann allerdings auch dann akut werden, wenn *zu wenige* Reize oder Anregungen existieren; es treten dann spontane Aufmerksamkeitsprozesse auf, die sich insbesondere an der Neuartigkeit der Reize orientieren. Wir können unsere Aufmerksamkeit einer bestimmten Sache widmen, uns anstrengen, etwas zu verstehen. Damit wird der Aspekt der gerichteten, gezielten und willkürlichen Aufmerksamkeit angesprochen. Diese willkürliche Aufmerksamkeit wird auch als *Involvement* bezeichnet. Das Involvement kann unter anderem auf unterschiedliche Aspekte gerichtet oder unterschiedlich intensiv sein. Jede der vier angesprochenen Fragen der Aufmerksamkeit (Zusammenhang mit Informationsverarbeitung, Willkürlichkeit, Spontaneität, Involvement) hat werbepsychologische Bedeutung. Zunächst wird darauf einzugehen sein, ob es weitergehende Informationsverarbeitung nicht auch ohne „bewußte" Aufmerksamkeit gibt, ob beispielsweise Konsumenten „unbewußt" beeinflußt werden (können). Danach wird betrachtet, welche Strategien der Lenkung unwillkürlicher Aufmerksamkeit existieren. Schließlich wird auf die zwei Varianten willkürlicher Aufmerksamkeit einzugehen sein. Dabei soll untersucht werden, welche Aspekte der Neuartigkeit in der Werbung von Bedeutung sind und welche Konsequenzen die unterschiedliche Intensität der Aufmerksamkeit hat.

3.1.3.1 Subliminale Wahrnehmung: Ist Aufmerksamkeit notwendig?

Zu Beginn dieses Abschnittes wurde behauptet, daß Aufmerksamkeit die Voraussetzung für weitergehende Informationsverarbeitungen, Einstellungsänderungen oder Verhaltensbereitschaften ist. Werbung könnte aber besonders dann eine effektive (oder gefährliche?) Manipulationstechnik sein, wenn sie ohne bewußte Aufmerksamkeit wirksam sein kann.

Seit den 50er Jahren wird verstärkt diskutiert, ob und inwieweit Rezipienten durch unterschwellige Werbung beeinflußt werden können. Zanot, Pincus und Lamp (1983) fanden, daß dieses Phänomen in der Öffentlichkeit sehr bekannt ist. Mit „unterschwellig" bzw. „subliminal" ist gemeint, daß Reize zwar nicht *bewußt* wahrgenommen werden, aber dennoch wirksam sind, beispielsweise Durstgefühle wecken. Die klassische „Studie" stammt von Vicary (1957). Er behauptete, die folgende schon legendäre Untersuchung durchgeführt zu haben: Auf einer Filmleinwand in einem Kino wurden während Filmvorführungen mit einer Projektionsdauer von 1/3000 sec. alle 5 Sekunden die Worte „DRINK COKE" und „EAT POPCORN" projeziert. Über 45 000 Menschen sollen innerhalb von sechs Wochen an diesem „Experiment" teilgenommen haben, und der Coca-Cola-Umsatzanstieg soll 57,7%, der von Popcorn 18,1% betragen haben. In der Folgezeit gab es nicht nur öffentliche Kontroversen um die Akzeptabilität dieser Vorgehensweise, sondern auch Hunderte von Nachfolgeuntersuchungen. Die hieraus entstandenen Probleme sollen hier nicht im Detail diskutiert werden (vgl. hierzu Brand, 1978). Spätestens seit Ende der 70er Jahre wird in akademischen Kreisen die Wirksamkeit subliminaler Darbietung von Stimuli bezweifelt (Ausnahmen hierzu sind Cuperfain und Clarke, 1985). So spricht einiges dafür, daß die klassische Untersuchung möglicherweise erfunden worden ist; selbst die „harten Daten" wie z. B. die zitierten Umsatzzahlen werden widersprüchlich berichtet (Brand, 1978). Des weiteren wurde nicht genau bedacht, was „unterschwellig" denn nun wirklich bedeutet. Schließlich lassen sich die wenigen positiven Belege für die Wirksamkeit subliminaler Werbung allenfalls soweit interpretieren, daß nur sehr *unspezifische* Effekte erzielbar sind (z. B. Wecken von Hungergefühlen, nicht aber von Bedürfnissen nach einer bestimmten Popcorn-Marke). So führte der Stimulus „beef" in einem Experiment von Byrne (1959) dazu, daß die Experimentalgruppe im Vergleich zu einer Kontrollgruppe angab, hungriger zu sein.

Gibt es also nun Reaktionen auf Werbung, die nicht von Aufmerksamkeit abhängig sind? Obwohl die Resultate zur subliminalen Wahrnehmung eher bedenklich stimmen, kann doch nicht geleugnet werden, daß es auch Merkmale von Reizen geben *muß,* die unwillkürlich die Aufmerksamkeit kurz auf sich lenken. Diesem Prozeß muß aber wiederum eine nicht-bewußte, also nicht von Aufmerksamkeit abhängige Wahrnehmung vorausgehen. Vermutlich muß zumindest eine rudimentäre, unbewußte Reizanalyse stattfinden (Herkner, 1986). Diese „präattentiven Prozesse" sind beispielsweise für globale Prozesse der Stimulusorganisation sowie für die Kontrolle von Kopf- und Augenbewegungen verantwortlich.

Cherry (1953) bot Versuchspersonen für jedes Ohr *unterschiedliche* Informationen dar. Die Aufgabe für die Versuchspersonen bestand darin, daß sie die Wörter, die sie auf dem einen Ohr hörten, nachsprechen sollten. Anschließend wurden die Versuchspersonen aufgefordert, zu berichten, was sie auf dem anderen Ohr gehört hatten. Zwar konnten keine konkreten Details erinnert werden, und selbst der Wechsel der Sprache (von Englisch nach Deutsch) wurde „überhört“, aber der Wechsel von einer männlichen zu einer weiblichen Stimme wurde erinnert.

Auch in jüngster Zeit wird wieder die Frage untersucht, ob es eine Einstellungsänderung *ohne* bewußte Überlegungen gibt – und überraschenderweise gibt es positive Hinweise (z. B. Janiszewski, 1988). Entgültig geklärt scheint also das Thema „unbewußte Beeinflussung“ doch noch nicht zu sein. Sicher dürfte allerdings sein, daß Aufmerksamkeit unterschiedlich *intensiv* sein kann und daß diese Intensität weitergehende Reaktionen wesentlich bestimmen dürfte. Hierauf wird in Abschnitt 3.1.3.4 zurückzukommen sein.

3.1.3.2 Unwillkürliche Aufmerksamkeitslenkung

Wenn sich als Fazit aus dem vorangehenden Abschnitt ergibt, daß auf Aufmerksamkeit kaum verzichtet werden kann, dann stellt sich die Frage, von welchen Bedingungen es abhängt, daß die Aufmerksamkeit auf Werbung gerichtet wird. Werbetreibende können nur in begrenztem Umfang davon ausgehen, daß Konsumenten mit willentlicher Aufmerksamkeit Informationen aufnehmen. Mittel, um unwillkürliche Aufmerksamkeit zu erzeugen, sind in Tabelle 27 wiedergegeben.

Tabelle 27: Mittel zur Steuerung der Aufmerksamkeit

Größe (Abschnitt 4.3)
Isolierung eines Reizes (Abschnitt 3.2)
Farbe (Abschnitt 4.4)
Verwendung von Modellen (Abschnitt 5.5)
Ungewöhnliche Klangeffekte (Abschnitt 3.5)
Verbale Aufforderungen (Abschnitt 5.1)
Sex-Appeal (Abschnitt 5.3)
Humor (Abschnitt 5.2)
Bilder (Abschnitt 5.7)

Die Richtung der Aufmerksamkeit wird durch die in Tabelle 27 angeführten Mittel aufgrund verschiedener Faktoren verändert. Es sind Reize, die überraschend, neu, bedrohlich, unerwartet oder bedürfnisbezogen sind. Diese Reize stehen in der Regel in Konflikt zu anderen Aktivitäten oder Absichten (Bettman, 1979). Drei Arten von Konflikten können unterschieden werden: Wettbewerb zwischen verschiedenen Reizen (z. B. zwischen Werbung und redaktionellem Teil einer Zeitung), erwartungskonträre Situationen (z. B. ungewöhnliche Klangeffekte) und Interpretationsambiguität (z. B. Humor). Das Erleben dieser Konflikte führt zur physiologischen Aktivierung und zur Prüfung gegenwärtiger Ziele.

Zur werbepsychologischen Wirksamkeit solcher Mittel der unwillkürlichen Aufmerksamkeitslenkung sind mehrere kritische Kommentare angebracht. Zunächst einmal können sie zu starker physiologischer Aktivierung und damit zur Ablenkung vom Werbeinhalt führen (z. B. bei Sex-Appeal). Außerdem läßt die Kraft dieser Mittel bei wiederholter Anwendung rasch bis zur Unwirksamkeit nach, da eine Gewöhnung an den Reiz, eine „Habituation“, stattfindet. Der Konflikt, der bei den Beworbenen erzeugt wird, kann auch zur grundsätzlichen Ablehnung der Werbung führen und z. B. die Konsequenz haben, den Werbeträger zu meiden. Schließlich handelt es sich bei der so geschaffenen Aufmerksamkeit nicht um eine Ermöglichung intensiver, tieferer Informationsverarbeitung. Bevor wir auf diesen Aspekt der Intensität der Aufmerksamkeit zu sprechen kommen, soll zunächst auf einen weiteren Aspekt der Aufmerksamkeit eingegangen werden: ihr spontanes Auftreten.

Abbildung 23: Unwillkürliche Aufmerksamkeitslenkung

3.1.3.3 Spontane Aufmerksamkeit: Neuartigkeit

Mit den meisten neu am Markt eingeführten Produkten und Dienstleistungen, aber auch bei vielen Folgeprodukten wird versucht, Neuartigkeit zu signalisieren. Aufgabe der Werbung ist daher die Nennung von spezifischen und zumindest in ihrer Kombination neuen Produkteigenschaften. Und selbst dann, wenn ein Produkt keine spezifischen *neuen* Eigenschaften aufweist, wird durch neue oder veränderte *Werbung* Aufmerksamkeit zu erreichen versucht.

Aber wie neu- bzw. andersartig darf die entsprechende Werbung sein? Wann weckt Neuartigkeit Interesse, und ab wann wird sie verwirrend oder bedrohlich? Hier wird von Praktikern die MAYA-Maxime postuliert (vgl. Tabelle 28).

M	ost
A	dvanced
Y	et
A	cceptable

Tabelle 28: Die MAYA-Maxime: Neuartigkeit ohne Verwirrung

Die MAYA-Maxime besagt, daß der Werbetreibende sich zwischen den zwei Extremen „Bekanntheit und Vertrauen" und „Neuartigkeit und Verwirrung" um eine „milde" Neuartigkeit bemühen sollte. Damit wird die durch Neuheit und Überraschung ermöglichte Bedürfnisbefriedigung ermöglicht, ohne daß die Stimulierung aversiv und bedrohlich wirkt. Entstehung und Entwicklung von Mode lassen sich im Kontext der „milden Neuartigkeit" diskutieren (Lowe & Lowe, 1985).

Berlyne (1960) unterscheidet spezifisches und diversives Neugierverhalten. Während das spezifische Verhalten als eine Reaktion auf konkrete Umweltereignisse auftritt, ist das diversive Verhalten vor allem als eine Reaktion auf Reizarmut zu beobachten. Für den Bereich der Werbung dürfte vor allem das spezifische Neugierverhalten von Interesse sein. Das Neugier- und Explorationsverhalten wird von folgenden Faktoren bestimmt: Neuartigkeit, Komplexität, Irregularität, Inkongruität, Überraschungscharakter und Unsicherheit (Berlyne, 1960). Im folgenden werden wir zunächst die visuelle *Komplexität* etwas näher betrachten. Abbildung 24 gibt Beispiele zu Varianten der visuellen Komplexität wieder.

Komplexe Reize führen zu verstärktem Neugier- und Explorationsverhalten, das sich bei visuellen Reizen vor allem in längerer Betrachtungszeit zeigt. Die Komplexität eines Reizes kann entweder durch die geometrischen Eigenschaften eines visuellen Stimulus oder durch Expertenurteile ermittelt werden.

Morrison und Dainoff (1972) haben geprüft, inwieweit eine Übertragung der Ergebnisse von Berlyne auf die Werbung möglich ist. Wenn Versuchspersonen aufgefordert wurden, eine Vorlage so lange zu betrachten, wie sie ihnen interessant erschien, wurden die Vorlagen mit mehr Komplexität länger betrachtet. Aber wenn sie sich an der Angenehmheit der Stimuli orientieren sollten, nahm die Betrachtungszeit mit der Komplexität der Stimuli ab. Dieses Resultat entspricht früheren Ergebnissen, die mit anderen Reizmaterialien erzielt wurden (Berlyne, 1960; Kahneman, 1973).

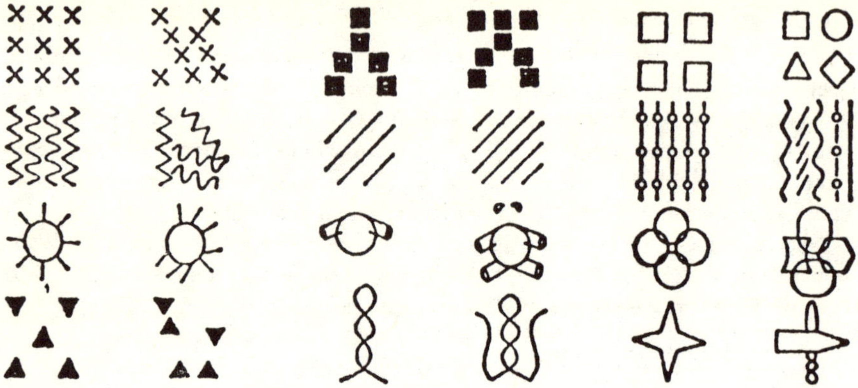

(a) irreguläre Anordnung (b) Materialmenge (c) Heterogenität der Elemente

(d) irreguläre Form (e) Inkongruität (f) inkongruente Nebeneinanderstellung

Abbildung 24: Beispiele für Varianten der Komplexität (Berlyne, 1960, S. 100)

Von komplexeren Werbeanzeigen könnte erwartet werden, daß sie die Leser weniger langweilen, daß aber auch eine längere Auseinandersetzung notwendig ist. Cox und Cox (1988) fanden einen interessanten Zusammenhang zwischen der Komplexität von Werbung, der Zahl der Wiederholungen und der Bewertung der Anzeigen. Sie boten unterschiedlich komplexe Anzeigen zu zwei verschiedenen Zeitpunkten dar (siehe Abbildung 25). Nur wenn es sich um hoch komplexe

Werbevorlagen handelte, nahm die Bewertung der Anzeigen zum Zeitpunkt der Wiederholung der Darbietung zu. (Die Zunahme bei den wenig komplexen Anzeigen war statistisch nicht signifikant.)

Ein weiterer Faktor des Neugierverhaltens neben der Komplexität ist, wie oben bereits angeführt, die Inkongruität. Tatsächlich wird oftmals die Auffassung vertreten, daß die Illustration in der Werbung primär Aufmerksamkeit zu erzeugen hat und daß ihre Beziehung zu dem Text der Werbung sogar fehlen *sollte*. (Dieses Argument wird beispielsweise von Befürwortern von Sex-Appeal in der Werbung vorgebracht.) Die Ergebnisse einer Untersuchung von Nixon (1924) scheinen diese Auffassung zunächst zu stützen. Der Aufmerksamkeitswert nahm für eine „irrelevante“ verglichen mit einer „relevanten“ Illustration von der primären Fixation über das Intervall der ersten 10 Sekunden bis hin zur 30-Sekunden-Spanne immer mehr zu. Außerdem erzielte die Anzeige einen um 50% höheren Recalltestwert. Sprechen die Ergebnisse dieser Untersuchung für die Verwendung irrelevanter Illustrationen, um hierdurch „Inkongruität“ zu erzeugen? Ein kritischer Punkt bei der Vorgehensweise von Nixon (1924) ist, daß beim Gedächtnistest nur „irgendetwas“ von der Anzeige erinnert werden sollte. Werden hingegen Aufmerksamkeits- und Erinnerungswerte geprüft (Laslett, 1918), indem beworbene Produkt- und Firmennamen erfragt werden, dann zeigt sich, daß die Anzei-

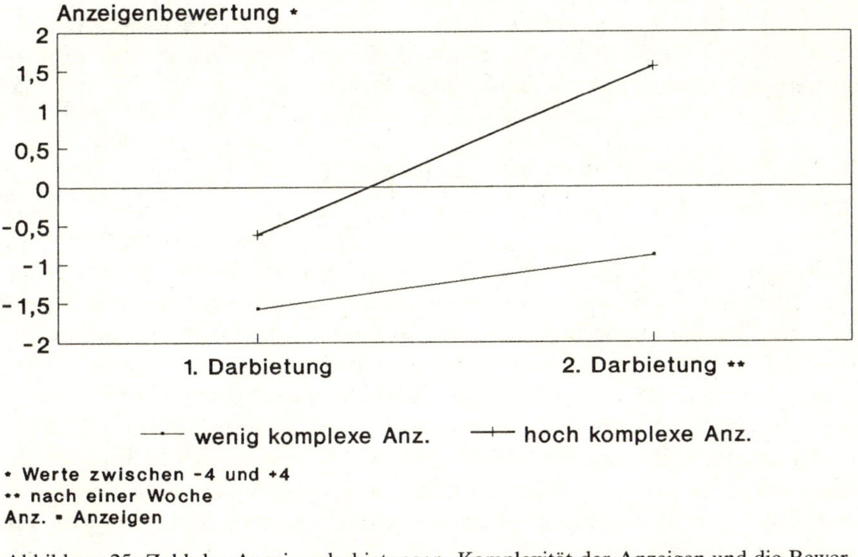

Abbildung 25: Zahl der Anzeigendarbietungen, Komplexität der Anzeigen und die Bewertung der Anzeigen (Cox & Cox, 1988, S. 115)

gen mit irrelevanten bzw. inkongruenten Illustrationen längere Betrachtungszeiten erfordern, aber schlechtere Erinnerungswerte erzielen. Meyers-Levy und Tybout (1989) verglichen die Bewertung von Produkten, die sehr kongruent, mäßig kongruent oder überhaupt nicht kongruent mit einer übergeordneten Kategorie waren. Sie fanden in drei Experimenten, daß mäßige Inkongruenz zu der besten Produktbewertung führte.

Aktivere Suche nach neuen, komplexen oder verunsichernden Informationen dürfte nicht für alle Menschen gleich interessant sein. Schneider und Schmalt (1981) weisen auf die Nähe des Explorationskonzeptes zum „sensation seeking" (vgl. hierzu Zuckerman, 1984) hin. Bei „sensation seekers" wurden u. a. folgende Verhaltensweisen gefunden: mehr sexuelle Erfahrungen, häufigerer Drogen-, Alkohol- und Zigarettenkonsum, Tagträume und häufigerer Genuß stark gewürzter Speisen. Von dem Konzept „sensation seeking" muß sich allerdings noch zeigen, ob es unterschiedliche Reaktionen auf Werbung erklären kann. So zeigte Raju (1980), daß die Suche nach Stimulationen weniger auf kognitiver Ebene (wie für die Perzeption von Werbung erforderlich), sondern vor allem auf der Verhaltensebene stattfindet. Hier lassen sich aber eventuell Beziehungen zwischen sensation seeking und „Kaufsucht" herstellen (O'Guinn & Faber, 1989).

Abschließend sei angesprochen, daß Wiederholungen des gleichen Werbekonzeptes die Aufmerksamkeit verringern, da ein weiterer der von Berlyne angeführten Faktoren, der Überraschungscharakter, verlorengeht. (Daher verlieren auch Humorappelle bei Wiederholungen rasch an Wirksamkeit.) Eine Möglichkeit, solche „Wearout-Effekte" aufgrund wiederholter Werbung zu reduzieren, besteht in der Anwendung des Unicat-Systems (Gutjahr, 1974), in dem Werbungen durchnumeriert werden. Ein bereits etwas aufwendigeres Beispiel für Unicat-Werbung waren die wöchentlich variierenden Jägermeister-Werbungen. In Abschnitt 3.3 wird auf weitere theoretische Ansätze und praktische Ergebnisse zu Neuartigkeit vs. Bekanntheit einzugehen sein.

3.1.3.4 Intensität der Aufmerksamkeit: Involvement

Aufmerksamkeit für eine Werbung kann unterschiedlich intensiv sein. Wir sind unterschiedlich „konzentriert" oder widmen einer Werbung unterschiedlich große Anteile an Verarbeitungskapazität. In einem klassischen Beitrag äußerte Krugman (1965) die Auffassung, daß insbesondere Werbung in Massenmedien ein nur geringes Maß an Aufmerksamkeit oder Involvement erfährt. Allerdings meinte dieser Autor, daß Werbung auch dann wirken kann, wenn nur geringe Aufmerksamkeit vorliegt, daß in solchen Fällen „passive Prozesse" erwartet werden könnten. „Involvement" steht dafür, wie stark oder intensiv wir von einer Sache in Anspruch genommen werden. In der Sozialpsychologie beschreibt Involvement das Ausmaß, in dem das Selbstkonzept bzw. die eigene Person betroffen ist, während Werbepsychologen die Tiefe der erwartbaren Informationsverarbeitung betonen (Johnson & Eagly, 1989).

Aus Sicht des Werbetreibenden ergibt sich ein gewisses Dilemma: Sind Rezipienten wenig involviert, dann sind sie aufgrund fehlender Aufmerksamkeit kaum durch Argumente beeinflußbar. Liegt hingegen hohes Involvement vor, dann lassen sie sich aufgrund der Beteiligung des Selbstkonzepts nur mit wirklich guten Argumenten überzeugen – und gerade an guten Argumenten mangelt es ja Werbetreibenden oft genug (Johnson & Eagly, 1989). Es lassen sich außerdem eine Reihe weiterer Unterschiede zwischen hochinvolvierten und geringinvolvierten Personen postulieren (vgl. Tabelle 29).

Tabelle 29: Hohes vs. geringes Involvement bei Konsumenten (nach Robertson et al., 1984)

Verhaltensweisen	hohes Involvement	geringes Involvement
Informationssuche	aktive Suche nach Produkt- oder Markeninformation	begrenzte Suche nach Produkt- oder Markeninformation
Kognitive Verarbeitung von Information	Widerstand gegen diskrepante Information und Verwendung von Gegenargumenten	passiver Empfang von diskrepanten Informationen; begrenzte Gegenargumente
Informationsverarbeitung	Verarbeitung von Informationen in verschiedenen Stufen	vereinfachter Übergang von Aufmerksamkeit zum Ausprobieren
Einstellungsänderung	schwierig und selten	häufig, aber vorübergehend
Wiederholung von Informationen	bloße Zahl der Wiederholung ist weniger bedeutsam als der Inhalt	bloße Zahl von Informationen kann in Überzeugung resultieren
Markenpräferenz	Markentreue ist üblich	Routinekäufe ohne Treue
Kognitive Dissonanz nach dem Kauf	tritt oft auf	tritt selten auf
Persönlicher Einfluß anderer Personen	andere Personen werden befragt und deren Verhalten wird imitiert	andere Personen üben wenig Einfluß aus

Vereinfacht gesagt sind Menschen bei geringem Involvement eher bereit, ihre Meinung zu ändern, etwas zu probieren oder sich weniger Gedanken über eine Sache zu machen. Vermutlich unterscheiden sich Personen auch überdauernd hinsichtlich ihres Involvements (vgl. „need for cognition“ in Kapitel 3.4). Hohes Involvement bedeutet eine starke Motivation, Information zu verarbeiten und zu verstehen (Celsi & Olson, 1988) sowie als Meinungsführer aufzutreten (Richins & Root-Shaffer, 1988; siehe Abschnitt 3.5).

Zaichkowsky (1985) stellt eine Methode zur Erfassung von Involvement vor. Costley (1988) sowie Mittal und Lee (1989) vergleichen verschiedene Varianten von Involvement.

Nun existieren interessanterweise zwei Modelle, die auch durch zahlreiche Befunde gestützt werden und besagen, daß das Ausmaß des Involvement nicht nur zu unterschiedlich tiefer Verarbeitung von Informationen führt, sondern daß die Art der Einstellungsänderung über unterschiedliche Wege führt. Das Modell von Petty und Cacioppo (1986) behauptet, daß das Involvement mit darüber entscheidet, ob ein „peripherer“ oder ein „zentraler“ Weg für die Persuasion (Überzeugung) von Bedeutung ist (Abbildung 26). Im Falle geringen Involvements bestimmen die „peripheren“ Bestandteile die Wirkung einer persuasiven Kommunikation. Wird eine Werbebotschaft im Falle geringen Involvements der Rezipienten gesendet, dann wirken also vor allem Wiederholungen, Humorgehalt, Zahl der Argumente, Beliebtheit eines Modells etc. Demgegenüber ist bei hohem Involvement die Qualität der Werbebotschaften (z. B. der Aussagen über Produktqualität) für die Werbewirkung entscheidend (zur Kritik vgl. Miniard, Dickson & Lord, 1988).

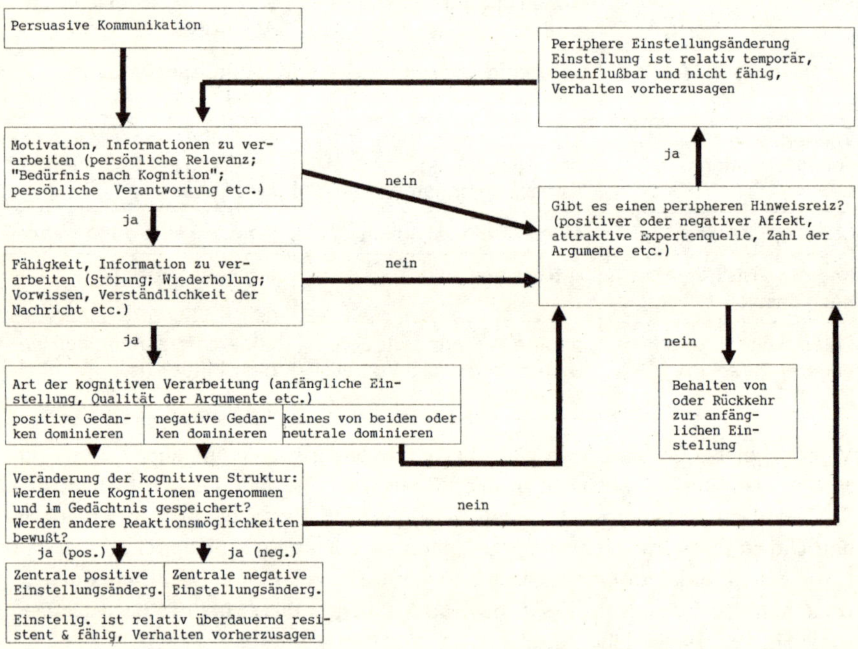

Abbildung 26: Das Verarbeitungs-Wahrscheinlichkeits-Modell der Persuasion (Petty & Cacioppo, 1986, S. 4)

Auch das Modell von Batra und Ray (1985) geht von unterschiedlichen Verarbeitungsprozessen bei unterschiedlichem Involvement aus (Abbildung 21). Das Besondere an diesem Modell ist die Behauptung, daß bei geringem Involvement die Verhaltensänderung *vor* der Einstellungsänderung stattfindet. Diese Behauptung steht im Widerspruch zu dem in Kapitel 2 vorgestellten Modell von McGuire (1985) und hat Gelegenheit zu interessanten theoretischen Kontroversen gegeben (Batra, 1986). Die wichtigste Konsequenz, die sich aus den Befunden zur Wirkung unterschiedlichen Involvements ergibt, betrifft die Beurteilung der Themen und Resultate in den Kapiteln 3 und 5 dieses Buches. Wenn im nächsten Abschnitt von Informationsverarbeitung oder später von der Wirkung von Modellen, von Lernen durch Wiederholungen etc. die Rede sein wird, dann ist immer wieder kritisch zu fragen, welches Involvement-Niveau bei den untersuchten Personen vorausgesetzt werden kann. Vor allem die in Kapitel 5 besprochenen psychologischen Mittel zielen im allgemeinen auf wenig involvierte Personen ab. Hingegen ist der nächste Abschnitt über „Informationsverarbeitung" vor allem für solche Situationen von Bedeutung, in denen zumindest ein gewisses Involvement vorausgesetzt werden kann.

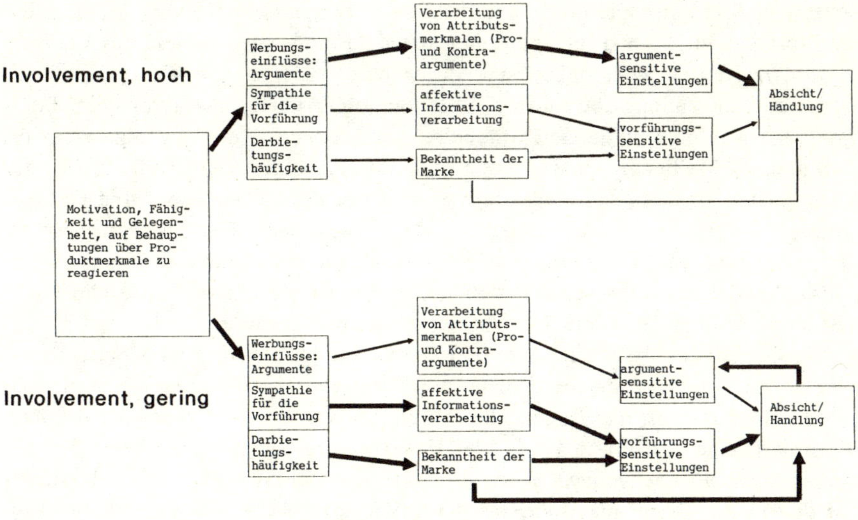

Abbildung 27: Alternative Wege des Einflusses von Werbung (nach Batra & Ray, 1985, S. 39)

3.2 Informationsverarbeitung und Entscheidung

> *„Man kann nicht ohne jeden Anhaltspunkt und ohne alle Vorerfahrungen Vertrauen schenken. Aber Vertrauen ist keine Folgerung aus der Vergangenheit, sondern es überzieht die Informationen, die es aus der Vergangenheit besitzt und riskiert eine Bestimmung der Zukunft. Im Akt des Vertrauens wird die Komplexität der zukünftigen Welt reduziert."*
>
> (Luhmann, 1989, S. 20)

Seit Ende der 50er Jahre hat sich im Rahmen der „kognitiven Wende" in der Psychologie ein Modell durchgesetzt, mit Hilfe dessen der Mensch als „informationsverarbeitendes System" beschrieben wird. Oftmals wird der Mensch analog zu einem Computer gesehen, der Informationen sucht, verarbeitet und schließlich zu Problemlösungen oder Entscheidungen kommt. Dementsprechend kann auch der Konsument oder Kunde als Problemlöser oder Informationsverarbeiter, der Entscheidungen zu fällen hat, betrachtet werden (MacInnes & Jaworski, 1989).

Die ältesten Ansätze zur Informationsverarbeitung finden sich in Typologien zu Kaufentscheidungen. Schon seit einiger Zeit werden extensive, limitierte, habitualisierte und impulsive Kaufentscheidungen danach unterschieden, wie Informationen für Entscheidungen beschafft und verarbeitet werden bzw. ob überhaupt ausführlich Informationen beschafft werden (Kroeber-Riel, 1984). Die Merkmale *extensiver* Kaufentscheidungen sind das Fehlen konkreter Kaufvorstellungen, die ausführliche Suche nach Informationen sowie das hohe Involvement des Käufers. *Limitierte* Kaufentscheidungen sind durch das Vorliegen von Kauferfahrungen sowie die Anwendung „bewährter" Entscheidungskriterien charakterisiert. *Habitualisierte* Kaufentscheidungen können mit Gewohnheitskäufen gleichgesetzt werden und beschreiben in der Regel den wiederholten Kauf der gleichen Marke oder des gleichen Produktes. *Impulskäufe* werden hingegen vor allem durch Gefühle gesteuert, weniger durch Überlegungen und Abwägungen. Die Grenzen zwischen den verschiedenen Varianten von Kaufentscheidungen sind nicht immer klar. Deshalb sollten Ergebnisse, nach denen über 50% aller Einkäufe Impulskäufe sind (Kollat & Willet, 1967), nur mit Vorbehalt akzeptiert werden.

Wovon hängt es ab, welche Art von Informationsverarbeitung zu beobachten ist (Weinberg, 1981)? Zunächst dürfte die *Produktart* von Bedeutung sein. Ein Verbrauchsgut ist in der Regel billiger und gibt weniger Anlaß für ausführliche Informationsbeschaffung als z. B. der Erwerb eines Eigenheimes, über den gewöhnlich länger nachgedacht wird. Produkte, die sichtbar sind (z. B. Kleidung), werden in der Regel nach anderen Kriterien ausgewählt, als eher im privaten Bereich verwendete Güter. Des weiteren dürfte die *Situation* von Bedeutung sein, so der zeitliche Entscheidungsdruck, der soziale Einfluß (z. B. ein begleitendes Kind, das beim Einkaufen nörgelt), die Art der Einkaufsstätte (z. B. unterschiedliche Beratungsintensität in einem Fachgeschäft oder in einem Supermarkt) oder die Produktumgebung (z. B. die Verpackung „macht an"; vergleichbare Produkte sind deutlich teurer). Hinzu kommen als *persönliche Determinanten* im Prozeß der Kaufentscheidung das Involvement (kaufe ich für eine andere Person oder für mich?), die Bereitschaft zum Risiko („öfter mal was Neues probieren") und das allgemeine Informationsverhalten (z. B. sind öffentliche Organisationen im allgemeinen verpflichtet, mehrere Angebote einzuholen). Schließlich ist die *Rolle*, die der Entscheider einnimmt, von Bedeutung („als Individuum würde mir dieser Urlaubsort gefallen, aber als Elternteil kann ich da aus Rücksicht auf die Kinder nicht hinfahren").

In den folgenden Abschnitten soll verdeutlicht werden, daß die genannten Determinanten nur unzureichend auf die vier Typen von Kaufentscheidungen abgestimmt sind. So können Informationssuche, -verarbeitung und Kaufentscheidung unterschieden werden, wobei aber habitualisierte Entscheidungen ohne (bewußte) Informationsverarbeitung zustande kommen. Emotionale Aspekte scheinen schließlich ganz vernachlässigt zu sein.

3.2.1 Determinanten der Informationssuche

Welche einzelnen Schritte hat nun ein Konsument bis hin zu einer Kaufentscheidung zu gehen? Bei Entscheidungen, die nicht gewohnheitsmäßig oder emotional zustande kommen, wird zunächst eine *Informationssuche* stattfinden. Engel et al. (1986) unterscheiden *interne* und *externe* Suchprozesse. Bei der *internen Suche* wird auf Informationen zurückgegriffen, die bereits im Gedächtnis gespeichert sind. Das Ausmaß, in dem interne Suche betrieben wird, hängt von folgenden Faktoren ab: Dauer und Breite der Erfahrung mit dem Produkt, Zufriedenheit mit den bisherigen Erfahrungen, zeitlicher Abstand zum letzten Einkauf und Veränderungen bei der Konfiguration bzw. Zusammensetzung der Alternativen (z. B. der Anteil neuer Produkteinführungen oder Preis- und Aufmachungsänderungen). Interne Suche wird also seltener stattfinden, wenn wenige oder nur unpassende spezifische Erfahrungen vorliegen, wenn die bisherigen Erfahrungen negativ waren, wenn der letzte Kauf lange zurückliegt oder wenn sich der Markt bzw. das Angebot verändert haben.

Wenden wir uns nun den Determinanten *externer Suche* zu. Wir können davon ausgehen, daß das Ausmaß, in dem ein Individuum externe Suche betreibt, von individuellen Kosten-Nutzen-Erwägungen beeinflußt wird. Das Individuum wird die *Kosten* des Informationserwerbs und der Nutzung von Information dem *Nutzen*, der durch die zusätzlichen Informationen zustandekommt, gegenüberstellen („lohnt es sich, weitere Preisvergleiche anzustellen, nur um ein paar Pfennige zu sparen?"). Sowohl Unternehmen als auch private Haushalte werden somit auch die Beschaffungskosten von Information in Betracht ziehen (Shugan, 1980). Die zunehmende Bedeutung von Telefon- und Katalogkauf ist nicht zuletzt darauf zurückzuführen, daß dadurch Fahrtkosten und Fahrtzeit sowie Parkplatzkosten einzusparen sind. Daneben ist aber auch die psychologische Belastung zu berücksichtigen (Frustration im Straßenverkehr, in Warteschlangen oder beim Verhandeln mit Verkaufspersonal). Außerdem wird die Informationsbeschaffung manchmal als unangenehm empfunden, und eine ausführliche Informationssuche kann auch sehr schnell zu einer Informationsüberflutung führen.

Weitere persönliche und situative Bedingungen des Such- und Entscheidungsverhaltens sind die Bedeutung der Entscheidung, die Verfügbarkeit von externen Informationen und das Vertrauen in die eigene Fähigkeit, Entscheidungen zu fällen (Engel et al., 1986). Die *Bedeutung der Entscheidung* drückt sich in der hohen emotionalen Beteiligung oder in dem hohen wahrgenommenen Risiko aus (z. B. schwerwiegende Konsequenzen falscher Entscheidungen). Folgende fünf Faktoren sind hier relevant: Höhe des Preises, Benutzungsdauer, Öffentlichkeit des Konsums, Unsicherheit (Ausmaß negativer Konsequenzen; Urbany, Dickson & Wilkie, 1989) und Konsequenzen der Entscheidungen. Bettman (1982) führte den Begriff „externes Gedächtnis" für den Sachverhalt ein, daß Konsumenten wissen, daß die Informationen, die sie brauchen, prinzipiell aus *externen* Quellen *verfügbar* sind. Das *Vertrauen in die eigene Fähigkeit*, Entscheidungen zu fällen, hängt davon ab, wie sicher die Eigenschaften eines Produktes bekannt sind und wie die eigene Fähigkeit, Marken- oder Produkteigenschaften zu beurteilen, eingeschätzt wird.

3.2.2 Urteilsheuristiken und Kaufentscheidung

Nachdem einige Bestimmungsgrößen der Informationssuche vorgestellt wurden, wenden wir uns nun der Informations*verarbeitung* und der Entscheidungsphase zu. Eine wiederholt untersuchte Frage war, wie Produkte verglichen werden. Wenn wir von mehreren Produkten und jeweils mehreren Attributen ausgehen, dann sind zwei grundsätzliche Strategien denkbar: Produkte oder Eigenschaften können „abgearbeitet" werden. Beim produktweisen Vorgehen werden zunächst alle Eigenschaften gesichtet, die ein Produkt hat. Anschließend wird das zweite Produkt gesichtet usw. Das „attributweise" Vorgehen besteht darin, nacheinander die *Eigenschaften* herauszugreifen und auf deren Basis die Produkte miteinander zu vergleichen. Die meisten vorliegenden Untersuchungen sprechen dafür, daß vor allem „Produkt für Produkt" und nur selten „Attribut für Attribut" verglichen wird. Allerdings wird vermutet, daß die Strategie vom Stadium des Entscheidungsprozesses abhängt; zu Beginn wird eher attributweise verarbeitet und in späteren Entscheidungsphasen eher produktweise (Engel et al., 1986). Wichtig ist nun, daß bei beiden Vorgehensweisen nicht *alle* Informationen *umfassend* herangezogen werden, sondern vereinfachte Strategien oder Regeln wirksam sind. Diese vereinfachten Entscheidungsregeln werden aufgrund von Erfahrungen oder Überlieferungen gebildet und als „Urteilsheuristiken" bezeichnet.

Anlaß zur Beschäftigung mit Urteilsheuristiken gibt die Überlegung, daß die meisten Urteile und Entscheidungen unter nicht-optimalen Bedingungen stattfinden. So kann beispielsweise zu wenig Information vorliegen, um eine vollständige Beurteilung eines Produktes vornehmen zu können, oder es fehlt die Zeit, um Entscheidungen sorgfältig zu treffen. In solchen Fällen werden oftmals einfache „Faustregeln" oder Urteilsheuristiken angewendet, um zu mehr oder weniger befriedigenden Entscheidungen oder Handlungsentschlüssen zu kommen. Drei Beispiele von Urteilsheuristiken seien zunächst beispielhaft näher beschrieben, die „Verankerung und Adjustierung", die „Repräsentativitätsheuristik" und die „Verfügbarkeitsheuristik".

Im Kapitel 1 lautete eine Urteilsheuristik in etwa: „Das bessere Produkt ist im allgemeinen etwas teurer, aber das teuerste Produkt hat vielleicht Qualitätsmerkmale, die für mich unbedeutend sind: Also nehme ich das nicht ganz so teure Produkt." Diese Urteilsheuristik ist ein Beispiel für „Verankerung und Adjustierung". Die Verankerungen werden durch den höchsten und den niedrigsten Preis gebildet; die „Adjustierung" findet dann durch eine Entscheidung für ein Produkt im Zwischenbereich statt. Davis, Hoch und Ragsdale (1986) fanden, daß Ehepartner ihre wechselseitigen Präferenzen für neue Produktkonzepte mit einem Verankerungs- und Adjustierungsmodell vorhersagten. Als Verankerung nahmen die Befragten ihre eigenen Präferenzen, und sie adjustierten dann diese Präferenz entsprechend den vermuteten Präferenzen ihrer Partner. (Das Ergebnis war allerdings, daß diese Adjustierungen die tatsächlichen Präferenzen der Partner nur sehr schlecht vorherzusagen vermochten.)

Die „Verfügbarkeitsheuristik" besagt, daß Informationen, die leicht verfügbar sind, ein starkes Gewicht erhalten. Sie gründet sich auf die *allgemeine* Regel, daß hochwahrscheinliche Dinge häufig eintreten und leicht erinnert werden können. Dies kann allerdings dazu führen, daß Ereignisse, die leicht erinnert werden können, auch für wahrscheinlicher gehalten werden (was ein logischer Fehlschluß ist). Ein Beispiel hierfür findet sich in einer Untersuchung von Lichtenstein, Slovic, Fischhoff, Layman und Combs (1978). Spektakuläre Todesursachen (z. B. Mord) und in der Presse oft berichtete Todesfälle (z. B. Unfälle) werden in ihrer Häufigkeit überschätzt. Im Gegensatz hierzu werden eher unauffällige Todesursachen (z. B. Diabetes) bzw. selten in der Presse erwähnte Todesfälle (z. B. Herzinfarkt) in ihrer Häufigkeit unterschätzt.

Für die Werbung sind verschiedene Anwendungen der „Verfügbarkeitsheuristik" denkbar. Beispielsweise wird der Vergleich verschiedener Konkurrenzprodukte nach Aspekten vorgenommen, die (auch zufällig!) auf Verpackungen zur Verfügung gestellt werden. Ebenso wird die Reaktion auf einen Spendenaufruf für die Dritte Welt kurz nach einer Information über eine Hungerkatastrophe anders aussehen, als wenn gerade eine Fernsehserie gesendet wurde, die sich kritisch mit der Korruption in der Dritten Welt auseinandergesetzt hat. Ein weiteres Beispiel ist die seit Jahrzehnten bekannte Tatsache, daß kurz *nach* Katastrophen die Zahl der abgeschlossenen Versicherungen sprunghaft steigt (Earl, 1987; vgl. auch Folkes, 1988). Ein weiteres Beispiel für die Wirkung unterschiedlicher verfügbarer Informationen findet sich in Kasten 12.

Kasten 12: Effekt der Verfügbarmachung unterschiedlicher Informationen

In den 80er Jahren führte die Regierung der Bundesrepublik Deutschland verschiedene Werbekampagnen durch, mit dem Ziel, über AIDS aufzuklären. In den 80er Jahren erstarkten ebenfalls rechte Parteien, die Minderheiten bedrohen, in verschiedenen europäischen Ländern. Welchen Effekt hat es nun, Informationen über die Werbekampagne oder über die rechten Parteien verfügbar zu machen?

Versuchspersonen wurde entweder die erste oder die zweite Information gegeben. Im Anschluß wurden sie gebeten, die Toleranz gegenüber AIDS-Kranken zu schätzen. Das Resultat war: Wenn Informationen über rechte Parteien verfügbar gemacht wurden, wurde eher geschätzt, daß die Toleranz gegenüber AIDS-Kranken abgenommen hatte (Moser, 1990b).

Unter der „Repräsentativitätsheuristik" werden solche Phänomene behandelt, die Repräsentativitätsbeziehungen als vereinfachte Grundlage der Urteilsbildung identifizieren. Zum Beispiel werden zwei Zahlenreihen dargeboten, und es wird gefragt, welche Zahlenserie bei einer Lotterieziehung mit größerer Wahrscheinlichkeit auftritt. Die eine Zahlenserie lautet 14, 39, 22, 27, 4, 41 und die andere Serie lautet 18, 19, 27, 28, 33, 34. Üblicherweise wird das Auftreten der ersten Serie als wahrscheinlicher beurteilt, da sie als typischer, charakteristischer oder „repräsentativer" für den Vorgang eines *Zufalls*prozesses beurteilt wird als die zweite Serie, in der eine *Regelmäßigkeit* auftritt. Tatsächlich sind beide Serien gleich wahrscheinlich.

Um eine „Repräsentativitätsheuristik" handelt es sich auch, wenn davon ausgegangen wird, daß Ursache und Wirkung einander *ähnlich* seien. Eine außergewöhnliche Leistung (z. B. eine Erfindung oder ein Olympiasieg) wird eher mit *außer*gewöhnlichen Ursachen in Verbindung gebracht als mit der Kombination von gewöhnlichen Ursachen. Wenn Werbetexte, Beipackzettel oder politische Reden verfaßt werden, dann sollte diese Heuristik berücksichtigt werden, wenn die Glaubwürdigkeit von Erklärungen abgeschätzt werden soll. Zum Abschluß dieses Abschnittes seien noch einige weitere Urteilsheuristiken bzw. vereinfachte Entscheidungsverfahren aufgeführt (Tabelle 30).

Tabelle 30: Beispiele für Urteilsheuristiken vor der Kaufentscheidung

Strategie	beispielhafte Erläuterung
konjunktiv	„Ich kaufte den Toaster ohne schlechte Eigenschaften."
disjunktiv	„Ich kaufte den Toaster, der hinsichtlich mindestens einer Eigenschaft hervorragte."
lexikographisch	„Ich wählte das wichtigste Merkmal; wenn mehrere gut abgeschnitten hatten, beachtete ich das zweitwichtigste Merkmal."
eliminativ nach Aspekten	„Ich schloß nacheinander die inakzeptablen Alternativen aus."
additiv (kompensatorisch)	„Ich wählte den *insgesamt* Besten."
multiplikativ	„Ich habe verschiedene Aspekte berücksichtigt und diese außerdem noch unterschiedlich gewichtet."
zufällig	„Ich habe den erstbesten Toaster gekauft."

3.2.3 Konsum, Information und Emotion

Das Programm des „Konsumierens als Informationsverarbeitung" (Bettman, 1979) hat in den 80er Jahren eine so dominante Position eingenommen, daß es kaum vorstellbar zu sein scheint, daß es auch Entscheidung und Konsum *ohne* Informationsverarbeitung geben kann. Holbrook und Hirschman (1982) betonen die *Erlebnisaspekte* des Konsums und grenzen sich von der Auffassung des Konsumenten als Informationsverarbeiters ab.

Wenn wir einmal vom demonstrativen Kauf eines Produktes absehen, dann endet die Vermarktung nicht beim Kauf, sondern beim Konsum. Da Konsumieren mit der Befriedigung von Bedürfnissen oder Wünschen einhergeht und oft zur Generierung oder Veränderung von Erlebniszuständen führt, ist die Qualität eines Produktes nicht nur über seine mehr oder weniger „exzellenten" Merkmale definiert. Holbrook und Corfman (1985) unterscheiden

- Bequemlichkeit
- Qualität (Exzellenz)
- Spaß
- Schönheit
- Erfolg
- Tugend
- Ruf/Ansehen
- Überzeugung/Glaube.

Produkte und damit auch die Werbung für diese Produkte versprechen Erlebnisse, Gefühle, Emotionen, Stimmungen etc. Erfolgreicher Markteintritt bedeutet oft, daß das produkttypische Gefühl angesprochen und um ein weiteres (neues) ergänzt wird. (So verspricht die Kaffeemarke „Swing" neben Qualität auch Spaß.) Güter versprechen oder erlauben unterschiedliche Erlebnisaspekte, doch wie die Auflistung von Holbrook und Corfman (1985) zeigt, ist nur ein Teil der ermöglichten Erlebnisse dauerhaft. Damit bergen Produkte ein unterschiedlich großes Enttäuschungspotential in sich (vgl. Kasten 13).

Kasten 13: Das Enttäuschungspotential von Produkten

> „Die im Konsumtionsprozeß sich stofflich auflösenden Güter regen ... nicht nur besonders angenehme Empfindungen an, sondern sind überdies besonders resistent gegen Enttäuschungen. Die römischen Kaiser wußten offenbar sehr wohl, was sie taten, wenn sie die Massen mit Brot und Spielen versorgten: *beide* sind, sobald man sie genossen hat, dahin und hinterlassen keine körperliche Gestalt, gegen welche die Verbraucher Enttäuschung, Langeweile oder Angst kehren könnten, die sie vielleicht empfunden haben oder noch empfinden ... Bei den Gebrauchsgütern liegt die Ursache für die mit ihrem Besitz verbundenen Enttäuschungen vor allem darin, daß das Verhältnis von aktivem Vergnügen und passivem Wohlbefinden, die sie gewähren, sehr viel stärker und auf Kosten des Vergnügens zum Erlebnis bloßen „Komforts" tendiert als bei Verbrauchsgütern." (Hirschman, 1988, S. 37, S. 52).

Weder die Vollständigkeit und Schlüssigkeit von Auflistungen wie denen von Holbrook und Corfman (1985) noch die terminologischen Unterscheidungen von Emotion, Stimmung, Aktivierung etc. wurden bisher mit befriedigendem Ergebnis geklärt. Teilvorschläge zum zweiten Punkt stammen von Bost (1987), Behrens (1988) sowie Holbrook und O'Shaugnessy (1984). Behrens (1988) unterscheidet Aktivierung, Emotion und Motiv wie folgt: Emotion ist eine bewertende Aktivierung und Motiv ist eine orientierte Aktivierung. Bost (1987) unterscheidet Stimmung von Emotion durch die längere zeitliche Dauer und geringere Intensität der ersteren. Außerdem unterbrechen Stimmungen kognitive Prozesse nicht. Während die Vielfalt von Motiven später angesprochen wird (vgl. 5), soll die differenzierte Beschreibung von Emotionen unterbleiben. Von werbepsychologischer Relevanz war der emotionale Gehalt von Werbung bisher vor allem als eindimensionale Variable. Emotionaler Gehalt von Werbung ist damit ein weiterer Anwendungsschwerpunkt emotionspsychologischer Grundlagen. Wenn Werbung emotional wirken soll, dann hat sie die Form eines Dramas, ähnlich wie dies auch bei Comics der Fall ist (Moser, 1990a). Comics beabsichtigen die emotionale Einbeziehung des Lesers; es wird eine spannende Geschichte erzählt und der Rezipient wird ins Geschehen einbezogen (z. B. durch die subjektive Kamera). Der Rezipient verliert sich in der Geschichte, erlebt Gedanken und Gefühle der Charaktere mit.

Nach Deighton, Romer & McQueen (1989) lassen sich Werbungen danach skalieren, in welchem Ausmaß sie dramatisierende Elemente enthalten. Werbungen werden beurteilt, ob es einen Erzähler, ob es Charaktere und ob es eine Geschichte (plot) gibt. Deighton et al. unterscheiden mit Hilfe dieser drei Aspekte vier Stufen der Dramatisierung (vgl. Tabelle 31).

Tabelle 31: Stufen der Dramatisierung (nach Deighton et al., 1989)

Argument	erzählt	keine Charaktere	kein plot
Demonstration	erzählt	keine Charaktere	plot
Geschichte	erzählt	Charaktere	plot
Drama	erzählt nicht	Charaktere	plot

Beim Drama gibt es eine fortlaufende Handlung (plot), in der Charaktere beschrieben werden; es gibt aber keinen Erzähler, der zum Publikum spricht. Ein Argument dagegen versucht, den Rezipienten inhaltlich zu überzeugen; auf Charaktere und plot wird verzichtet. Comics haben meistens die Form eines Dramas oder zumindest einer Geschichte (vgl. Stimmen aus dem „Off" oder allgemeine Erläuterungen zum Fortgang der Geschichte bei Asterix-Comics). Dramatisierende Werbung wirkt vergleichbar dramatisierenden Comics, d. h. emotional und nicht mit Argumenten (vgl. allgemeiner Chapman-Burke & Edell, 1989).

An verschiedenen Stellen dieses Buches wurden Emotionen oder affektive Aspekte angesprochen. So wird das klassische Konditionieren auch als Konditionieren von Emotionen bezeichnet und die Modelle von Petty und Cacioppo (1986) und Batra und Ray (1985) gehen davon aus, daß es neben argumentativen auch emotionale Wege gibt, Einstellungen gegenüber einem Produkt zu ändern.

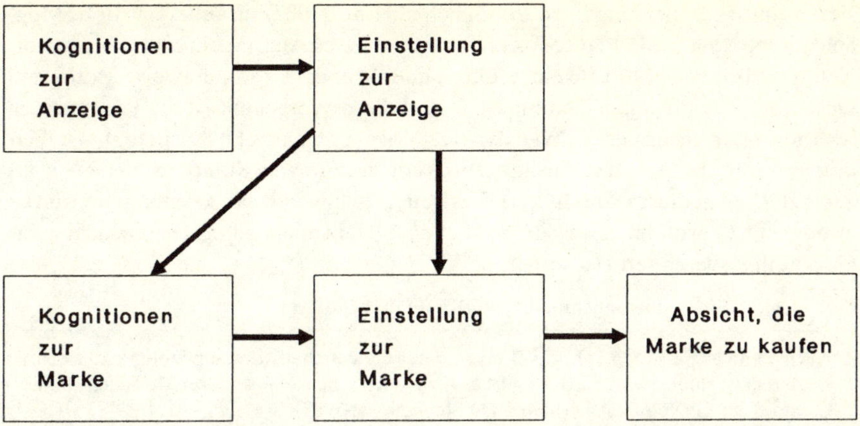

Abbildung 28: Die Struktur der dualen Wirkungshypothese (nach MacKenzie et al., 1986)

Interesse an der Bedeutung von Emotionen ergibt sich aus Beobachtungen deren Einflusses auf die Einstellung zur Werbung, die wiederum auf die Einstellung zur (beworbenen) Marke wirkt (Chapman-Burke & Edell, 1989; Homer, 1990). MacKenzie, Lutz und Belch (1986) und Homer (1990) fanden darüber hinaus Belege für eine duale Wirkungshypothese (DWH). Nach der DWH wirkt die Einstellung zur Werbung („attitude toward the ad") sowohl direkt auf die Einstellung zur Marke als auch über die Kognitionen, die zur Marke generiert werden (vgl. Abbildung 28).

Welche Konsequenzen sind aus der DWH zu ziehen? Homer (1990) kommt zum Ergebnis, daß die emotionale Wirkung einer Anzeige selbst dann zu beachten und kontrollieren ist, wenn eine primäre kognitive Verarbeitung der Werbestimuli für eine Marke beabsichtigt wird. Offen bleibt dabei bisher, ob die Einstellung zur Anzeige nicht auch selbst wiederum auf mehrere Teilkomponenten zurückführbar ist.

Für die 90er Jahre läßt sich wohl mit einiger Sicherheit ein „Boom" für das Interesse an Erlebnis und Emotion beim Konsumverhalten vorhersagen (Gardner, 1985; Peterson, Hoyer & Wilson, 1986). Die negative Seite emotionaler und emotionalisierender Werbung ist möglicherweise die Förderung von Kaufsucht (Scherhorn, Reisch & Raab, 1990); jedenfalls zielt die beschriebene emotionale Werbung auf die Ausblendung bewußter, rationaler Entscheidungen und damit auf Verhalten ohne (bewußte) Wahl zwischen Optionen ab.

3.2.4 Gewohnheitsentscheidungen und Produkttreue

Prinzipiell können Produkte nach einer Vielzahl von Kriterien beurteilt werden. Damit entsteht Komplexität und in vielen Fällen Unsicherheit. Die vorgestellten Urteilsheuristiken in Abschnitt 3.2.2 sind eine Möglichkeit, Komplexität zu reduzieren und Entscheidungen zu ermöglichen. Earl (1987) diskutiert weitere Möglichkeiten, Komplexität zu reduzieren. So ziehen es Automobilunternehmen vor, nicht gänzlich neue Modelle einzuführen und sie ändern normalerweise Motor und Design zu verschiedenen Zeitpunkten. Ziel dieses Vorgehens ist es, Vertrauen zu schaffen oder zu erhalten. Wie der Soziologe Luhmann (1989) betont, ist *Vertrauen* ein wichtiger Mechanismus zur Reduzierung von Komplexität (siehe das Zitat zu Beginn dieses Abschnitts). Vertrauen zu einem Produkt oder einer Marke ermöglicht Gewohnheitsverhalten. Kasten 14 faßt die wichtigsten Ursachen für Gewohnheitsverhalten zusammen.

Kasten 14: Warum gibt es habitualisierte Kaufentscheidungen?

Auch wenn es passieren kann, daß man „einer Gewohnheit verfallen kann" und sie zu einer regelrechten Sucht wird, so gibt es doch auch eine Reihe anderer Ursachen (bzw. Gründe) für Gewohnheitsverhalten (O'Shaugnessy, 1987):

- Wunsch, nicht über jeden Kauf neu nachzudenken
- Reduktion des Risikos einer unangenehmen Überraschung
- Zeitersparnis durch Verzicht auf vergleichendes Kaufen
- Konsistenz und Zuverlässigkeit der Produktvorteile werden sichergestellt
- die eigene „Weisheit" vergangener Wahlen wird bestätigt
- die Zufriedenheit mit der vergangenen Wahl verstärkt die Gewohnheit
- die Sicherheit, welche Vorteile ein Produkt hat, ist gegeben.

Vertrauen in ein Produkt wird als *Produkttreue* bezeichnet. Produkttreue (und Markentreue) kann der Ausdruck von Gewohnheitsverhalten sein, kann aber auch mit Involvement einhergehen (vgl. 3.1). Zur langfristigen Sicherung von Marktanteilen sind viele Unternehmen daran interessiert, ihre Politik der Kundenerhaltung zu optimieren. Als ein zentrales Ziel kann die Schaffung von Produkt- bzw. Markentreue angesehen werden. Produkttreue wird meistens über den wiederholten Kauf eines Produktes definiert, wobei jedoch Wiederholungskäufe nur dann als Zeichen für Markentreue interpretierbar sind, wenn ein mehr oder weniger gezielter Kauf stattfand und eine Wahlmöglichkeit zwischen mindestens zwei Alternativen bestand.

Untersuchungen zur Produkttreue lassen sich bis in die 50er Jahre zurückverfolgen (Weinberg, 1977). Nach Farley (1964) sinkt die Produkttreue, wenn die Zahl der Produkte in einer Produktgruppe groß ist, das Produkt öfter gekauft wird, die Produkte teurer sind und eine aktive Preispolitik am Markt zu beobachten ist. Verschiedentlich wurde gefunden, daß mit der Produkttreue auch eine Geschäftstreue einhergeht (Weinberg, 1977), daß also die gleichen Produkte am gleichen Ort gekauft werden oder daß die Menschen, die häufig die Einkaufsstätten wechseln, weniger produkttreu sind. Ein weiteres Ergebnis war, daß Mütter junger Kinder markentreuer sind als Mütter älterer Kinder und daß mit der Familiengröße die Produkttreue abnimmt. Als bedeutsame psychologische Determinanten der Produkttreue wurden ermittelt (a) Risikobewußtsein der Konsumenten, (b) Prestigewert des Produktes, (c) Markensicherheit und (d) Einstellung zum Produkt (Weinberg, 1977).

Weitere Untersuchungen zu den Bedingungen für Markentreue kamen u. a. zu den Ergebnissen, daß die Markentreue mit zunehmendem Alter zunimmt, mit der Höhe des sozialen Status abnimmt und berufstätige Frauen markentreuer sind als nicht berufstätige Frauen (v. Rosenstiel & Ewald, 1979). Eine Erklärung für den letztgenannten Befund kann darin bestehen, daß berufstätige Frauen in der Regel weniger Zeit für differenzierte Produktvergleiche haben. Die Interpretation des Ergebnisses der Untersuchung, die bereits Ende der 60er Jahre durchgeführt wurde, ist allerdings umstritten, da die Berufstätigkeit der Frau – zumindest zu jener Zeit – auch ein Hinweis auf finanzielle Probleme sein kann. Der Einfluß des sozialen Status kann mit der größeren finanziellen Freiheit und z. T. auch differenzierterer Informationsverarbeitung erklärt werden.

3.3 Lernpsychologische Grundlagen

Das Ziel von Werbeaktivitäten ist die Veränderung und/oder die Stabilisierung von Verhaltensweisen, Emotionen oder Gedächtnisinhalten. Um dieses zu erreichen, bietet es sich an, Erkenntnisse aus der Psychologie des Lernens auf Werbeprobleme anzuwenden, wie dies bereits Münsterberg (1912) versucht hat. Zunächst muß jedoch einem Mißverständnis vorgebeugt werden: Lernen muß nicht Verhaltensänderung heißen, und Verhaltensmodifikation muß nicht auf Lernen zurückgeführt werden. Beispiele für Verhaltensänderungen ohne Lernen sind Habituation (= Abschwächung von Orientierungsreaktionen), Prägung, genetisch bedingte Reifung, Eichung (= wiederkehrende Verhaltenszyklen) und nicht-informationale Umwelteffekte (z. B. Unwetter). Lernen kann definiert werden als *relativ überdauernde Änderung der Verhaltensmöglichkeiten eines Individuums aufgrund von Informationen*. Mißverständlich wäre die Annahme, daß es *die* Lernpsychologie gibt; vielmehr gibt es verschiedene lernpsychologische Richtungen, die jeweils Teilbereiche des Erlebens und Verhaltens beschreiben. Im folgenden werden einige dieser Lernprinzipien dargestellt; zunächst werden wir auf das Lernen von Emotionen durch klassisches Konditionieren eingehen, dann auf das Verhaltenslernen durch operantes Konditionieren, darauf auf das Auswendiglernen und schließlich auf das kognitive Lernen. Eine fünfte Variante des Lernens, das Lernen am Modell, wird in Abschnitt 5.5 behandelt.

3.3.1 Klassisches Konditionieren

Das Prinzip der klassischen Konditionierung läßt sich wie folgt beschreiben: Zuerst wird ein *unkonditionierter Stimulus* (z. B. eine Apfelsine) ausgewählt, der „automatisch" zu einer *unkonditionierten Reaktion* (z. B. Speichelfluß) führt. In einem nächsten Schritt wird ein neuer Stimulus, der *neutrale Stimulus* (z. B.

Spinat), eingeführt und gleichzeitig mit dem unkonditionierten Stimulus dargeboten. Nach dem Gesetz der klassischen Konditionierung wird nach mehreren Wiederholungen auch der neutrale Stimulus die unkonditionierte Reaktion auslösen, selbst dann, wenn der unkonditionierte Stimulus nicht mehr auftritt. Der Spinat wurde zu einem konditionierten Stimulus, und der Speichelfluß wurde von einer unkonditionierten zu einer *konditionierten Reaktion*. Die Grundlagen des klassischen Konditionierens wurden zuerst von Pawlow (1927) untersucht. Gleichbedeutende Bezeichnungen für klassisches Konditionieren sind „Konditionierung als Übertragung von Reflexen" und „emotionale Konditionierung". In der Folgezeit wurde eine Reihe von Detailaspekten analysiert. Beispielsweise wurde geprüft, ob der neutrale Stimulus (NS) kurz vor, gleichzeitig mit oder nach der unkonditionierten Reaktion (UR) dargeboten werden sollte, um die Konditionierung zu beschleunigen. Beim Vergleich dieser Vorwärts-, Simultan- und Rückwärtskonditionierungen hat sich gezeigt, daß die *Vorwärtskonditionierung* am effektivsten ist: Der optimale Abstand zwischen unkonditioniertem und neutralem Stimulus liegt bei 0,2 bis 0,5 sec., d. h., der neutrale bzw. konditionierte Reiz sollte kurz vor dem unkonditionierten Reiz einsetzen. Von entscheidender Bedeutsamkeit ist die Wahrnehmung der Kontingenz bzw. des Zusammenhangs von neutralem und unkonditioniertem Stimulus (Allen & Janiszewski, 1989). Weitere Grundlagenprobleme der klassischen Konditionierung werden bei Bredenkamp und Wippich (1977) und Turkkan (1989) besprochen.

Beim klassischen Konditionieren ist sowohl auf zu starke Generalisierungen als auch auf zu starke Diskriminierungen zu achten. So wird einerseits versucht, eine Werbung auch auf ähnliche Produkte der gleichen Marke (bzw. des gleichen Herstellers) wirken zu lassen, d. h., es kann Bestandteil einer Werbestrategie sein, eine Unterscheidung durch den Konsumenten zu vermeiden. Ein Beispiel ist die Verwendung von Markennamen, um einen „Imagetransfer" von einem Produkt auf ein zweites zu erreichen.

Andererseits ist es aber unerwünscht, daß sich die Wirkung der Werbung auf ähnliche Produkte von Konkurrenten überträgt. Unerwünschte Generalisierungen können auch in der Form auftreten, daß Produktnamen verwechselt werden. Allerdings treten solche Tendenzen auch bei der Werbung für Konkurrenzprodukte auf. Es wird in jedem Einzelfall zu prüfen sein, in welche Richtung Generalisierungen stattfinden (v. Rosenstiel & Neumann, 1982).

Die Wirksamkeit von klassischer Konditionierung wird durch folgende vier Faktoren beschränkt: (1) Im Falle gleichzeitigen Auftretens von mehreren konditionierten Reizen kann eine Überschattung auftreten; (2) Erfahrungen mit dem unkonditionierten Reiz sind hinderlich (zum Beispiel können bekannte Lieder nicht so effektiv verwendet werden wie neu geschaffene Musikstücke); (3) Erfahrungen mit dem konditionierten Reiz sind bedeutsam, da Konditionierungsprinzipien für das Lehren von neuen Verhaltensweisen bei neuen Produkten wirksamer sind als bei bereits existierenden Produkten; (4) schließlich können konditionierter und unkonditionierter Reiz als nicht zueinander passend erlebt werden (Engel et al., 1986).

Für Werbezwecke ergibt sich aus dem Prinzip der klassischen Konditionierung folgende Frage: Welche Werbeelemente können als unkonditionierter Stimulus zu einer positiven Bewertung des beworbenen Produktes führen? Gorn (1982) führte ein Experiment durch, in dem Versuchspersonen Anzeigen für einen Füller dargeboten bekamen und beurteilen sollten, ob Pop-Musik oder klassische indische Musik besser passen würde. Im Anschluß daran konnten die Versuchspersonen wählen, ob sie lieber einen Füller wie in der Werbung wollten oder lieber einen anderen Füller. Während die Versuchspersonen, die die Pop-Musik hörten, eher den Füller wählten, für den geworben worden war, verhielt sich die andere Gruppe gerade umgekehrt. Nach Gorn wirkte die Pop-Musik also als unkonditionierter positiver Stimulus, der sich mit dem beworbenen Produkt assoziierte. Die als unangenehm empfundene Musik wirkte hingegen als negativer unkonditionierter Stimulus.

Nachfolgende Untersuchungen ließen allerdings Zweifel an der Stärke des von Gorn (1982) gefundenen Effektes aufkommen (z. B. Kellaris & Cox, 1989). McSweeney und Bierley (1984) geben einen Überblick zu den Anwendungsmöglichkeiten des klassischen Konditionierens für die Werbung. Es sind vor allem emotionale Reize, die wirksam einsetzbar sind, so z. B. Musik (Gorn, 1982), schöne Landschaften (Allen & Janiszewski, 1989) oder attraktive Modelle (Caballero, Lumpkin & Madden, 1989).

Während sich das klassische Konditionieren vor allem mit Reflexen und Emotionen befaßt, behandelt das operante Konditionieren das Lernen von Verhalten bzw. „Operanten". Wir werden diese Lernart als nächstes beschreiben und dann auf weitere Unterschiede zwischen klassischem und operantem Konditionieren eingehen.

3.3.2 Operantes Konditionieren

Die Grundannahme des *operanten* (instrumentellen) *Konditionierens* lautet: Verhaltensweisen, die belohnt (verstärkt) werden, treten in Zukunft häufiger auf. *Positive* Verstärker werden Belohnungen genannt; sie erhöhen die Verhaltenshäufigkeit. Als *negative* Verstärker werden solche Reize bezeichnet, die *ebenfalls* zur Erhöhung von Verhaltenswahrscheinlichkeiten führen, indem ein negativer Reiz entfernt wird. Negative Verstärkung heißt *nicht*, daß eine Bestrafung stattfindet. Die Definition von „negativer Verstärkung" wird oft nicht korrekt wiedergegeben.

Es können primäre und sekundäre Verstärker unterschieden werden. Während die Wirkungen von primären Verstärkern auf einer Triebreduktion basieren, gehen sekundäre Verstärker von vorausgehenden Konditionierungen aus. Zum Beispiel kann ein Apfel ein primärer Verstärker sein, da er ein Hungergefühl zu reduzieren vermag. Geld ist ein sekundärer Verstärker, da es „an sich" keinen Belohnungswert hat, sondern erst gelernt werden muß, daß Geld z. B. dazu dienen kann, einen Apfel zu kaufen.

Für die operante Konditionierung können eine Vielzahl von Verstärkungsplänen unterschieden werden. So können die Verhaltensweisen eine totale Verstärkung oder eine partielle Verstärkung (und hier wiederum systematische oder zufällige) erfahren. Partielle Verstärkung heißt, daß eine Verhaltensweise nicht jedesmal, wenn sie auftritt, belohnt wird, sondern beispielsweise nur jedes zweite Mal (= systematisch) oder in unregelmäßigen Abständen (= zufällig). Je häufiger und systematischer Verhalten verstärkt wird, desto schneller wird es erlernt, desto schneller hört es allerdings nach Ausbleiben der Belohnung auch wieder auf. Die Wirksamkeit der Belohnung hängt neben dem Verstärkungsplan auch vom zeitlichen Abstand vom zu belohnenden Verhalten ab. Ein dritter Faktor, der die Wirksamkeit der operanten Konditionierung begrenzt, ist die Tatsache, daß alternative (konkurrierende) Verhaltensweisen auch belohnt werden können.

Einen Sonderfall der operanten Konditionierung stellt die sukzessive Approximation („shaping") dar. Das Ziel der sukzessiven Approximation ist eine Verhaltensformung. Es liegt der Gedanke zugrunde, daß viele *komplexere* Verhaltensweisen nicht von Anfang an spontan auftreten und dann verstärkt werden können. Also werden bereits Teilschritte oder auch Annäherungen an das erwünschte Verhalten belohnt. Diese Lerntechnik wird z. B. in der Kindererziehung (von vielen Eltern unbewußt) angewandt. Das Kind wird bereits für Teilschnitte etwa beim Ankleiden belohnt, so daß sich dann langsam Verhaltenssequenzen aufbauen können. Im Verkaufsbereich findet eine Art von „shaping" statt, wenn bereits der Besuch eines Geschäftes (auch ohne Kauf) mit Werbegeschenken belohnt wird. Prinzipien des operanten Konditionierens wurden auch im Rahmen von Energiesparprogrammen eingesetzt. Besonders erfolgreich waren Programme, die sowohl eine Rückmeldung über die Konsequenzen des Verhaltens (z. B. Benzinverbrauch pro gefahrene Kilometer) als auch eine Belohnung für reduzierten Verbrauch enthielten (Stephan & Stephan, 1985).

Die möglicherweise bedeutendste Anwendung des operanten Konditionierens in der Werbung ist die sogenannte „stellvertretende Verstärkung" im Rahmen des Modellernens: Eine Person, das soziale Modell, zeigt eine bestimmte produktbezogene Verhaltensweise, wird dafür belohnt und animiert dadurch dazu, das Verhalten nachzuahmen (siehe auch Abschnitt 5.5). Die Unterscheidung von klassischem und operantem Konditionieren bereitet oftmals Schwierigkeiten, weshalb verschiedene Aspekte in Tabelle 32 nochmals aufgelistet sind.

Sowohl klassisches als auch operantes Konditionieren sind für einige Problembereiche der Werbung einsetzbar, aber diese Ansätze haben auch ihre Grenzen. Zunächst wird Lernen in beiden Ansätzen mit der Änderung von beobachtbarem *Verhalten* gleichgesetzt. Es gibt jedoch Belege, daß nicht alles Lernen direkt beobachtbar ist. Wie läßt sich solches *latentes* Lernen nachweisen? Tulving und Pearlstone (1966) haben hierzu ein instruktives Experiment durchgeführt. Sie gaben zwei Gruppen von Versuchspersonen Wörterlisten vor, die diese lernen sollten. In der anschließenden Prüfphase sollte die eine Untersuchungsgruppe die Wörter mit einer „Abrufhilfe" frei reproduzieren. Diese „Abrufhilfe" bestand in Oberbegriffen, die jeweils Gruppen von Wörtern inhaltlich zusammenfaßten. Die andere Untersuchungsgruppe erhielt keine Abrufhilfe. Das Ergebnis war, daß die erste Gruppe mehr Wörter erinnerte und zu *mehr Kategorien* Wörter reproduziert

Tabelle 32: Unterschiede zwischen klassischem und operantem Konditionieren

Klassisches Konditionieren	Operantes Konditionieren
unkonditionierter Stimulus (US) wird unabhängig vom Verhalten des Organismus vorgegeben und bestimmt dessen Verhalten	Verhalten des Organismus bestimmt, ob der US vorgegeben wird oder nicht
Zeitintervall zwischen konditionierter Reaktion (CR) und US ist fest	Zeitintervall zwischen CR und US hängt vom Verhalten des Organismus ab
Unkonditionierte Reaktion (UR) und CR sind ähnlich, aber nicht identisch	Ähnlichkeit von UR und CR ist die Ausnahme
Reaktionen laufen weitgehend autonom ab (reflexartig)	Reaktionen laufen eher kontrolliert ab (willkürlich)
alte Reaktionen werden mit neuen Reizen verknüpft	neue Reaktionsmuster werden entwikkelt

wurden. Dieses Experiment zeigt den Wert von Erinnerungshilfen und demonstriert, daß Dinge behalten werden können, ohne daß *direkte* Verhaltensänderungen beobachtbar sind. Praktischen Eingang in die Werbepraxis hat diese Erkenntnis in der Anwendung des „aided-recall"-Tests gefunden, bei dem Erinnerungshilfen gegeben werden, um die Gedächtniswirkung von Werbung zu überprüfen.

Beide Konditionierungstheorien können auch nicht erklären, wie sich der Erwerb von Sprache oder von Wissen über ein Produkt vollzieht. Schließlich läßt sich sogar zeigen, daß Belohnungen die Wahrscheinlichkeit des Auftretens einer Verhaltensweise verringern können (vgl. Kasten 15).

Kasten 15: Durch Belohnung eine Verhaltensweise weniger wahrscheinlich werden lassen: Korrumpierung

Kann eine Belohnung eine Verhaltensweise weniger wahrscheinlich machen? In einer Reihe von entwicklungspsychologischen Untersuchungen wurde der folgende Effekt gefunden: Kindern wurde Gelegenheit gegeben, Spielzeug zu benutzen. Ein Teil der Kinder wurde für dieses Spielen belohnt. Nach einer Unterbrechung hatten dann beide Gruppen von Kindern die Gelegenheit, wieder mit diesem Spielzeug zu spielen. Es zeigte sich, daß die Kinder, die zuvor *nicht* belohnt wurden, dies öfter taten (Mischel, Ebbesen & Zeiss, 1972). Die Erklärung für dieses Phänomen kommt in dem Schlagwort „Korrumpierung" zum Ausdruck: Die Kinder, die belohnt wurden, brachten das Spielen mit der Belohnung in einen kontingenten Zusammenhang: Wenn die Belohnung ausbleibt, dann verliert auch das Spiel seinen Reiz. Ist es also sinnvoll, mit dem eigenen Hobby Geld verdienen zu wollen?

Welche alternativen Arten des Lernens kommen nun in Frage, die den Erwerb von Verhaltens*bereitschaften* ermöglichen? Eine naheliegende Antwort hierauf lautet wohl: Auswendiglernen. Dieses mechanische Lernen, das im wesentlichen auf Wiederholung des Lernmaterials basiert, wird das Thema des nächsten Abschnittes sein.

3.3.3 Mechanisches Lernen

> *„Offenkundige Monotonie und Wiederholungen muß man akzeptieren, denn nur der Produzent liest alle seine Anzeigen."*
> (Ogilvy, 1988, S. 13)

Ebbinghaus (1885) war einer der ersten, der sich in der Psychologie mit *Gedächtnisprozessen* systematisch befaßt hat. Ebbinghaus verwendete „sinnlose Silben" in seinen Untersuchungen, um dadurch den Einfluß von Erfahrungen oder Verzerrungen durch den „Sinn" des Lernmaterials weitgehend auszuschließen und lediglich die Menge und die Zahl der Wiederholungen des Lernmaterials untersuchen zu können. Die sinnlosen Silben lauteten z. B. MUB oder JAL. Bekannt geworden sind Resultate zu Gesetzmäßigkeiten des Lernens von Listen sinnloser Silben, die unterschiedlich lang waren, unterschiedlich oft dargeboten wurden usw. Zwar gibt es bis in die jüngste Zeit auch inhaltliche Untersuchungen zur Erklärung des Auftretens der Gesetzmäßigkeiten (Lewandowksy & Murdock, 1989), im wesentlichen wurden aber die Lernvorgänge als mechanisch verstanden: Mehrmaliges Wiederholen, mechanisches Lernen oder „Auswendiglernen" führt zum Erwerb von Wissen. In der Tradition dieses Untersuchungsansatzes wurde dann untersucht, welchen Einfluß die Menge des Lernmaterials, die Stellung einzelner Elemente in einer Liste, die Zahl der Wiederholungen oder die zeitliche Verteilung der Lernphasen auf die Erinnerung haben.

Beispielsweise zeigte es sich, daß weniger Wiederholungen zum Erreichen der gleichen Lernleistung notwendig waren, wenn die Lernarbeit über verschiedene Zeitpunkte *verteilt* wurde, als wenn die Lernarbeit zu einem Zeitpunkt stattfand. Dieses Phänomen wird als *negativer Massierungseffekt* bezeichnet und tritt um so stärker auf, je mehr Material gelernt werden muß und je später die Prüfphase stattfindet (Foppa, 1975). Ein weiteres Lernphänomen, das mit Hilfe „sinnloser Silben" untersucht wurde, ist der *Positionseffekt*. Er besagt, daß die Anfangs- und Endglieder einer Reihe besser und schneller gemerkt oder erinnert werden als die übrigen Bestandteile einer Reihe.

Lassen sich die Ergebnisse zum mechanischen Lernen auf den Bereich der Werbung übertragen? Vereinfacht gesagt stellt sich die Frage, ob Werbung eine „sinnlose Silbe" ist und ob sie in Listenform „gelernt" wird. Es lassen sich durchaus Umstände vorstellen, unter denen Werbung als „sinnloses Material" anzusehen ist oder erlebt wird, z. B. wenn geringes Involvement besteht. Und wenn relativ viele Werbeanzeigen oder Spots in Folge gezeigt werden, dann ist dies mit einer „Liste" vergleichbar.

Der *negative Massierungseffekt* hat beispielsweise für die Mediaplanung interessante Konsequenzen. Eine der zahlreichen Fragen, mit denen sich die Mediapla-

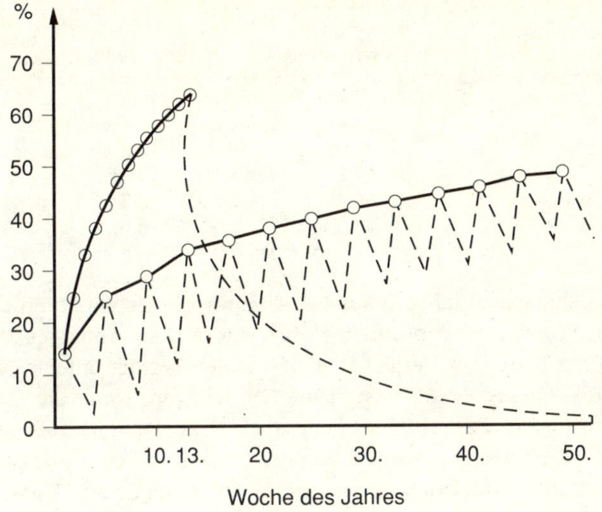

Abbildung 29: Prozent-Anteil der Erinnerer bei unterschiedlicher Wiederholungsdichte von Anzeigen (Zielske, 1959, S. 240)

nung beschäftigt, ist die Wiederholungsdichte: Soll Werbung verteilt oder massiert gezeigt werden? Abbildung 29 zeigt schematisch die Ergebnisse einer klassischen Studie.

Die Ergebnisse von Zielske (1959) besagen, daß bei massierter Kommunikationsfolge (obere Kurve) der Grenzzuwachs der Erinnerung deutlich größer ist als im Falle der über das Jahr verteilten Kommunikation bzw. daß ein periodisches Vergessen auftritt (untere Kurve). Einschränkend muß aber darauf hingewiesen werden, daß eine allzu hohe Wiederholungsdichte mit dazu beiträgt, daß ein Maximum der Wirksamkeit der Darbietung der Werbeanzeige schneller erreicht wird. Die nach einem solchen Maximum abnehmende Wirkung der wiederholten Präsentation von Werbung wird als „Wearout-Effekt" bezeichnet. Hierauf wird am Ende dieses Abschnittes zurückzukommen sein.

Die *Werbungsmenge* ist in einer Untersuchung von Strong (zitiert nach Poffenberger, 1925) variiert worden. Strong zeigte Versuchspersonen zwischen 5 und 150 Anzeigen und ermittelte die Rekognitionswerte unmittelbar nach dem Lesen der Anzeigen sowie nach einer Woche. Tabelle 33 faßt die Resultate von Strong zusammen. Die Ergebnisse von Strong besagen, daß die Rekognitionswerte mit zunehmender Zahl der Seiten abnahmen, wobei die prozentualen Abnahmen der

Tabelle 33: Der Einfluß der Werbungsmenge auf die Erinnerungsleistung (Strong, zitiert nach Poffenberger, 1925, S. 253)

Zahl der Anzeigen	unmittelbare Rekognition	Rekognition nach einer Woche
5	83,1%	14,4%
10	81,4%	14,1%
25	72,6%	12,8%
50	57,2%	10,7%
100	50,4%	8,2%
150	31,1%	6,6%

Prozentwerte nahezu parallel verliefen, gleichgültig ob der Wiedererkennungstest sofort oder nach einer Woche durchgeführt wurde. Die Abnahme der Erinnerungswerte von 5 Seiten im Vergleich zu 150 Seiten beträgt unter beiden Bedingungen ca. 60%. Dieses Resultat ist zu berücksichtigen, wenn die Erinnerungswerte für Werbung in Zeitschriften oder auch beim Dummy-Testing bestimmt werden: Die Gedächtniswerte hängen von der Gesamtzahl der Anzeigen und dem zeitlichen Abstand bis zur Erinnerungsprüfung ab. Auch neuere Untersuchungen von Houston und Scott (1984) sowie von Woodside und Glenesk (1984) belegen die Abnahme der Erinnerungswerte bei zunehmender Zahl der (konkurrierenden) Werbungen.

Anwendungsbeispiele für den *Positionseffekt* sind naheliegend: Bei Anzeigen, die am Beginn oder am Ende eines Werbeblocks postiert sind, werden höhere Gedächtniswerte registriert (siehe Abschnitt 4.3.3). Fraglich ist hingegen, ob die Positionseffekte auch für die Argumente innerhalb einer Werbeanzeige gelten (siehe hierzu Abschnitt 3.4.2).

Die Anwendbarkeit der Gesetze zum Auswendiglernen auf den Werbebereich läßt sich nicht in allen Fällen gewährleisten. Werbung kann auch mehr als eine sinnlose Silbe sein, und dann dürften andere Gesetzmäßigkeiten wirksam werden. Insbesondere können die zum Lernen notwendigen Wiederholungen des Lernmaterials auch zu Langeweile oder gar Unmut bei den Beworbenen führen. Während im Falle einer zunehmenden Wirksamkeit einer Werbung durch Wiederholung von einem „*Wearin*-Effekt" gesprochen wird, wird die abnehmende Wirksamkeit nach Wiederholung als „*Wearout*-Effekt" bezeichnet.

Henderson Blair (1988) berichtet über eine Reihe von Untersuchungen zum Thema „Wearout" und „Wearin" von Werbung nach wiederholter Darbietung. Ihre Ergebnisse lauten, daß die Effektivität von Werbung differenziert betrachtet werden muß. Bei den *gleichen* Beworbenen führt die Wiederholung von Werbung zu besseren *Erinnerungsleistungen*. Des weiteren führt deren Wiederholung in der Regel dazu, daß *mehr* Konsumenten angesprochen werden, so daß auch der Prozentsatz der sich Erinnernden zunimmt. Insofern führt also die Wiederholung von Werbung zu *„Wearin"*-Effekten. Die *Überzeugungswirkung* nimmt jedoch mit der Wiederholung *nicht* zu, sondern bleibt bestenfalls konstant. Der *Wearout*-Effekt setzt ein, sobald die Gesamtpopulation erreicht wird, da für diese Population dann langsam die Überzeugungskraft verloren geht. Simon (1982) hat deshalb vorgeschlagen, Werbekampagnen „pulsieren“ zu lassen, d. h. gezielt Pausen einzufügen.

Die Analyse der Effektivität der wiederholten Darbietung von Werbung ist eine der ältesten Fragen, die von Werbepsychologen untersucht worden ist. Die erhoffte erhöhte Aufmerksamkeitswirkung der wiederholten Darbietung von Werbung ist in erster Linie auf Gedächtniseffekte zurückzuführen. Die Grundüberlegung besteht darin, daß die zweite Werbedarbietung von den Erinnerungsspuren, die von der vorherigen Werbedarbietung noch vorliegen, profitieren kann. Wiederholungen innerhalb einer Werbung werden vor allem in Film-, Funk- und Fernsehwerbung öfter eingesetzt. Die Wiederholung von Werbung bzw. Werbeideen geschieht jedoch meistens nicht nur durch räumliche, sondern auch durch zeitliche Verschiebung. Eine weitere Variante wiederholter Werbung ist die wiederholte Darbietung einer Werbung an verschiedenen Stellen in einem Werbeträger. Betrachten wir zunächst einige frühe Experimente, in denen versucht wurde, die Effektivität der wiederholten Darbietung von Vorlagen zu bestimmen.

Zunächst betrachten wir einige Untersuchungen von Adams (1920; vgl. zusammenfassend Poffenberger, 1925, S. 205 ff.). Das erste Experiment, das Adams (1920) durchführte, prüfte den Effekt der Wiederholung auf die Aufmerksamkeitsleistung. Adams legte seinen Versuchspersonen Karten vor, auf denen drei Farben und ein Bild zu sehen waren. Die Karten wurden einmal bis viermal nacheinander mittels eines Tachistoskops jeweils eine Sekunde lang dargeboten. Nach jeder Darbietung wurden die Versuchspersonen gefragt, was sie gesehen hatten. Tabelle 34 gibt die kumulativen Effekte der wiederholten Darbietung der Karten wieder.

Tabelle 34: Einfluß der Wiederholung auf die Aufmerksamkeit (Adams, 1920, S. 235 ff.)

	Zahl der Darbietungen			
Effekt	1	2	3	4
Kumulativer Effekt	1,00	1,96	2,69	3,36
Effekt pro Darbietung	1,00	0,96	0,73	0,67

Wie aus Tabelle 34 ersichtlich wird, nimmt der Gewinn zusätzlich wiederholter Darbietung mit jeder Wiederholung ab. Während nach der ersten Wiederholung noch ein Gewinn von 96% festgestellt wurde, war die Zunahme von der dritten zur vierten Darbietung nur noch 67%. Zwei einschränkende Bemerkungen müssen zu diesem Experiment gemacht werden: Es handelte sich nicht um Werbung, sondern um eine künstlich zusammengestellte Vorlage, und die Versuchspersonen waren weitgehend kooperativ, d. h. sie richteten ihre Aufmerksamkeit gezielt auf die Vorlagen. Dies bedeutet, daß die *absoluten* Prozentzahlen nur bedingt auf Werbevorlagen übertragen werden können.

Adams (1920) führte zwei weitere Experimente durch, deren Resultate Rückschlüsse auf die Übertragbarkeit der berichteten Befunde auf den Bereich der

Werbung erlauben. Diesmal verwendete er mehrere Anzeigen, die er zu einer Broschüre zusammenstellte. Einige Anzeigen kamen nur einmal vor, einige zweimal und einige viermal. Unmittelbar nachdem die Versuchspersonen die Broschüre durchgeblättert hatten, wurde erhoben, wie gut sie sich an die verschiedenen Anzeigen erinnern konnten.

Adams (1920) führte dieses Experiment zweimal durch, wobei beim ersten Mal die vier Wiederholungen von Anzeigen jeweils aus identischen Vorlagen bestanden, während im zweiten Experiment unterschiedliche Anzeigen (für das gleiche Produkt) verwendet wurden. Tabelle 35 faßt die Ergebnisse der beiden Experimente zusammen.

Tabelle 35: Aufmerksamkeitswerte bei identischer und variierter Wiederholung (Adams, 1920, zitiert nach Poffenberger, 1925, S. 211)

	Zahl der Darbietungen		
Wiederholungen	1	2	4
identisch	1,00	1,49	2,60
variiert	1,00	2,63	4,05

Wie zu sehen ist, nehmen die Aufmerksamkeitswerte mit der zunehmenden Zahl wiederholter Darbietung der Werbung zu. In dem Experiment, in dem variierende Werbungen dargeboten wurden, ergeben sich nicht nur weitgehende Bestätigungen des weiter oben berichteten Experiments mit einer künstlich zusammengestellten Vorlage, sondern darüberhinaus scheinen die variierten Wiederholungen sogar Aufmerksamkeitsgewinne von *über* 100% zu ergeben. Poffenberger (1925) erklärt diese überraschenden Ergebnisse damit, daß bei den variierenden Werbungen das Zusammenspiel von Neuheit und Bekanntheit der Vorlagen optimal ist. Er erklärt das damit, daß durch die leichten Variationen zusätzlich neue Rezipienten, auf die die Werbungen zuvor noch nicht gewirkt hatten, angesprochen werden.

Die Auswirkungen der Wiederholung von Werbung können keineswegs als eindeutig eingeschätzt werden. Im folgenden soll versucht werden, ein Fazit des aktuellen Forschungsstandes zu ziehen. Allerdings wird dabei über das eigentliche Prinzip des mechanischen Lernens, nämlich der Konzentration auf Gedächtnisaspekte, hinausgegangen. Mit Zajonc (1986) und Bornstein (1989) kann von einer Zunahme der positiven Beurteilung eines Stimulus nach Wiederholung ausgegangen werden. Belch und Belch (1984) sowie Batra und Ray (1986) gehen jedoch von einer kurvilinearen Beziehung zwischen Wiederholung und Einstellungsänderung aus. Batra und Ray (1986) beschränken diesen Wearout-Effekt auf die Bedingung, daß ein gewisses Involvement der Rezipienten gegeben ist. Dieses Involvement führt dann dazu, daß im Falle der Wiederholung zunehmend mehr negative Gedanken zu einer Werbung produziert werden, während unter der Bedingung geringen Involvements die Einstellungsänderung mit der Zahl der Wiederholungen immer mehr zunimmt. Eine weitere qualifizierende Bemerkung ist aufgrund von Ergebnissen aus der Sozialpsychologie zu machen. So konnten Cacioppo und Petty (1989) zeigen, daß eine mäßige Zahl von Wiederholungen einer persuasiven Botschaft (drei Darbietungen) nur dann zu einer stärkeren Einstellungsänderung führt, wenn es sich um starke Argumente handelt, während bei schwachen Argumenten weniger Einstellungsänderung auftrat und die Argumente (noch) negativer bewertet werden.

Welches Fazit läßt sich aufgrund dieser Resultate ziehen? Drei Konsequenzen scheinen relativ gut belegt zu sein: (1) Wiederholungen führen zu erhöhten Erinnerungswerten; (2) unter der Bedingung geringer Aufmerksamkeit führt die Wiederholung von Werbung zu immer mehr Einstellungsänderung; (3) bei größerer Aufmerksamkeit steht die Wiederholung in einer kurvilinearen Beziehung zur Einstellungsänderung. Zunächst wird die Nachricht besser verstanden, und dann werden mehr negative Gedanken generiert; sind jedoch nur schwache Argumente in der Werbung enthalten, dann führt Wiederholung sofort zu negativer Beurteilung der Werbung.

An dem Untersuchungsparadigma zum mechanischen Lernen und vor allem an dem Vorgehen von Ebbinghaus wurden drei Kritikpunkte vorgebracht: das realitätsferne Lernmaterial, die Betonung der Rolle des Auswendiglernens (und damit die Vernachlässigung von Gedächtnisaktivitäten) und die undifferenzierte Konzipierung des Gedächtnisses. Im nächsten Abschnitt werden alternative und in vielen Fällen auch realitätsangemessenere *kognitive* Lerntheorien behandelt. So hat sich die Psychologie auch mit dem Lernen von *sinnhaftem* Material beschäftigt, unter anderem mit dem Einfluß der Bedeutungshaltigkeit und der Bildhaftigkeit von Lernmaterial. Das Lernen der Eigenschaften einer für uns interessanten Person dürfte nach anderen Prinzipien geschehen als das Einprägen einer neuen Kontonummer. Wir machen uns „ein Bild“ von der Person, die Details werden „integriert“ und wir vergessen die Person nicht so schnell, sie hinterläßt einen „bleibenden Eindruck“. Betrachten wir die Prozesse des kognitiven Lernens im nächsten Abschnitt etwas systematischer.

3.3.4 Kognitives Lernen

Die kognitive Lernpsychologie geht davon aus, daß Lern-, Verständnis- und Gedächtnisprozesse von vier Faktoren beeinflußt werden, nämlich dem Lernmaterial, den Eigenschaften des Lernenden, den Lernaktivitäten und von der Art der Überprüfung des Gelernten (Bransford, 1979). Beginnen wir mit dem Effekt unterschiedlicher Aktivitäten beim Lernen.

Das Modell der Verarbeitungstiefe von Craik & Lockhart (1972) geht davon aus, daß Lernmaterialien je nach Verarbeitungstiefe (level of processing) unterschiedlich gut gelernt bzw. erinnert werden. Zum Beispiel werden zwei Gruppen von Versuchspersonen aufgefordert, Wortlisten unter verschiedenen Instruktionen zu lesen: Während eine Gruppe die Zahl der „E“ je Wort zählen soll, sollen die Versuchspersonen der anderen Gruppe beurteilen, wie angenehm sie die Wörter empfinden. Werden die Versuchsteilnehmer später überraschend aufgefordert, die Wörter zu erinnern, so gelingt dies der zweiten Gruppe sehr viel besser (ca. doppelt so viele Wörter werden erinnert). Erklärbar ist dieses Ergebnis dadurch, daß die zweite Gruppe das Lernmaterial tiefer verarbeitet hat. Eine *tiefe* Verarbeitung findet dann statt, wenn die *semantischen* Aspekte der Wörter beachtet werden.

Betrachten wir ein Anwendungsbeispiel in der Werbung. Saegert (1978) zeigte seinen Versuchspersonen 40 Zeitschriftenanzeigen im Abstand von jeweils 5 Sekunden. Zu jeder Anzeige wurde entweder eine Frage auf semantischer Ebene (Haben sie diese Marke schon einmal benutzt?) oder auf nicht-semantischer Ebene (Ist der Markenname in blauen Buchstaben geschrieben?) gestellt. Danach wurden die Versuchspersonen überraschend aufgefordert, die Markennamen zu erinnern (Recall-Test) oder wiederzuerkennen (Rekognitionstest). Die Abbildung 30 gibt die Ergebnisse wieder. Unter beiden Testbedingungen zeigte sich eine deutlich stärkere Wirkung der semantischen Fragestellung („Marke schon einmal benutzt") auf die Wahrscheinlichkeit, den Markennamen zu erinnern.

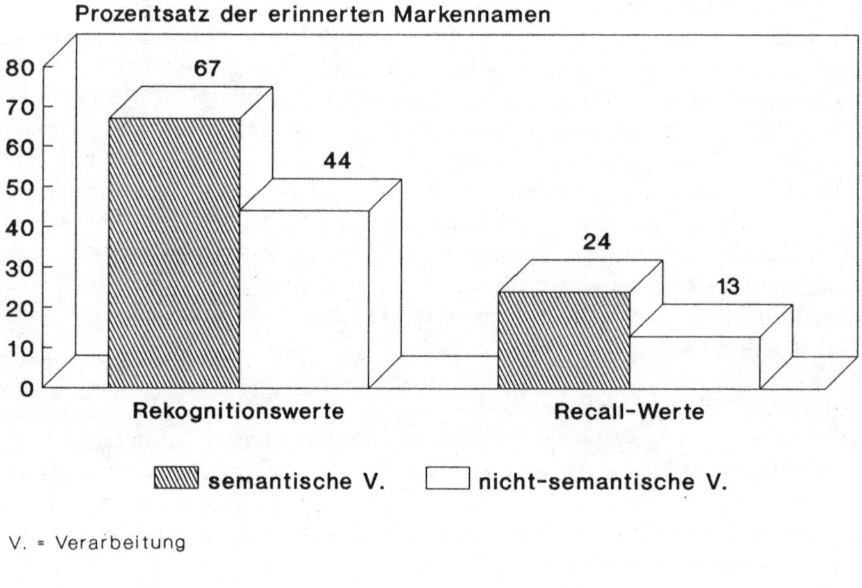

Abbildung 30: Erinnerung an Markennamen in Abhängigkeit von der Verarbeitungstiefe beim Lernen (Saegert, 1978)

Spätere Untersuchungen zeigen ähnliche Verhältnisse für ein anderes Medium (Fernsehspots) und einen längeren Zeitabstand zwischen Darbietung und Test (24 Stunden später). Schließlich berichten Saegert und Young (1983), daß vor allem semantisch verarbeitete Stimuli nach wiederholten Darbietungen besser erinnert werden und daß „lag"-Effekte ebenfalls bei den semantisch verarbeiteten Stimuli stärker waren. Unter einem „lag"-Effekt versteht man, daß ein Stimulus im Falle wiederholter Darbietung dann besser erinnert wird, wenn dazwischen andere Stimuli dargeboten werden.

Für praktische Gestaltungsfragen der Werbung ergibt sich hieraus, daß die Rezipienten dazu aufgefordert bzw. veranlaßt werden sollten, Werbung möglichst auf der *semantischen* Ebene zu verarbeiten. Beispiele hierfür sind Rätselaufgaben zu Beginn eines Werbeblocks, in denen die Rezipienten aufgefordert werden, auf bestimmte Merkmale zu achten (z. B. welches beworbene Produkt ist zu xy zu gebrauchen oder kommt aus AB-Stadt?).

Der „levels of processing"-Ansatz kann aufgrund der unklaren Verwendungsweise des Begriffs „Verarbeitungstiefe" kritisiert werden: Als eine tiefe Verarbeitung wird einfach das bezeichnet, was zu besseren Gedächtnisleistungen führt. Ein Experiment von Stein (1978) kann zudem veranschaulichen, daß tiefe Verarbeitung auch nachteilig sein kann. Den Versuchspersonen wurden Wörter wie „raDio" gezeigt und sie wurden veranlaßt, die Wörter entweder auf der visuell-orthographischen Ebene („Enthält das Wort ein großes D?") oder auf der semantischen Ebene („Kann man damit Musik machen?") zu verarbeiten. Die Versuchspersonen konnten bei der semantischen Art zu lernen mehr Wörter wiedererkennen. Wenn allerdings auch bei der Wiedererkennungsaufgabe auf visuell-orthographische Merkmale abgehoben wurde („War es das Wort ‚raDio' oder ‚rAdio'?"), dann führte die semantische Verarbeitung zu einer schlechteren Erinnerungsleistung. Es zeigt sich also, daß die „Lernqualität" von der *Art der Überprüfung des Gelernten* abhängt. Auf den Bereich der Werbung übertragen: Wenn sich also Konsumenten vor allem an den *Namen* eines Produktes erinnern sollen, dann empfehlen sich andere Kommunikationsstrategien, als wenn das *Aussehen* eines Produktes gelernt werden soll.

Die soeben angeführten Überlegungen geben zwar zum vorsichtigen Umgang mit dem Konzept „Verarbeitungstiefe" Anlaß. Dennoch lassen sich aber unterschiedlich tiefe Verarbeitungsstrategien zumindest in Form von Faustregeln aufstellen. In Tabelle 36 werden in aufsteigender Reihenfolge immer tiefere Arten der Verarbeitung von Informationen wiedergegeben. Eine Umschreibung für Verarbeitungstiefe ist das Ausmaß, in dem die Bedeutung eines Sachverhalts beachtet wird.

Tabelle 36: Unterschiedlich tiefe Verarbeitung von Informationen (nach Lindsay & Norman, 1981)

1. Farbe, in der ein Wort gedruckt ist
2. Zahl der Buchstaben, aus denen ein Wort besteht
3. Zahl der Buchstaben, die sich mit dem Wort „See" reimen
4. angeben, ob es sich um ein Verb oder um ein Substantiv handelt
5. Reimwort angeben
6. Wort angeben, das das Gegenteil bedeutet
7. mentales Bild erzeugen
8. Geschichte erfinden, die die Einzelteile verbindet

Das Konzept der Verarbeitungstiefe wird als Alternative zum nach wie vor stark verbreiteten Mehrspeicher- bzw. Speicher-Modell des Gedächtnisses behandelt (Bredenkamp & Wippich, 1977). Dieses Speicher-Modell geht von verschiedenen diskreten Teilen oder Speichern im Gedächtnis aus (siehe Abbildung 31).

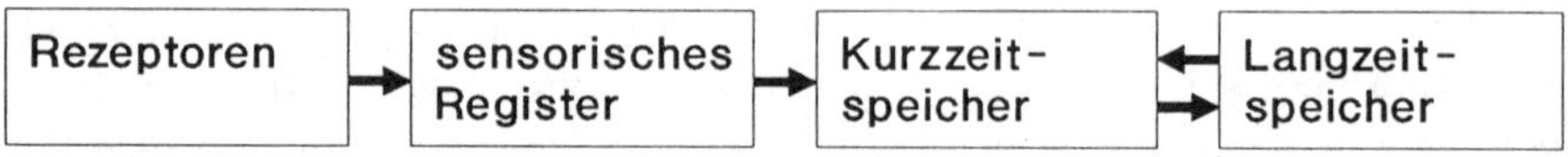

Abbildung 31: Das Speichermodell des Gedächtnisses

Nachdem Informationen über die Rezeptoren der verschiedenen Sinnesorgane geleitet worden sind, gelangen sie zunächst in das *sensorische Register* („Echoregister"). Nach einer kurzen Verweildauer gelangen die Informationen in den Kurzzeitspeicher, in dem die Reize abstrahiert und integriert werden. Die Zeitspanne im Kurzzeitspeicher beträgt 10–20 Sekunden. Unter *Lernen* wird bei diesem Modell vor allem der Übergang von Informationen aus dem Kurzzeitspeicher in den Langzeitspeicher verstanden. Die Kapazität des Kurzzeitspeichers ist sowohl hinsichtlich der Informationsmenge, die verarbeitet werden kann, als auch hinsichtlich der Dauer der Speicherung stark begrenzt. Die Kapazität ist ungefähr mit dem Behalten von Telefonnummern vom Nachschlagen im Telefonbuch bis zum Wählen beschreibbar. Der Langzeitspeicher hat theoretisch ein unbegrenztes Fassungsvermögen.

Vor allem die Annahme, daß klar unterscheidbare Speicher existieren, läßt sich jedoch kaum aufrecht erhalten; so wird angenommen, daß das Kurzzeitgedächtnis (lediglich) der aktivierte Teil des Langzeitgedächtnisses ist (Lindsay & Norman, 1981). Zudem hat das Langzeitgedächtnis eine sehr differenzierte Struktur. Informationen können semantisch, bildhaft, episodisch oder prozedural im Gedächtnis abgespeichert sein. Und so können auch von einem Produkt semantische Informationen („wird von der Firma XYZ produziert"), bildhafte Vorstellungen („machte einen windschnittigen Eindruck"), episodische Erinnerungen („da hat mich doch dieser grantige Verkäufer bedient") oder prozeduales Wissen („bei diesem Produkt muß ich Preisvergleiche anstellen") im Gedächtnis vorliegen. Ziel von Werbung kann es sein, dem jeweiligen Produkt angemessene Gedächtnisinhalte anzusprechen und zu verändern. Ein Werbespot, der „eine Geschichte erzählt", strebt an, episodische Erinnerungen aufzubauen, während eine Anzeige, die Listen von Produktmerkmalen aufzählt, eher semantisches Wissen aktiviert oder schaffen will. Beispiele für das Ansprechen von Erinnerungsbildern sind verschiedene bekannte Zigarettenwerbungen; eine bekannte „prozeduale" Werbung ist die Spotserie über die „5-Minuten-Terrine".

Die Bildhaftigkeit von Lernmaterial beeinflußt als wesentliche *Eigenschaft des Lernmaterials* ebenfalls die Lernleistung. Paivio (1971) konnte zeigen, daß Wörter, die bildhaft sind, besser erinnert werden als abstrakte Wörter und schuf damit eine Forschungsrichtung zur „Imagery", d. h. zur Bildhaftigkeit von Lernmaterial und entsprechenden Lernleistungen (Percy & Rossiter, 1983). Details hierzu werden in Abschnitt 5.7 berichtet.

Kommen wir nochmals auf die vier Faktoren, die das Lernen beeinflussen, zurück. Das Modell der Verarbeitungstiefe veranschaulichte sowohl die Bedeutung von *Lernaktivitäten* als auch die der *Art der Überprüfung von Lernen*. Zudem sollte deutlich geworden sein, daß Eigenschaften des *Lernmaterials* (z. B. die Bildhaftigkeit) das Lernen beeinflussen. Einzig die *Eigenschaften des Lernenden* wurden nicht näher genannt. Allerdings ist dieser Einflußfaktor sehr offensichtlich wirksam. Es genügt, sich zu vergegenwärtigen, daß derjenige besser lernt, der bereits etwas weiß, also an sein eigenes Wissen sinnvoll anknüpfen kann.

3.4 Einstellungspsychologische Grundlagen

Bis heute kann die Sozialpsychologie ihre starke Affinität zur Werbepsychologie kaum verbergen (Irle, 1983b). Insbesondere die Forschung zur Einstellungsbildung und Einstellungsänderung ist hier zu nennen (McGuire, 1985; Pratkanis, Breckler & Greenwald, 1989). Es wäre somit auch kein Problem, ein ganzes Einführungsbuch in die Werbepsychologie nur über die einstellungspsychologischen Grundlagen zu verfassen. Der nun folgende Abschnitt muß sich also noch mehr als die anderen Abschnitte in diesem Kapitel auf wenige Themenbereiche und Anwendungsmöglichkeiten beschränken (weiterführend Percy, 1983).

Einstellungen setzen sich aus affektiven, kognitiven und verhaltensbezogenen Komponenten zusammen (Ostrom, 1969; Breckler, 1984). In der Regel liegt der Schwerpunkt von Untersuchungen auf den kognitiven Anteilen von Einstellungen. Der Zusammenhang zwischen Einstellungen und Verhalten ist seit den 30er Jahren Gegenstand der Diskussion. Nach Greenwald (1989) ist der Zusammenhang zwischen Einstellung und Verhalten dann stärker,

- wenn das beobachtete Verhalten für die Einstellung relevant ist (z. B. Kirchenmitgliedschaft ist für Religiosität weniger relevant als privates Beten);
- wenn Verhalten und Einstellung auf der gleichen Spezifitätsebene erfaßt werden (generelle Einstellungen sagen am besten generelle Verhaltenstendenzen voraus);
- wenn Verhaltensabsichten mit berücksichtigt werden (neben Interesse am Produkt sollte auch die Kaufbereitschaft erfragt werden);
- wenn die befragten Personen direkte Erfahrung mit dem Einstellungsobjekt haben (Aussagen über Produkte haben dann stärkeren Verhaltensbezug, wenn die Befragten das Produkt schon einmal verwendet haben);
- wenn die Einstellung leicht kognitiv zugänglich ist (Fragen über das Interesse an einem unbekannten Produkt sagen weniger über die Kaufwahrscheinlichkeit aus als Fragen zu einem bekannten Produkt).

Die fünf angeführten Bedingungen erlauben es, engere Beziehungen zwischen Einstellungen und beobachtbarem Verhalten festzustellen, als dies im Durchschnitt möglich ist. Drei Hinweise sollten aber auch bedacht werden, wenn von dem nicht sehr hohen Zusammenhang zwischen Einstellung und Verhalten die Rede ist: Der Begriff der Einstellung hat auch deshalb seine Bedeutung, weil kein Verhaltensbezug gegeben sein *muß*; es ließe sich ja ansonsten fragen, wozu überhaupt Einstellung und Verhalten unterschieden werden. Außerdem gilt gerade für das Anwendungsfeld Werbung, daß die Einstellung *an sich* bereits interessant ist. Dies ist der Grund, warum Einstellungen gegenüber Produkten, Unternehmen, Anzeigen etc. ermittelt werden. Schließlich ist zu berücksichtigen, daß Einstellungsänderungen nicht immer Verhaltensänderungen *vorausgehen* (vgl. Abschnitte 2.2 und 2.4).

Das zentrale Thema dieses Abschnitts sind die Determinanten der Bildung und Änderung von Einstellungen. Zunächst wird auf die Theorie der kognitiven Dissonanz (Festinger, 1957; Frey & Benning, 1984) eingegangen. Dann wird ein Kommunikationsmodell eingeführt, das davon ausgeht, daß Einstellungsänderungen vor allem von vier Variablen abhängen, dem Inhalt einer Nachricht, dem Sender, dem Empfänger und dem Kanal, mit dem diese Nachricht übermittelt wird. Unter Zugrundelegung dieses Modells werden verschiedene Einzelbefunde dargestellt und hinsichtlich ihrer werbepsychologischen Anwendbarkeit geprüft. Abschließend werden die Konzepte „Image“ und „Einstellung“ miteinander verglichen und das Imagekonzept auf dessen praktische Bedeutsamkeit hin betrachtet.

3.4.1 Die Theorie der kognitiven Dissonanz

Die Theorie der kognitiven Dissonanz (Festinger, 1957) geht davon aus, daß sich die menschlichen Kognitionen (z. B. Einstellungen, Präferenzen, Wünsche, Verhaltensabsichten) in drei Gruppen unterteilen lassen, nämlich in konsonante, dissonante und irrelevante Kognitionen. Beispiele für zwei konsonante Kognitionen sind „Ich weiß, daß Rauchen gesundheitsschädlich ist“ und „Ich habe aufgehört zu rauchen“, während die Kognition „Ich bin gerne mit Personen zusammen, die rauchen“ mit den beiden ersten Kognitionen im allgemeinen unverträglich oder dissonant ist. Die Theorie der kognitiven Dissonanz postuliert des weiteren eine Verhaltenstendenz, auftretende Dissonanzen zu reduzieren. Drei Jahrzehnte Forschung beschäftigten sich mit den Bedingungen, unter denen dieses Bestreben besonders stark auftritt, sowie damit, unter welchen Bedingungen und mit Hilfe welcher Mechanismen Dissonanz reduziert wird.

Besonders bekannt geworden ist eine Untersuchung von Ehrlich, Guttman, Schoenbach und Mills (1971) zur Dissonanz, die nach Kaufentscheidungen entsteht. Deren Ergebnisse sollen nun kurz referiert werden. Ehrlich et al. untersuchten das Informationsverhalten der Besitzer eines Autos kurz nach dem Autokauf (= Neuwagen-Besitzer) im Vergleich zu Besitzern älterer Autos (= Altwagen-Besitzer). Es läßt sich vermuten, daß besonders die Neuwagen-Besitzer kognitive Dissonanz erleben, denn einerseits ist ihre Entscheidung bereits abgeschlossen und nur schwierig revidierbar, aber andererseits besteht immer noch Unsicherheit darüber, ob der Kauf tatsächlich so vernünftig und durchdacht war. Wie kann nun diese Dissonanz reduziert werden? Es besteht beispielsweise die Möglichkeit, sich von anderen die Richtigkeit der eigenen Entscheidung bestätigen zu lassen (der neue Wagen wird anderen demonstrativ vorgeführt). Eine weitere Möglichkeit besteht darin, daß Informationen überhaupt nur noch selektiv gesucht und wahrgenommen werden. So lassen sich auch die Ergebnisse von Ehrlich et al. (1971) interpretieren (siehe Abbildung 32).

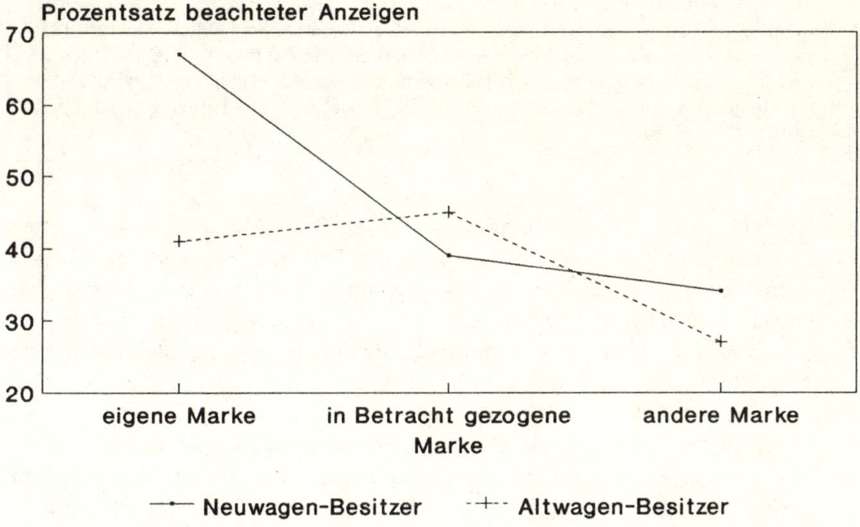

Abbildung 32: Gelesene Anzeigen nach einem Autokauf (Ehrlich et al., 1971, S. 408)

Ehrlich et al. erfaßten, wieviele Anzeigen für Autos die zwei Gruppen von Autobesitzern beachteten. Neuwagen-Besitzer beachteten sehr viel öfter Anzeigen über ihre eigene Marke als Altwagen-Besitzer. Dies ist mit der Annahme konsistent, daß Neuwagen-Besitzer ein Bedürfnis haben, sich selbst in ihrer Entscheidung zu bestätigen. Da es sich des weiteren zeigte, daß sich hinsichtlich sonstiger in Betracht gezogener oder anderer (nicht in Betracht gezogener) Marken keine Unterschiede ergaben, scheidet die Erklärung aus, daß Neuwagen-Besitzer überhaupt mehr Autoanzeigen beachten. Anwendungen der Theorie der kognitiven Dissonanz finden sich in Bemühungen um Nachkaufwerbungen, d. h. in Informationen, die nach dem Kauf gegeben werden, um den Kauf zu rechtfertigen (Frey & Benning, 1984). Kasten 16 berichtet, daß Nachkaufwerbung auch noch zusätzlich nutzbar gemacht werden kann.

Kasten 16: Nachkaufwerbung zur Reduzierung kognitiver Dissonanz

„Während meiner Jahre in Chester lernte ich eine Menge über den Autoeinzelhandel, das meiste von einem Verkaufsleiter...
Einer seiner kleinen Tricks bestand darin, jeden Kunden vier Wochen nach dem Kauf eines neuen Autos anzurufen. Murray fragte die Käufer immer: „Wie gefällt es Ihren Freunden?“ Seine Strategie war einfach. Er argumentierte, daß sich der Kunde, den man fragt, wie *er* mit dem Auto zufrieden ist, verpflichtet fühlen könnte, irgendeinen Mangel zu erwähnen. Aber wenn man ihn fragte, wie seine Freunde es finden, dann mußte er einem versichern, wie toll das Auto sei.
Selbst wenn das Auto seinen Freunden nicht gefiel, würde er es nicht fertigbringen, das zuzugeben. Zumindest nicht so bald! Er mußte sich ja immer noch einreden, einen guten Kauf gemacht zu haben. Wenn man wirklich helle war, dann fragte man den Kunden nach Namen und Telefonnummern seiner Freunde. Schließlich könnten sie ja daran interessiert sein, ein ähnliches Auto zu kaufen. Eines muß man sich klarmachen: Jeder, der irgend etwas kauft – ein Haus, ein Auto oder Wertpapiere –, wird seinen Kauf einige Wochen lang rechtfertigen, selbst wenn er einen Fehler gemacht hat“ (Iacocca, 1987, S. 56f.).

Kognitive Dissonanz wird also unter anderem durch das Meiden von dissonanten Informationen reduziert. Weitere Strategien der Dissonanzreduktion bestehen in der Aufnahme zusätzlicher konsonanter Kognitionen (z. B. Raucher, die sich über andere starke Raucher mit „biblischem“ Alter informieren), im Abbau dissonanter Kognitionen (Abwertung von Statistiken über die Häufigkeit von Lungenkrebs bei Rauchern), in der Revision von Verhalten bzw. Entscheidungen (das Rauchen beenden), in der Änderung des Öffentlichkeits-Status (nur noch privat rauchen, um keinen Widerspruch mehr hören zu müssen), in der Differenzierung (Rauchen beenden wollen, wenn Schwangerschaft vorhanden) oder in der Transzendenz (Integration nach dem Motto „zu einem erfüllten Leben gehört auch ein Laster“).

Einstellungsänderungen finden mittels Kommunikation statt. Eine Vielzahl der Ergebnisse zu Einstellungsänderungen läßt sich mit Hilfe des folgenden Kommunikationsmodells systematisieren. „Kommunikation“ heißt, eine *Nachricht* durch eine *Quelle* (Sender) über einen *Kanal* an einen *Empfänger* zu übermitteln. In der Sprache der Werbung lauten die Kommunikationsbestandteile *Werbebotschaft, Werbetreibender, Werbeträger* (bzw. Werbemittel) und *Rezipient* (oder Zielgruppe). Die Ergebnisse der Einstellungsforschung lassen sich nun entsprechend diesen vier Kommunikationsvariablen analysieren. Oftmals wurden die vier Variablen einzeln variiert, und es wurde geprüft, ob Einstellungsänderungen zu beobachten waren. Teilweise wurde aber auch die Auswirkung auf die Glaubwürdigkeit erfaßt. Es wurde implizit angenommen, daß die Glaubwürdigkeit einer Werbeaussage eine notwendige und manchmal sogar hinreichende Voraussetzung für eine Einstellungsänderung ist.

3.4.2 Eigenschaften der Nachricht

Von der Vielfalt der inhaltlichen Varianten einer Werbebotschaft kann hier nur ein Ausschnitt besprochen werden (vgl. McGuire, 1985). Die fünf Beispiele sind

(1) ein- vs. zweiseitige Argumentation, (2) Störungen während der Übermittlung einer Nachricht, (3) Explizitheit der Schlußfolgerung, (4) Konsequenzen der Position von Argumentbestandteilen und (5) die Funktionen sprachlicher Äußerungen. Weitere inhaltliche Fragen werden in Kapitel 5 behandelt.

In mehreren Untersuchungen wurde geprüft, ob eine höhere Glaubwürdigkeit einer Werbebotschaft erzielt werden kann, wenn zweiseitig (statt einseitig) argumentiert wird (z. B. Etgar & Goodwin, 1982; Kamins, 1989). Ein typisches Beispiel für eine zweiseitige Argumentation ist ein Slogan von der Art „Produkt XY ist gut – aber etwas teurer". Zunächst zeigte sich, daß ein Kommunikator als glaubwürdiger eingeschätzt wird, wenn er auch (zumindest schwächere) Argumente *gegen* seine Position berücksichtigt. Des weiteren ergab sich, daß die Überzeugungswirkung zwar kurzfristig nicht ganz so stark ist, wie wenn keine Gegenargumente genannt werden, daß aber *langfristig* die Überzeugungseffekte stärker sind. Die Erklärung hierfür ist in dem Fachausdruck „Inokulation" (Impfung) zu finden. Der zu Überzeugende wird durch das Erwähnen von möglichen Gegenargumenten „geimpft", also auf Kritik durch andere vorbereitet und mit der Fähigkeit, diese Kritik zu widerlegen, ausgestattet. Natürlich ist es wichtig, daß zur Inokulation nicht eine „volle Dosis" verwendet wird, daß also auch nur wirklich widerlegbare Gegenargumente angeführt werden (McGuire, 1964).

Auch in jüngster Zeit wurden Beispiele für den Einsatz zweiseitiger Argumentationen in der Konsumgüterwerbung auf ihre Wirkung untersucht. Unger (1986) weist auf einige Bedingungen für den effektiven Einsatz von Gegenargumenten hin. So muß eine ausreichende Betrachtungszeit von Anzeigen gegeben sein, damit eine differenzierte Auseinandersetzung mit der Werbebotschaft möglich ist. Das Werbeobjekt sollte zu einer geistigen Auseinandersetzung mit der Werbebotschaft motivieren und es sollte sich um eine Zielgruppe mit genügend persönlichen Voraussetzungen zur Auseinandersetzung mit Pro- und Kontra-Argumenten handeln. Schließlich muß auch eine Situation gegeben sein, welche eine ausreichende Auseinandersetzung zuläßt (vgl. auch Kasten 17).

Kasten 17: Differenziertes Argumentieren für sicherheitsorientierte Menschen?

Hohes Involvement in ein Thema sollte eigentlich zu differenzierter Auseinandersetzung führen. Damit ergibt sich, daß bei hohem Involvement eine zweiseitige persuasive Kommunikation wirksamer ist, da mehr zentrale Informationsverarbeitungsprozesse (Petty & Cacioppo, 1986) zu erwarten sind. Was geschieht aber nun, wenn sicherheitsorientierte Personen in ein Thema hoch involviert sind? Sorrentino, Bobocel, Gitta, Olson und Hewitt (1988) fanden, daß für sicherheitsorientierte Personen bei hohem Involvement periphere Informationsverarbeitungsprozesse zu registrieren waren. Beispielsweise wurden diese Personen von einseitiger Kommunikation stärker beeinflußt als von zweiseitiger Kommunikation. Ist dies ein paradoxer Effekt? Vermutlich nicht, wenn sicherheitsorientierte Personen sich leicht bedroht fühlen und nach einer schnellen Vertrauensbasis suchen. Wer sich bedroht fühlt, sucht nicht nach differenzierten Argumenten, sondern nach einer klaren Aussage.

Während die zweiseitige Werbung auf eine differenzierte und kritische Einstellung der Rezipienten eingeht, geht die ebenfalls teilweise gefundene Wirkung von Störungen („distractions“) von einer anderen Perspektive aus: Wenn Menschen mit Informationen konfrontiert werden, die nicht zu ihren gegenwärtigen Einstellungen und Überzeugungen passen, dann tendieren sie dazu, Gegenargumente zu suchen (und zu finden) und damit Einstellungsänderungen zu vermeiden. Störungen z. B. durch die Verwendung von Humor, durch Hintergrundmusik oder Geräusche sonstiger Art *verhindern* jedoch die Suche nach und die Beschäftigung mit solchen Argumenten und können daher Bemühungen um (zumindest oberflächliche) Einstellungsänderungen unterstützen. Engel et al. (1986) schätzen gezielte Störungen für den Werbebereich als relativ wenig wirksam und nur schwer steuerbar ein. Dies ist einsichtig, wenn man sich vergegenwärtigt, daß bei der Anwendung dieser Strategie einerseits eine Ineffektivität der Störung, andererseits eine Behinderung des zumindest rudimentär notwendigen Verständnisses erreicht werden kann. Störungen sind allenfalls bei sehr einfachen, d. h. leicht widerlegbaren und wenig glaubwürdigen Argumenten wirksam einsetzbar (Petty & Cacioppo, 1986). Petty und Brock (1981) nennen fünf Bedingungen für die Unterstützung einer persuasiven Kommunikation durch Störungen: (1) Die persuasive Kommunikation widerspricht der ursprünglichen Einstellung, (2) der Rezipient ist in das Thema involviert, (3) die persuasive Kommunikation provoziert Gegenargumente, (4) die primäre Aufmerksamkeit ist auf die Nachricht (und nicht auf die Störung) gerichtet und (5) die Quelle besitzt hohe Glaubwürdigkeit.

Als ein weiteres Beispiel für die Effekte inhaltlicher Gestaltung auf Einstellungsänderungen – den Explizitheitscharakter von Werbeaussagen – sei eine Untersuchung von Kardes (1988) angeführt. Erinnern wir uns, daß die klassische AIDA-Regel (vgl. Abschnitt 2.2) empfiehlt, in Werbebotschaften eine *explizite* Handlungsaufforderung zu formulieren. Kardes untersuchte die Frage, ob die Einstellung zum Produkt tatsächlich durch eine explizite oder durch eine implizite Schlußfolgerung in den Botschaften positiv beeinflußt wird. Des weiteren wurde überprüft, ob dies vom Involvement hinsichtlich des Produkts abhängt. Abbildung 33 gibt die Ergebnisse von Kardes wieder.

Das beworbene Produkt wurde positiver bewertet, wenn das Involvement hinsichtlich des Produkts höher war. Des weiteren zeigte sich, daß bei geringem Involvement eine *explizite* Schlußfolgerung und bei hohem Involvement eine *implizite* Schlußfolgerung zu einer höheren Bewertung führte. Es ist einsichtig, daß bei geringem Involvement dem Rezipienten „auf die Sprünge geholfen werden muß“, während bei hohem Involvement der Rezipient nicht alles „vorgesagt“ bekommen will.

Untersuchungen zur Frage, in welcher Reihenfolge Argumente innerhalb einer persuasiven Nachricht aufgeführt werden sollten, gab es bereits in großer Zahl in den 50er Jahren. In Tabelle 37 sind die Resultate zusammengefaßt. Ein bekanntes Experiment zur These (4) wurde von Asch (1946) durchgeführt. Versuchspersonen wurde folgende Liste von Eigenschaften vorgelegt:

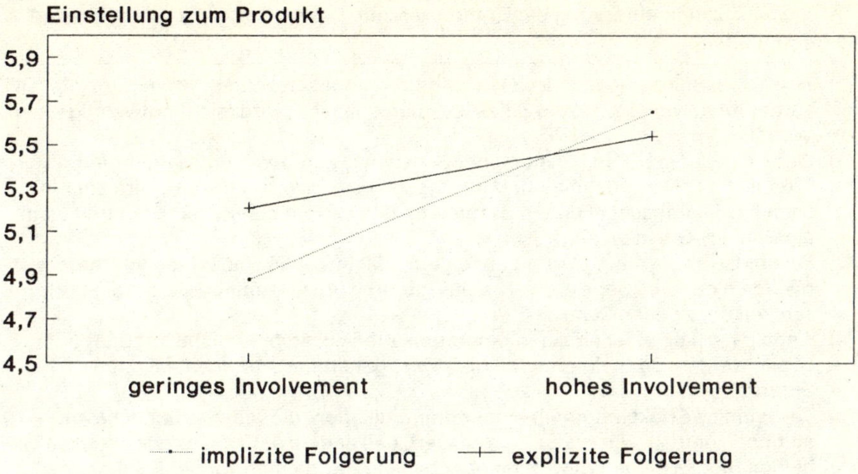

Abbildung 33: Einstellung zum Produkt in Abhängigkeit von expliziter bzw. impliziter Schlußfolgerung und Involvement (Kardes, 1988, S. 230)

- intelligent
- fleißig
- impulsiv
- kritisch
- eigensinnig
- neidisch

Eine erste experimentelle Teilgruppe erhielt die Liste in der angeführten Reihenfolge, während der zweiten Teilgruppe die Liste in der umgekehrten Reihenfolge vorgelegt wurde. Die Versuchspersonen sollten dann die so charakterisierte Person näher beschreiben. Als Ergebnis zeigte sich ein „Primacy-Effekt“: Die zuerst angeführten Merkmale steuerten mehr zur Eindrucksbildung bei als die nachfolgenden, d. h. die erste Teilgruppe beschrieb die Person mit mehr positiven Attributen als die zweite Teilgruppe. Neuere Resultate zu Reihenfolgeeffekten werden bei McGuire (1985) berichtet.

Nach Schulz von Thun (1981) gibt es vier Funktionen von Kommunikation: Appell, Darstellung eines Sachinhaltes, Selbstoffenbarung und Beziehungsstiftung. Während die bereits erwähnte AIDA-Formel noch direkte Appelle empfiehlt, arbeiten heutzutage die meisten Werbungen mit „verdeckten Appellen“ (Schulz von Thun, 1981). Was spricht nun gegen direkte Appelle? Zunächst einmal ist an den vorangehenden Abschnitt zu erinnern, wo das Phänomen der kognitiven Dissonanz beschrieben wurde. Bei *direkten* Appellen wird dem Rezipienten die Dissonanz bewußt, und sie kann offensichtlich dadurch abgebaut werden, daß sich der Rezipient abwendet. Daneben kann auch auf das Phänomen der Reaktanz verwiesen werden. Reaktanz beschreibt die Tendenz, bei empfun-

Tabelle 37: Zusammenfassung der Ergebnisse zum Positionseffekt von Argumenten (Hovland, 1957)

(1) Wenn zwei Seiten eines Themas in Folge von unterschiedlichen Kommunikatoren vorgebracht werden, hat die Seite, die zuerst genannt wird, nicht notwendig einen Vorteil.
(2) Wenn nach dem Hören von nur einer Seite eines kontroversen Themas eine öffentliche Stellungnahme über die eigene Position geäußert wird, wird die Wirksamkeit einer anschließenden Darbietung einer zweiten Seite reduziert und somit ein Primacy-Effekt erzeugt.
(3) Eine bloße anonyme Äußerung der eigenen Meinung (in einem Fragebogen), nachdem nur eine Seite eines Themas gehört wurde, vermindert nicht die Wirksamkeit der zweiten Seite.
(4) Wenn innerhalb einer einzigen Kommunikation widersprüchliche Informationen geben werden, dann dominieren die zuerst genannten Argumente/Fakten den Eindruck.
(5) Der Primacy-Effekt innerhalb einer Kommunikation, die widersprüchliche Informationen enthält, wird dadurch reduziert, daß andere Aktivitäten zwischen die beiden Blöcke eingefügt werden oder daß die Rezipienten vor der Fehlbarkeit des ersten Eindrucks gewarnt werden.
(6) Die Darbietung von Informationen, die für die Befriedigung von Bedürfnissen relevant sind, erfährt größere Akzeptanz, wenn die Bedürfnisse *zuvor* geweckt worden sind als wenn sie erst danach geweckt werden.
(7) Die Reihenfolge der Argumente hat für die Beeinflussung von Personen mit relativ geringem „Wunsch zu verstehen" größere Bedeutung als für Personen mit „hohem kognitiven Bedürfnis".
(8) Wenn die Kommunikationen, die vom Rezipienten sehr erwünscht sind, zuerst genannt werden und im Anschluß die weniger erwünschten angeführt werden, dann ändert sich die Meinung stärker als bei umgekehrter Reihenfolge.
(9) Wenn ein angesehener Kommunikator beabsichtigt, Pro- und Kontra-Argumente, die nicht spontan vom Rezipienten generiert werden, zu erwähnen, dann ist es wirksamer, die Pro-Argumente zuerst zu nennen.

dener Freiheitseinschränkung zu versuchen, die Freiheit wieder zurückzugewinnen. Direkte Beeinflussungsversuche können die betroffene Person dazu bringen, gerade „das Gegenteil" zu tun oder zu wollen.

Verdeckte Appelle versuchen, sich die anderen drei genannten Funktionen von Kommunikation zunutze zu machen und durch die Darstellung eines Sachverhalts („MM – der Sekt mit dem gewissen Extra"), durch eine Selbstoffenbarung („mit dem grünen Band der Sympathie") oder durch die Stiftung einer Beziehung oder emotionalen Stimmung („es gibt viel zu tun – packen wir's an") zu beeinflussen. Gleichzeitig können direkte Beeinflussungsversuche geleugnet werden. Verdeckte Appelle setzen meistens implizite Schlußfolgerungen voraus. Ein bekanntes Beispiel ist die Feststellung „Hier ist es aber kalt", was eine Aufforderung sein kann, das Fenster zu schließen. Nahezu jede Aussage hat die angeführten vier Funktionen. In Abschnitt 5.1.2 wird hierauf nochmals eingegangen.

3.4.3 Eigenschaften der Quelle

In diesem Abschnitt soll es um die Frage gehen, welchen Einfluß die Herkunft einer Nachricht hat. Statt „Quelle“ ist hierbei auch von „Sender“ die Rede. Teilweise sind tatsächlich auftretende Personen die Quelle. In diesem Fall gibt es Überschneidungen zum Thema „Wirkung von Modellen“. Da aber oftmals kein Modell auftritt und Modelle auch noch zahlreiche andere Funktionen haben, wird diese Frage hier nicht behandelt (siehe Abschnitt 5.5).

Schwerpunkte der Untersuchungen zur Wirkung von Eigenschaften der Quelle sind weniger die direkten Auswirkungen auf Einstellungsänderungen, sondern vor allem die *Glaubwürdigkeit* einer Aussage. Wenn die Glaubwürdigkeit von Werbebotschaften analysiert werden soll, so sind die Glaubwürdigkeit des Senders (der Quelle), des Sendekanals sowie der Botschaft selbst zu unterscheiden. Determinanten der Glaubwürdigkeit des Senders sind u. a. Sachverständnis, Vertrauenswürdigkeit, wahrnehmbare Redlichkeit, Desinteresse an propagandistischen Absichten, Attraktivität, Ähnlichkeit oder Macht. Bereits Hovland und Weiss (1951) konnten in verschiedenen Experimenten aufzeigen, welch starken Einfluß glaubwürdige Quellen haben. In ihren Experimenten ließen sie Texte lesen, die jeweils identisch waren, jedoch aus unterschiedlichen Quellen zu kommen schienen. Wenn die Texte glaubwürdigeren Quellen zugeschrieben wurden, zeigte sich eine stärkere Einstellungsänderung. Hinsichtlich der durch die Versuchspersonen eingestuften Glaubwürdigkeiten ist zudem bemerkenswert, daß die Quelle dann als noch glaubwürdiger eingestuft wurde, wenn sie mit der ursprünglichen eigenen Meinung übereinstimmte.

Zwei aktuelle Beispiele für die Wirkung von Merkmalen der Quelle sind die Untersuchungen von Moore, Reardon und Qualls (1989) und von Swim, Borgida, Maruyama und Myers (1989). Moore et al. zeigten, daß die Erhöhung der Zahl der Quellen über Produktinformationen dazu führt, daß starke Argumente stärker, schwache Argumente aber schwächer wirkten. Swim et al. (1989) untersuchten die Haltbarkeit der legendären Untersuchungen von Goldberg (1968). In der Untersuchung von Goldberg zeigte sich die Tendenz, daß weibliche Versuchspersonen einen männlichen Autor (John T. McKay) eines Textes positiver bewerteten als den weiblichen Autor (Joan T. McKay). Swim et al. (1989) kommen nach einer quantitativen Übersichtsarbeit zu dem Ergebnis, daß die Unterschiede, die zwischen männlichen und weiblichen Quellen gemacht werden, sehr gering sind, daß allerdings in den zahlreichen Nachfolgeuntersuchungen sehr unterschiedlich große Differenzen gefunden wurden.

In der Regel wurde von der Annahme ausgegangen, daß eine höhere Glaubwürdigkeit des Senders auch zu einer stärkerer Einstellungsänderung führt. Diese Behauptung ist jedoch nicht unwidersprochen geblieben. So beschreibt der Sleeper-Effekt das Phänomen, daß die Wirkung von Überzeugungsversuchen über die Zeit hinweg zunehmen kann, und zwar wenn die *unglaubwürdige* Quelle schneller vergessen wird als der Inhalt der Botschaft (Hannah & Sternthal, 1984). Weder Ausmaß noch Erklärung des Sleeper-Effekts sind bis heute geklärt. Beispielsweise

Pharma-Fortschritt? Er begleitet mich ein Leben lang.

Früher war die Diagnose Zuckerkrankheit gleichbedeutend mit frühem Tod. Heute können die Lebenserwartung und Leistungsfähigkeit eines Diabetikers im allgemeinen der eines Gesunden entsprechen. Darüber hinaus hat der Pharma-Fortschritt die Behandlung für Ärzte und Patienten entscheidend vereinfacht. Nur durch aufwendige Forschung kann auch in Zukunft gewährleistet werden, daß es Pharma-Fortschritt gibt. Für uns alle.

Pharma-Fortschritt ist Fortschritt für die Menschen

Bundesverband der Pharmazeutischen Industrie e.V.,

Name: __________

Straße: __________

Ort: __________

Bitte fordern Sie unsere kostenlose Broschüre „Tatsachen überzeugen" an.

Bundesverband der Pharmazeutischen Industrie e.V., Postfach 11 02 51, 6000 Frankfurt/M 1.

Abbildung 34: Glaubwürdigkeit einer Quelle durch den Ausdruck von Sachverständnis, Vertrauenswürdigkeit oder Macht.

fanden in einem der frühen Experimente zum Sleeper-Effekt Hovland und Weiss (1951), daß die Überlegenheit stark glaubwürdiger Kommunikatoren gegenüber schwach glaubwürdigen nach ca. vier Wochen verloren ging. Allerdings wird die Forschung der folgenden Jahrzehnte von Pratkanis und Greenwald (1985) so zusammengefaßt, daß der Sleeper-Effekt nur unter so spezifischen Bedingungen verläßlich auftritt, daß es außerhalb eines psychologischen Experimentallabors keine Anwendungsmöglichkeiten gibt. Neuere Untersuchungen zum Sleeper-Effekt finden sich bei Mazursky und Schul (1988) und zur Wirkung der Quelle bei Hass (1981) und Wilson (1988).

3.4.4 Eigenschaften des Kanals

Es ist recht offensichtlich, daß das Medium oder der Kanal, über den eine Einstellungsänderung beabsichtigt wird, die Wirksamkeit einer Kommunikation beeinflußt. So gelten Nachrichten in verschiedenen Zeitungen als unterschiedlich glaubwürdig oder seriös. In diesem Abschnitt soll aber besprochen werden, ob auch Werbung in unterschiedlichen Kanälen in der Wirksamkeit differiert. Kanäle für Werbebotschaften sind die Werbeträger, die bereits in Abschnitt 1.5.2.3 besprochen wurden. Zwei Probleme sind zu berücksichtigen, wenn konkrete Untersuchungen zu diesem Bereich herangezogen werden sollen. Wenn z. B. die unterschiedliche Glaubwürdigkeit von Werbeträgern demonstriert wird, sind die Resultate nicht aus dem Laborexperiment auf die Werberealität übertragbar, weil es unrealistisch ist, daß sich alle Beworbenen den gleichen Werbeträgern aussetzen. Außerdem ist nicht immer eindeutig, was mit „Kanal" gemeint ist, ob zum Beispiel auftretende Modelle auch als „Kanäle" zu bezeichnen sind (siehe Abschnitt 5.5). Im folgenden wird zunächst auf ein Beispiel für eine Studie zum Vergleich der Glaubwürdigkeit der gleichen Werbung in verschiedenen Werbeträgern eingegangen. Danach wird auf die Konsequenzen eingegangen, den Kanal nach *verschiedenen* Kriterien zu bewerten. Den Abschluß bilden Überlegungen zum Modalitätsvergleich.

Appel (1987) befragte Leser und Nicht-Leser des National Enquirer hinsichtlich der Glaubwürdigkeit von Anzeigen aus National Enquirer, McCall's, People und Reader's Digest. Es handelt sich hierbei um Periodika, wobei McCall's und People gehobene Frauenzeitschriften sind und der National Enquirer zumindest zu Beginn der 80er Jahre als „Sensationsblatt" galt. Die Ergebnisse sind in Abbildung 35 wiedergegeben.

Appel (1987) fand drei beachtenswerte Ergebnisse. Zum einen scheinen die Leser des National Enquirer (NE) Werbung generell eine höhere Glaubwürdigkeit zuzuschreiben als Nicht-Leser des NE. Ferner sind für die Leser des NE die Anzeigen im NE genauso glaubwürdig wie die in den anderen drei Periodika. Im Gegensatz hierzu schätzen die Nicht-Leser des NE die Werbung im NE als unglaubwürdiger ein als in den anderen Zeitschriften. Wie ist dies erklärbar, und welche Konsequenzen lassen sich hieraus ziehen? Wenn wir davon ausgehen, daß der NE als wenig glaubwürdig gilt und dies auch die Werbung unglaubwürdig macht, dann geht dies auf das extreme Urteil der Nicht-Leser zurück. Wenn es

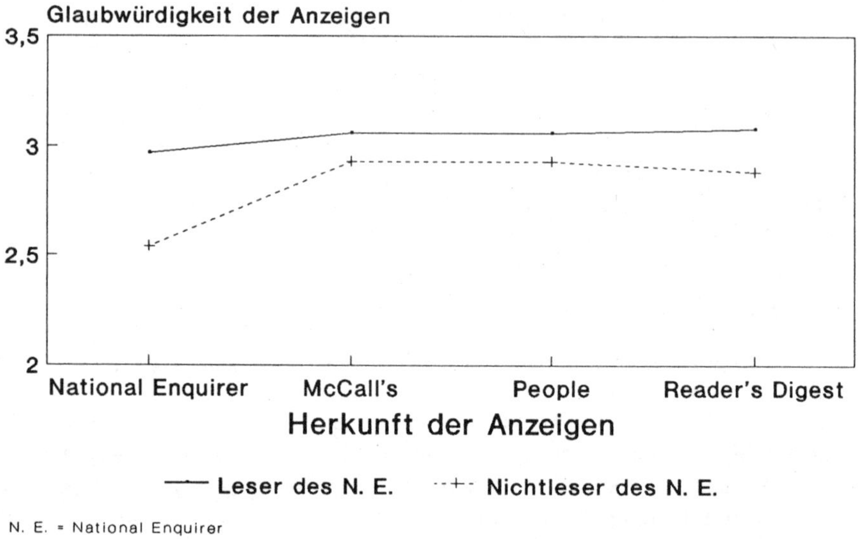

Abbildung 35: Urteile über die Glaubwürdigkeit von Anzeigen in verschiedenen Werbeträgern (Appel, 1987, S. 16)

also darum geht, die Wirksamkeit der Werbung zu beurteilen, dann ist aus einem *pauschalen* Urteil über einen Werbeträger (oder auch die sich darin befindliche Werbung) nur bedingt auf die Beurteilung durch die *Leser* zu schließen. Und schließlich kann die Werbung nur auf jene wirken, die den Werbeträger überhaupt lesen.

Es wäre nun zu einfach, anzunehmen, daß bestimmte Informationskanäle nur mehr oder weniger positiv bewertete Informationsübermittler sind. Dies verdeutlicht eine Untersuchung von Houston (1979). Houston erhielt von 80 frischverheirateten studentischen Ehepaaren Beurteilungen verschiedener Informationsquellen (Fernsehwerbung, Zeitschriftenwerbung, Bekannte, Vergleichsjournal, Händler) für verschiedene Produkte hinsichtlich unterschiedlicher Kriterien. In Abbildung 36 sind Teile der Ergebnisse von Houston (1979) für das Produkt „Kühlschrank" und die Kriterien „Stil" und „Preis" wiedergegeben. Die Resultate von Houston zeigen, daß die Fernsehwerbung zwar hinsichtlich Stilinformationen recht positiv bewertet wird, daß aber für Preisinformationen die Auskünfte von Händlern am höchsten eingestuft werden.

Beim Vergleich verschiedener Kanäle spielen Modalitätsdifferenzen eine Rolle, vor allem die Fragen auditiver vs. schriftlicher Informationsdarbietung und die Verwendung (vs. Nichtverwendung) von Illustrationen (siehe Abschnitt 5.7). Von Bildern wird sowohl Aufmerksamkeitssteigerung als auch Reduktion des Verstehens der Werbebotschaft erwartet (Harris, Sturm, Klassen & Bechtold, 1986). Kommunikationskanäle können hinsichtlich verschiedener Kriterien der Wirksamkeit verglichen werden. Jacoby, Hoyer und Zimmer (1983) überprüften die

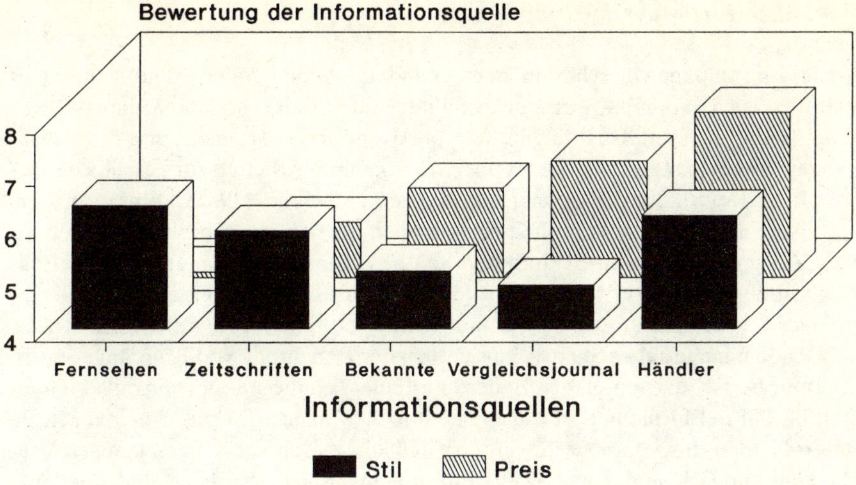

Abbildung 36: Bewertung von Informationskanälen für Stil und Preis eines Kühlschranks (Houston, 1979, S. 138)

Mißverständnisse hinsichtlich Fakten nach Werbedarbietungen. Printwerbung führte zu weniger Mißverständnissen als Radio- („audio") und TV-Werbung („audio-visuell"). Aus Abbildung 37 geht zudem hervor, daß vergleichbare Nachrichten zu mehr faktischen Mißverständnissen führten.

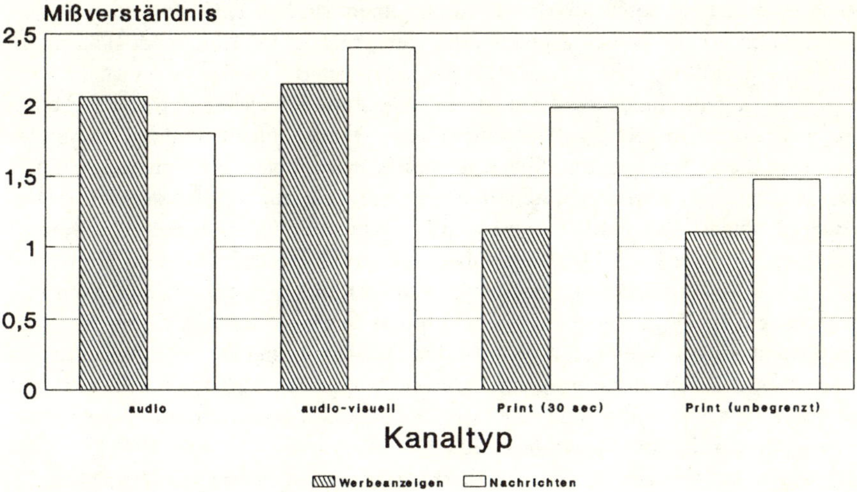

Werte von 0 bis 9; 9 = maximales Mißverständnis

Abbildung 37: Mißverständnisse auf verschiedenen Kanälen hinsichtlich Fakten (Jacoby, Hoyer & Zimmer, 1983, S. 210)

3.4.5 Eigenschaften des Empfängers

Wenn Einstellungen geschaffen oder geändert werden sollen, dann kommt es natürlich auch darauf an, *wessen* Einstellungen dies sind (Hovland & Janis, 1959). Zwei traditionell untersuchte Einflußgrößen sind das Geschlecht und das Selbstvertrauen. Unger (1986) berichtet über verschiedene Arbeiten zur geschlechtsspezifischen Beeinflußbarkeit von Einstellungen. McGuire (1985) kommt zu dem Ergebnis, daß Geschlecht und Selbstvertrauen für sich keine praktisch bedeutsamen Zusammenhänge zu Beeinflußbarkeit bzw. Einstellungsänderung aufweisen. Eagly und Carli (1981) fanden in solchen Untersuchungen eine stärkere Beeinflußbarkeit von Frauen, die von männlichen Forschern veröffentlicht wurden.

Nachdem lange Jahre Skepsis hinsichtlich der Bedeutung von Empfängereigenschaften herrschte, deutet sich neuerdings eine Trendwende an (Foxall & Goldsmith, 1988). Beispielhaft für die vielfältigen Versuche, Menschen danach zu unterscheiden, inwiefern sie für unterschiedliche Arten von Überzeugungsversuchen empfänglich sind, seien zwei Konzepte angeführt. Von Petty und Cacioppo (1986) stammt der Vorschlag, Menschen nach ihrem „Bedürfnis nach Kognition" (need for cognition) zu unterscheiden. Nach Tanaka, Painter und Winborne (1988) kann dieses „Bedürfnis nach Kognition" in drei Dimensionen getrennt werden: kognitive Persistenz, kognitive Komplexität und kognitives Selbstvertrauen. Ein Beispiel für Persistenz lautet „Ich denke nur so viel wie ich muß", eines für Komplexität „Abstrakt zu denken, gefällt mir nicht" und für Selbstvertrauen „Mehr Nachdenken heißt mehr Fehler machen". (Ein hohes Maß an „need for cognition" hat jeweils derjenige, der diesen Aussagen *nicht* zustimmt.) Es kann vermutet werden, daß Menschen mit einem starken Bedürfnis nach Kognition komplexere Argumente und Werbungen präferieren (Haugtvedt, Petty, Cacioppo & Steidley, 1988).

Können Unterschiede zwischen Menschen erklären, welchen Typ von Werbung sie bevorzugen? Snyder und DeBono (1985) verwendeten zur Untersuchung dieser Frage die Self-Monitoring-Skala, die erfaßt, wie inkonsistent sich Menschen in verschiedenen Situationen sehen und wie stark sie zur Selbstpräsentation vor anderen neigen. Sie fanden, daß Menschen mit einer hohen Self-Monitoring-Tendenz, die also sensibler gegenüber der Variation der Situation sind bzw. stärker zu Selbstpräsentationen neigen, stärker auf imageorientierte Werbung ansprechen. Im Gegensatz hierzu reagierten Versuchspersonen mit einer geringen Self-Monitoring-Tendenz stärker auf Qualitätsbehauptungen. Bedenkenswert ist allerdings, daß Self-Monitoring eigentlich ein untypisches Persönlichkeitsmerkmal ist, da es eher beschreibt, wie sich Personen an Situationen orientieren. (Eine böse Charakterisierung findet sich in Kasten 18.)

Als Alternative zu Persönlichkeitsmerkmalen hat seit Beginn der 70er Jahre das „life-style"-Konzept vermehrt Beachtung gefunden. Ausgangspunkt war die Beobachtung, daß zwar Menschen auch nach ihren Persönlichkeitsmerkmalen unterschieden werden können, dies für Marketing-Fragestellungen jedoch nicht zeitgemäß und nur wenig nützlich zur Vorhersage von Verhaltensweisen ist. „Life-

Kasten 18: Eine Ahnung von Self-Monitoring

„Jene großstädtischen Existenzen, die nur auf irgend eine, völlig unpräjudizierte Weise Geld verdienen wollen und dazu um so mehr des Intellekts als allgemeiner Funktion bedürfen, weil spezielle Sachkenntnis für sie nicht in Frage kommt – stellen ein Hauptkontingent zu jenem Typus unsicherer Persönlichkeiten, die man nicht greifen und „stellen“ kann, weil ihre Beweglichkeit und Vielseitigkeit es ihnen erspart, sich sozusagen in irgend einer Situation festzulegen.“ (Simmel, 1989, S. 597)

styles“ sind Muster, wie Menschen leben, ihre Zeit verbringen und Geld ausgeben. Die Messung von „life-styles“ geschieht mittels soganannter psychographischer Methoden bzw. Methoden der Einstellungmessung. Dabei werden spezifische Fragen zu verschiedenen Bereichen gestellt und Aktivitäten, Interessen und Meinungen erfaßt. Beispielsweise unterscheidet das VALS-Modell (*V*alues & *L*ife-*S*tyle-Modell) insgesamt neun verschiedene Konsumententypen, die wiederum drei Gruppen zugeordnet werden: Bedürfnisorientierte Konsumenten, außengeleitete Konsumenten und innengeleitete Konsumenten. Engel et al. (1986) vermuten, daß die Zahl der US-Amerikaner, die zur dritten Gruppe zu zählen sind, in Zukunft zunehmen, während die erste Gruppe abnehmen und die zweite Gruppe konstant bleiben wird.

3.4.6 Imageforschung als Einstellungsforschung

> *„So großes Gewicht die mancherlei Vorzüge, die ein Kandidat von Natur aus besitzt, auch immer haben mögen, so scheint es doch, als führe in einem Wahlkampf, der je nur wenige Monate dauert, eine kunstvolle Image-Pflege eher zum Sieg als das natürliche Verhalten.“*
>
> (Quintus Tullius Cicero, in einer im Jahre 64 v. Chr. für seinen Bruder Marcus geschriebenen Wahlkampffibel)

Lilli (1983) definiert Image als „... subjektive Vorstellungen oder Bilder, die ‚Konsumenten‘ über ein ‚Produkt‘ haben“ (S. 402). „Konsumenten“ und „Produkt“ sind in einem weiten Sinne zu verstehen. So kann das Produkt nicht nur Zahnpasta oder Waschmittel sein, sondern auch eine politische Partei, ein Politiker, ein Medium (z. B. Zeitung, Fernsehen), einzelne Unternehmungen, Unternehmensformen usw. Auf alle diese Bereiche wird das Image-Konzept angewendet.

Viele Autoren (z. B. Lilli, 1983; Kroeber-Riel, 1984) setzen das Image-Konzept mit „Einstellung“ gleich. Andere Autoren sehen den zentralen Unterschied zum Einstellungskonzept darin, daß ein Image mehrdimensional ist. „Image“ beschreibt, wie etwas wahrgenommen, vorgestellt, erinnert oder bewertet wird. Einstellungen werden im allgemeinen über die drei Komponenten Affekt, Kognition und Verhaltensbezug definiert und sind damit ebenfalls mehrdimensional. Die Übergänge zwischen Image-Konzept und Einstellungskonzept sind also eher fließend; Einstellungen kann allerdings ein stärkerer Verhaltensbezug zugeschrieben werden.

Die bis heute immer wieder als klassisch zitierte Studie zur Image-Forschung geht auf Haire (1950) zurück – und dies, obwohl zu diesem Zeitpunkt der „Image"-Begriff noch gar nicht eingeführt war. (Tatsächlich verwendete Haire ein projektives Testverfahren.) Haire (1950) untersuchte die Frage, warum in den 40er Jahren Instant-Kaffee so wenig akzeptiert wurde. Direkte Befragungen der potentiellen Käuferinnen hatten keine befriedigenden Erklärungen ergeben. Haire stellte nun zwei Einkaufslisten zusammen, die bis auf die Kaffee-Sorte identisch waren (vgl. Tabelle 38)

Tabelle 38: Zwei Einkaufslisten (Haire, 1950)

Einkaufsliste A	Einkaufsliste B
1½ Pfd. Hamburger	1½ Pfd. Hamburger
2 Laib Wonder-Brot	2 Laib Wonder-Brot
1 Bündel Karotten	1 Bündel Karotten
1 Pack. Rumford-Backpulver	1 Pack. Rumford-Backpulver
1 Nescafé Instant Kaffee	1 Pfd. Maxwell-Bohnenkaffee, fein gemahlen
2 Büchsen Del Monte-Pfirsiche	2 Büchsen Del Monte-Pfirsiche
5 Pfd. Kartoffeln	5 Pfd. Kartoffeln

Zwei Gruppen von jeweils 50 Frauen schätzten typische Merkmale der Hausfrauen ein, von denen die Einkaufslisten A oder B stammen könnten. Das Ergebnis war: Die Nescafé-Käuferin wurde u. a. häufiger als faul, schlecht planend oder verschwenderisch beschrieben.

An dieser Untersuchung ist nicht so sehr das Ergebnis an sich beachtenswert. (Beispielsweise konnten bereits Webster und v. Pechmann (1970) sowie Arndt (1973) keine Unterschiede mehr finden.) Sie veranschaulicht vor allem die Tatsache, daß sich auch wenig konkrete Einstellungen durchaus zu einem Image verdichten können. Hier kommt aber doch noch eine terminologische Unterscheidung zwischen Einstellung und Image zum Vorschein: Während Einstellungen Eigenschaften von Personen sind, ist das Image eine Eigenschaft von Produkten, Unternehmen, Politikern usw. Das Image ist sozusagen ein hypothetisches und kollektives Vorstellungsbild. (In der Untersuchung von Haire (1950) mußte es ja die betreffende Nescafé-Käuferin gar nicht geben.)

Von den zahlreichen Image-Studien, die seit Mitte der 50er Jahre nun tatsächlich auch unter diesem Titel durchgeführt wurden, sei noch eine Untersuchung nach v. Rosenstiel und Neumann (1982) angeführt. Zur Bestimmung des Image wurde eine Variante des Semantischen Differentials (vgl. Abschnitt 2.3) verwendet. Raucher und Nichtraucher sollten „den" Raucher oder „den" Nichtraucher auf den Dimensionen „weiblich-unweiblich" und „männlich-unmännlich" einstufen. Zur besseren Veranschaulichung wurde noch eine Reihe anderer Begriffe eingeschätzt (siehe Abbildung 38).

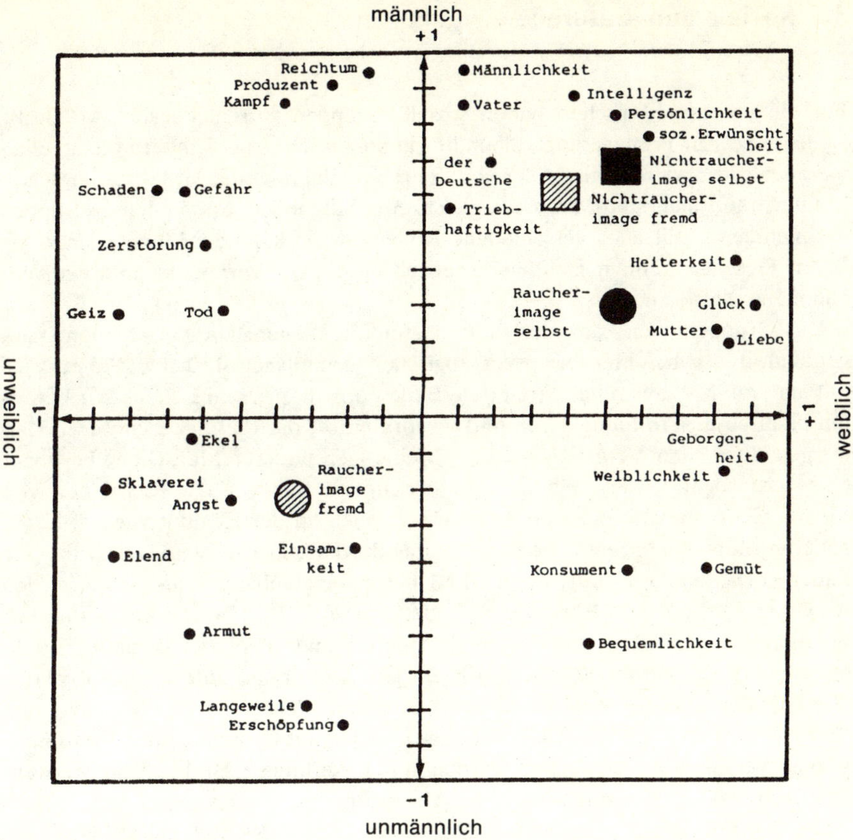

Abbildung 38: Selbst- und Fremdimages von Rauchern und Nichtrauchern (nach v. Rosenstiel & Neumann, 1982, S. 136)

Das Ergebnis dieser Imageuntersuchung läßt sich vereinfacht so zusammenfassen: Das Image von Rauchern bei Nichtrauchern ist eher negativ; Nichtraucher sehen sich selbst ähnlich positiv, wie sie von Rauchern gesehen werden oder wie Raucher sich selbst sehen.

Diese Beispiele sollen zur Illustration des Image-Konzepts genügen. Abschließend sei erwähnt, daß vereinzelt das Image-Konzept mit „Persönlichkeit" gleichgesetzt wurde (Lilli, 1983). Hier sind wiederum Übergänge zu Corporate Identity-Konzepten ersichtlich, wenn von der Wichtigkeit von „Produktpersönlichkeit" oder „Unternehmenspersönlichkeit" die Rede ist. In Abschnitt 5.8 wird hierauf zurückzukommen sein.

3.5 Soziale und kulturelle Grundlagen

Für die meisten Menschen haben soziale Gruppen verschiedenster Art große Bedeutung. Zur Primärgruppe „Familie" kommen schon bei Kindern die Spielkameraden, die anderen Mitglieder von Sportvereinen oder die Mitfahrer im Schulbus hinzu. Oftmals sind Menschen gleichzeitig Mitglieder verschiedener Gruppen und nehmen somit auch verschiedene Rollen ein; so kann ein Mann gleichzeitig Vater, Geselle in einem Handwerksbetrieb und linker Verteidiger in einer Fußballmannschaft sein.

Das Gruppenleben kann der Identitätsfindung dienen. Die verschiedenen Jugendkulturen haben hier ihre psychologischen Grundlagen. Der soziale Vergleich mit anderen Menschen hat eine große Bedeutung in unserem Leben. Wir bewerten dadurch unsere Fähigkeiten und wir prüfen oft die Richtigkeit unserer Meinungen durch den Vergleich mit den Meinungen anderer Menschen. Festinger (1954) ist sogar soweit gegangen zu behaupten, daß wir die Richtigkeit von Meinungen oder Wahrnehmungen gleichermaßen an der Realität wie am Urteil anderer Menschen prüfen. Soziale Einflüsse oder „soziale Vergleichsprozesse" finden vor allem dann statt, wenn eine Überprüfung anhand objektiver Kriterien schwierig ist. Ford und Ellis (1980) fanden, daß die Wahl eines wenig öffentlich sichtbaren, gut testbaren sowie wenig komplexen und subjektiv riskanten Produktes wie z. B. der Brotmarke nur geringem Gruppeneinfluß unterliegt. Subjektive Urteile oder „Fragen des Geschmacks" werden hingegen nach Gorenflo und Crano (1989) stark durch sozialen Vergleich und damit Gruppeneinfluß bestimmt. Soziale Vergleichsmöglichkeiten werden in der Werbung z. B. durch die Verwendung von Modellen ermöglicht (siehe Abschnitt 5.5).

Damit wurde bereits eine erste Variante des Einflusses durch andere Personen vorgestellt. Gruppen (aber auch Einzelpersonen) dienen als *Informationsquelle*, insbesondere als Quelle sozialen Vergleichs. Es gibt aber auch noch eine Reihe anderer Wirkungen des sozialen Umfelds, die nun besprochen werden sollen: der Einfluß der bloßen *Anwesenheit* anderer Menschen und der Einfluß der Familie und der Kultur. Den Abschluß dieses Abschnittes bilden Überlegungen zur Frage, wie der Einfluß von einzelnen Personen oder von Minderheiten auf die Mehrheit möglich ist.

3.5.1 Effekte der Anwesenheit anderer Personen

Bereits Moede (1920) fand in seinen Untersuchungen über die Produktivität in einer Schuhfabrik, daß die Anwesenheit von Arbeitskollegen zu individuellen Leistungssteigerungen führte. Allgemein zeigt sich, daß einfache Aufgaben bei Anwesenheit anderer schneller bewältigt werden, während schwierige Aufgaben langsamer erledigt werden (West & Wicklund, 1985). Weitere Beispiele für die Erkenntnis, daß die bloße Anwesenheit anderer überhaupt Verhaltenstendenzen verstärkt, sind die Häufigkeit des Hustens oder des Lachens. Als Erklärung wurde eine Theorie dominanter Verhaltensweisen postuliert. Dominant sind solche Verhaltensweisen, die schon oft aufgetreten sind oder besonders einfach gezeigt werden können (West & Wicklund, 1985), und: Die Anwesenheit anderer Menschen fördert das Auftreten dominanter Verhaltensweisen (vgl. Kasten 19).

Kasten 19: Folgen der Anwesenheit anderer Menschen

> Versuchspersonen sollten entweder ihre eigenen oder fremde Kleidungsstücke anziehen, um sich scheinbar auf ein Experiment vorzubereiten. Sie sollten dies entweder alleine tun oder bei Anwesenheit anderer. Das Ergebnis war, daß die Anwesenheit anderer die Geschwindigkeit des Anziehens dann erhöhte, wenn es die eigene Kleidung war (denn die eigene Kleidung wurde schon oft angezogen), während im Falle fremder Kleidung die Präsenz anderer Menschen die Geschwindigkeit verminderte (Markus, 1978).

Allgemein kann die Anwesenheit anderer Personen sowohl zu Wettbewerbseffekten und damit Leistungssteigerungen als auch zu Bewertungsangst und damit Leistungsminderung führen. Was in schwacher Dosierung als „Motivation" gelten kann, kann bei stärkerer Dosierung „Aufregung" bedeuten. Wir können jedoch grundsätzlich davon ausgehen, daß die Anwesenheit anderer zu Aktivierung führt (vgl. allgemeiner Latané, 1981). Routinemäßige Handlungen (z. B. der Kauf von Lebensmitteln) dauern dann eher kürzer, während ungewöhnliche Handlungen (z. B. das Ausprobieren eines neuen technischen Gerätes) eher mehr Zeit beanspruchen. Morrison und Dainoff (1972) fanden, daß Versuchspersonen Stimuli nicht so lange betrachten, wenn der Versuchsleiter, insbesondere aber, wenn mehrere andere Personen anwesend ist bzw. sind. Diese Resultate weisen auf die problematische Übertragbarkeit von laborexperimentell gefundenen Ergebnissen auf Realsituationen hin. Nehmen wir etwa das Beispiel einer Werbeagentur, die die Wirksamkeit einer neuen Kinowerbung überprüfen will. Wenn nun in einer Testphase Versuchspersonen in *Einzelsitzungen* verschiedene Werbungen gezeigt werden, so wird eine relativ längere Beobachtungszeit feststellbar sein. Aufgrund dieses Ergebnisses wird jedoch die zu erwartende Betrachtungszeit der „echten" Zuschauer im Kino überschätzt werden, da während bzw. vor Kinofilmen viel mehr andere Personen anwesend sind.

Kann die Anwesenheit anderer Menschen auch bei einfachen Aufgaben zur Anstrengungsminderung führen? Für zwei Verhaltensbereiche konnte dies gezeigt werden, und zwar für die Stärke des individuellen Applaudierens und für das Tauziehen. In beiden Fällen nahm die individuelle Anstrengungsbereitschaft um so mehr ab, je mehr andere mitapplaudierten bzw. mit an einem Tau zogen (Raven & Rubin, 1983). Hier findet vermutlich eine Verantwortungsdiffusion statt, da die Konsequenzen des Verhaltens von einzelnen Personen intransparent sind.

Die Auswirkungen der Anwesenheit anderer Menschen wurden schon von Le Bon (1896) unter dem Stichwort *Psychologie der Massen* diskutiert. Le Bon behauptete, daß der Einzelne in der Masse untergehe, daß es zu „Denkhemmung" und „Affektsteigerung" komme. Der Zustand, in dem sich dann die einzelnen

Menschen befinden, wurde als *Deindividuation* bezeichnet. In der Folgezeit wurde die Frage untersucht, unter welchen Bedingungen der Zustand der Deindividuation besonders stark auftritt. Als ein zentraler Faktor wurde die *Anonymität* der Beteiligten identifiziert, die auch bei Soldaten (Uniform), Indianern (Kriegsbemalungen) oder beim Ku-Klux-Klan (weiße „Schutzkleidung") eingesetzt wurde, um deindividuiertes Verhalten zu „erleichtern".

Zwei werbepsychologisch bedeutsame Untersuchungen wurden bereits angeführt, die den Effekt der Anwesenheit anderer Personen zum Inhalt hatten. In Kapitel 2 wurde ein Experiment von Petty et al. (1980) erwähnt, demzufolge die Qualität von guten Argumenten als weniger gut und von schlechten Argumenten als weniger schlecht eingeschätzt wurde, wenn die Urteile in Gruppen abzugeben waren. Zu Beginn dieses Abschnitts wurde die geringe Aufmerksamkeit bei wachsender Gruppengröße angesprochen (Morrison & Dainoff, 1972).

Granbois (1968) untersuchte den Einfluß der Gruppengröße auf das Einkaufsverhalten. Einkaufsgruppen kommen etwa dadurch zustande, daß Familienmitglieder oder Freunde zusammen einkaufen; auch die Teilnehmer an „Kaffeefahrten" sind dafür ein Beispiel. In Tabelle 39 sind die Ergebnisse eines Teils der Untersuchung von Granbois wiedergeben, und zwar die Beziehung zwischen der Größe der Einkaufsgruppe und dem Prozentsatz geplanter und tatsächlicher Einkäufe.

Tabelle 39: Ein Vergleich geplanter und tatsächlicher Einkäufe in Abhängigkeit von der Größe der Einkaufsgruppe (nach Granbois, 1968)

Einkäufe	Größe der Einkaufsgruppe		
	1 Person	2 Personen	3 oder mehr Personen
Nichts geplant oder gekauft	3,7	2,9	0,0
weniger Einkäufe als geplant	15,1	12,4	31,3
so viele Einkäufe wie geplant	58,9	41,0	26,6
mehr Einkäufe als geplant	22,3	43,7	42,1
Summe	100,0%	100,0%	100,0%

Nach den Ergebnissen von Granbois nimmt also mit der Zahl der Begleiter beim Einkaufen der Prozentsatz der Befragten ab, die genau das kaufen, was sie geplant haben. Dies kann aber nicht nur zu mehr, sondern auch zu weniger Einkäufen führen.

3.5.2 Formaler sozialer Einfluß: Das Beispiel Familie

Bisher haben wir vor allem die bloße Anwesenheit anderer Menschen als Einflußfaktor auf individuelles Verhalten betrachtet. In vielen Gruppen findet jedoch ein reger Austausch statt, und der einzelne steht oft unter einem *Konformitätsdruck*. Dieser ist um so stärker, je *homogener* die Gruppe ist, je *relevanter* die Meinung oder das Thema, von der ein einzelner abweichen könnte, für die Gruppe ist und je stärker die *Gruppenkohäsion* (z. B. wechselseitige Beliebtheit der Gruppenmitglieder) ist. Auch individuelle Merkmale (z. B. Selbstwertschätzung oder autoritärer Charakter) der Gruppenmitglieder sind von Bedeutung. Künstlich erzeugter Konformitätsdruck spielt bei Verkaufsaktionen im Rahmen von Kaffeefahrten eine bedeutende Rolle. Bei den unterschiedlichsten Produkten können Konsumentenurteile durch die Urteile von Bezugsgruppen beeinflußt werden, wobei davon ausgegangen werden kann, daß die Urteilskonformität um so stärker ist, je ähnlicher die Mitglieder der Bezugsgruppe dem Konsumenten sind und je einheitlicher das Urteil der Vergleichsgruppe ist.

Familien gehören zu den kleinsten sozialen Einheiten oder Gruppen, in denen mehr als ein Individuum Konsum- oder Kaufentscheidungen fällt, Rollenspezialisierung zu erwarten ist, und damit differenzierte Gruppenentscheidungen gefällt werden. Es können Fragen gestellt werden wie die, welche Familienmitglieder das Interesse an einem Produkt oder an einer Produktkategorie wecken, wer die kaufrelevanten Merkmale von Produkten bestimmt, wer das Produkt kauft oder wer das Produkt verbraucht.

Die meisten dieser Fragen wurden inzwischen schon mehrfach untersucht. Beispielsweise zeigte es sich, daß Kinder für bestimmte Produkte (z. B. Cornflakes) weitgehend die Markenwahl ihrer Mütter beeinflussen (Mayer & Boor, 1988). Der relative Einfluß von Ehepartnern in familiären Entscheidungsprozessen ist in Abbildung 39 wiedergegeben.

Abschließend ist zu bemerken, daß die in Abbildung 39 berichteten Resultate sicherlich zeitbezogen sind; das Rollenverständnis von Mann und Frau ist in den letzten Jahren starken Veränderungen ausgesetzt gewesen, so daß sich diese Einflußbereiche geändert haben. Hinzu kommt der starke Trend zu immer mehr Ein-Person-Haushalten (Moore-Shay & Wilkie, 1988).

3.5.3 Kulturelle Einflüsse

Sollen die kulturell bedingten Möglichkeiten und Einschränkungen im Rahmen von Werbeaktivitäten berücksichtigt werden, dann kommen prinzipiell zwei Perspektiven in Frage, die *intra*kulturelle und die *inter*kulturelle. Während die intrakulturelle Betrachtungsweise Subkulturen untersucht, hat die interkulturelle Perspektive Unterschiede zwischen Kulturen zum Thema. Betrachten wir zunächst zwei Untersuchungen, die sich mit US-amerikanischen Subkulturen beschäftigen.

Hirschman (1981) verglich konsumrelevante Merkmale von Juden und Nicht-Juden. Sie fand, daß Juden im Vergleich zu Nicht-Juden in ihrer Jugend mehr Informationsquellen ausgesetzt und als Erwachsene mit mehr Informationen von Massenmedien konfrontiert sind. Sie sind auch innovativer (kaufen z. B. mehr neue Produkte) und zeigen öfter Meinungsführerschaft (siehe Abschnitt 3.5.4). Schiffman und Kanuk (1983) berichten über Ergebnisse einer Studie zu Beginn der 80er Jahre, in der „Hispanics“ mit dem Durchschnitt der US-Amerikaner hinsichtlich verschiedener Einstellungen verglichen wurden. Die Autoren fanden, daß Hispanics 1981 eine deutlich negativere Einstellung gegenüber ihrer Arbeit

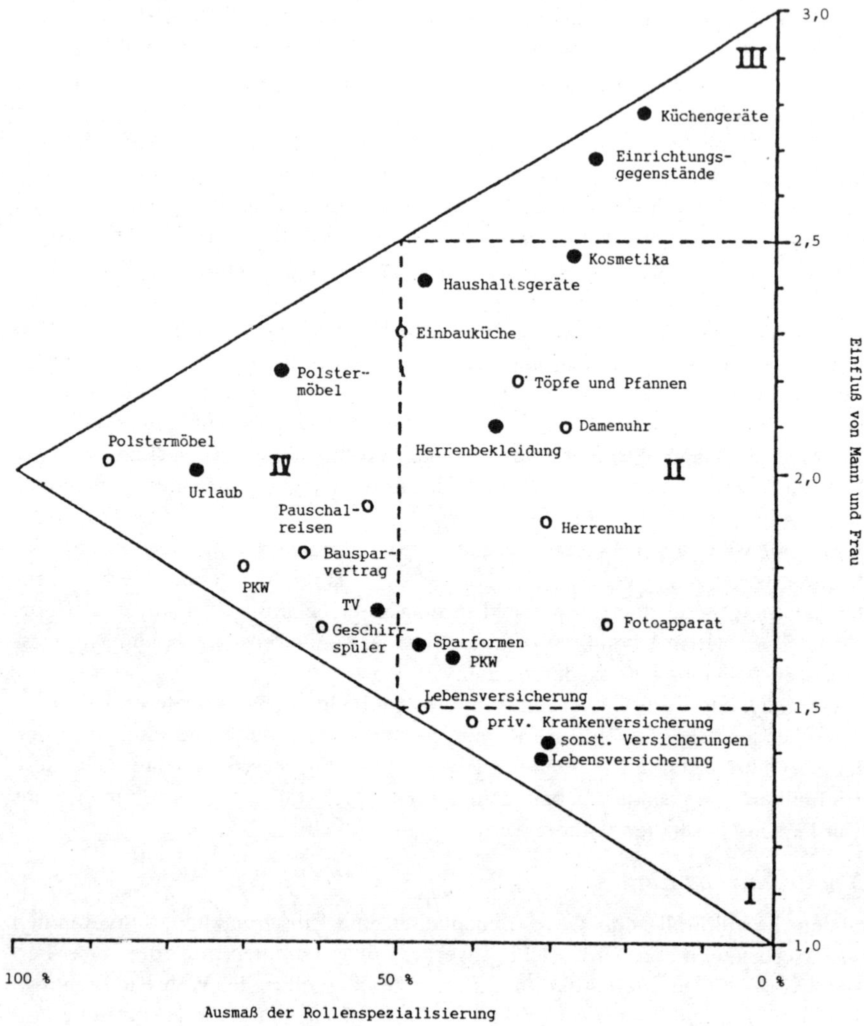

● - Ergebnisse von DAVIS / RICAUX (1974, S. 54)

o - Ergebnisse von DAHLHOFF (1980, S. 193)

I = Mann dominant

II = Autonome Entscheidung von Mann oder Frau

III = Frau dominant

IV = Mann und Frau gemeinsam beteiligt

Abbildung 39: Relativer Einfluß der Ehepartner auf den familiären Entscheidungsprozeß bei ausgewählten Produkten (nach Mayer & Boor, 1988, S. 125) hatten und sich mehr um ihr Aussehen und ihre Gesundheit sorgten als die übrigen Amerikaner.

Interkulturelle Unterschiede zeigen sich unter anderem in den Werbeinhalten oder den Darstellungsmitteln. So fand Gilly (1988), daß es in australischen, mexikanischen und US-amerikanischen Fernsehsendungen deutliche Unterschiede darin gibt, wie das Verhalten der Geschlechter dargestellt wird. Das australische Fernsehen zeigte die wenigsten und das mexikanische Fernsehen die meisten Geschlechtsrollenunterschiede.

Eine Untersuchung von Plummer (1977) berichtet über interkulturelle Unterschiede in zwei Bereichen, die für die Konsumgüterwerbung relevant sind (vgl. Tabelle 40).

Tabelle 40: Kulturelle Unterschiede: Verwendung von Deodorants und Haushaltsführung (Plummer, 1977)

„Jeder sollte ein Deodorant benutzen"

Land	**Zustimmung in Prozent**
USA	89
Franz. Kanada	81
Engl. Kanada	77
Großbritannien	71
Italien	69
Frankreich	59
Österreich	53

„Ein Haus sollte dreimal pro Woche gewischt und poliert werden"

Land	**Zustimmung in Prozent**
Italien	86
Großbritannien	59
Frankreich	55
Spanien	53
Deutschland	45
Österreich	33
USA	25

Die festgestellten Unterschiede lassen verschiedene Schlußfolgerungen zu. So könnten die US-Amerikaner geruchssensibler sein und deshalb Deodorants für wichtig halten oder auch einfach mit Deodorants vertrauter sein. Hinsichtlich des zweiten Ergebnisses ist zu beachten, daß in Italien ganz einfach sehr viele Häuser Fliesenböden haben.

Interkulturelle Unterschiede beim mimischen Verhalten (Blickkontakt) können beispielsweise bei Verhandlungen eine Rolle spielen. LaFrance und Mayo (1976) fanden, daß weiße Erwachsene 76% der Zeit beim Zuhören und 41% beim Sprechen Blickkontakt mit dem Gesprächspartner halten. Für schwarze Erwachsene verhält es sich umgekehrt, und dies, obwohl die absolute Zahl der Blickkontakte dieselbe ist. Eine Konsequenz für soziale Interaktionen lautet: Während für einen

Weißen die Reduzierung des eigenen Blickkontaktes ein Signal für Sprechabsicht ist, ist dies für einen schwarzen Gesprächspartner eher eine *Aufforderung* zum Sprechen. Hieraus ergeben sich dann Verständigungs- und Kommunikationsprobleme, da sich die Gesprächspartner „ins Wort fallen".

Ein Beispiel für Verständigungsprobleme, die aufgrund von interkulturell unterschiedlichem Wortverständnis entstehen können, berichtet Cantril (1960). Cantril verglich den Inhalt sowjetischer und amerikanischer Wörterbücher und Enzyklopädien. Er fand z. B. als Definition für *Initiative* in einem amerikanischen Wörterbuch „Selbstbewußtes Unternehmen, selbstinitiierte Aktivität", während im sowjetischen Wörterbuch definiert wurde: „Unabhängiges Suchen nach dem besten Weg, eine Anordnung auszuführen." Dies sei als warnender Hinweis darauf verstanden, daß „wörtliche Übersetzungen" auch in der Werbung nicht ohne Probleme machbar sind.

Die vorstehenden beispielhaften Untersuchungen veranschaulichen die Vielfalt kultureller Einflußfaktoren. In Tabelle 41 sind die wichtigsten Faktoren zusammengefaßt, die eine interkulturelle Werbung erschweren.

Tabelle 41: Acht Faktoren, die interkulturelle Werbung erschweren

(1) Sprachunterschiede
(2) Unterschiede im Konsumverhalten
(3) Unterschiede zwischen Marktsegmenten
(4) unterschiedlicher Gebrauch des gleichen Produkts
(5) unterschiedliche Beurteilungskriterien
(6) Unterschiede in den ökonomischen und sozialen Bedingungen
(7) Unterschiede in den Bedingungen, Werbung zu betreiben
(8) Unterschiede in den Möglichkeiten, Werbung zu betreiben

Hinsichtlich der Sprachunterschiede wurde bereits auf die Probleme der unterschiedlichen Bedeutung „gleicher" Wörter hingewiesen. Die Unterschiede im Konsumverhalten bedürfen keiner besonderen Erläuterungen mehr. Unterschiedliche Kulturen können sich auch hinsichtlich der Struktur der Marktsegmente unterscheiden; hier sei an die Vielfalt an Lebensgemeinschaften oder Familienkonstellationen in westlichen Gesellschaften im Vergleich zu stärker traditionell orientierten Gesellschaften erinnert. Der unterschiedliche Gebrauch des gleichen Produktes läßt sich beispielsweise bei Zubereitung und Gebrauch von Speisen und Getränken beobachten.

Unterschiedliche Beurteilungskriterien erwähnt Scitovsky (1989): Während Amerikaner mehr Wert auf eine *Marke* legen, vergleichen Europäer ausführlicher Produktmerkmale. Ökonomische und soziale Bedingungen (z. B. Durchschnittseinkommen oder Altersstruktur) bilden ebenso einen kulturspezifischen Kontext für die Werbung wie (informations-)technische Bedingungen oder ethische und rechtliche Beschränkungen (das Verständnis von diskriminierender Werbung oder das Verbot, für bestimmte Produkte oder Dienstleistungen zu werben). Unternehmen, die in verschiedenen Kulturen Werbung betreiben, versuchen oftmals, Internationalität („one sight, one sound, one sell") und Kulturspezifität zu kombinieren. Ein Beispiel hierfür ist die einheitliche Werbung von McDonald's bei gleichzeitigem kulturell abgestimmtem Verkauf von Getränken (Bier in Deutschland; Wein in Frankreich). Abschließend sei darauf hingewiesen, daß in Kapitel 4 einige Ergebnisse über interkulturelle Differenzen in der Bedeutung von Farben und in Kapitel 5 nochmals kulturelle Besonderheiten nonverbaler Kommunikation besprochen werden. Eine neuere Übersicht zu aktuellen Forschungsfragen gibt Jain (1989).

3.5.4 Meinungsführer und Minderheiten

Wenn Gruppen auf so unterschiedliche Art und Weise unser Denken und Handeln bestimmen, wie ist es dann möglich, daß sich *neue* Produkte oder Ideen, die zumindest zu Beginn ja nur von wenigen Personen oder Minderheiten übernommen werden, überhaupt durchsetzen können? In diesem Teilabschnitt sollen hierauf zwei Antworten gegeben werden: (1) Bestimmte Personen, die sogenannten Meinungsführer, üben aufgrund bestimmter Kennzeichen Einfluß auf die soziale Umwelt aus, und (2) der Einfluß von Minoritäten wird nicht unbeträchtlich unterschätzt, weil er unter anderem zunächst nicht-öffentlich und zeitverzögert stattfindet. Betrachten wir den ersten Punkt nun etwas ausführlicher.

Die ersten Untersuchungen zum sogenannten Meinungsführer stammen aus den 40er Jahren. Dabei ging es um die Untersuchung der Wirkung von Massenmedien bei Präsidentschaftswahlen in den USA. Entgegen der ursprünglichen Vermutung, daß die Massenmedien direkt Einfluß auf die Meinung in der Bevölkerung ausüben, fanden Lazarsfeld und Mitarbeiter, daß die Massenmedien nur über Meinungsführer wirksam sein können (Lazarsfeld, Berelson & Gaudet, 1948). Diese Meinungsführer kanalisieren die Ideen, die die Massenmedien verbreiten, und dienen zugleich den anderen Rezipienten als Ansprechpartner bei Unsicherheit oder für Nachfragen.

Dieses „Zweistufenmodell der Kommunikation“ wurde später kritisiert und erweitert. Die Abbildung 40 gibt das Zweistufenmodell sowie eine mehrstufige Variante des Meinungsführerkonzepts wieder. Von einem mehrstufigen Modell kann angenommen werden, daß es die Realität besser beschreibt (Engel et al., 1986). So kann unter anderem vermutet werden, daß Werbung dazu veranlaßt, daß sich die weniger aktiven Rezipienten bei ihren Meinungsführern erkundigen. Die Initiative muß also nicht unbedingt von den Meinungsführern ausgehen, wie zu Beginn angenommen wurde. Des weiteren sind die Meinungsführer auch nicht notwendigerweise „Experten“, sondern eventuell persönliche Bekannte oder Nachbarn, die um Rat gefragt werden.

Zum Meinungsführer-Konzept lassen sich folgende Fragen stellen: Wie können Meinungsführer von Nicht-Meinungsführern unterschieden werden? Wie können Meinungsführer für (neue) Produkte „geschaffen“ oder gewonnen werden? Wie eng oder weit ist die Produktpalette, für die Meinungsführer Einfluß auf andere Menschen ausüben? Wie kann Meinungsführerschaft ermittelt werden?

Zur Frage, wie sich Meinungsführer von Nicht-Meinungsführern unterscheiden,

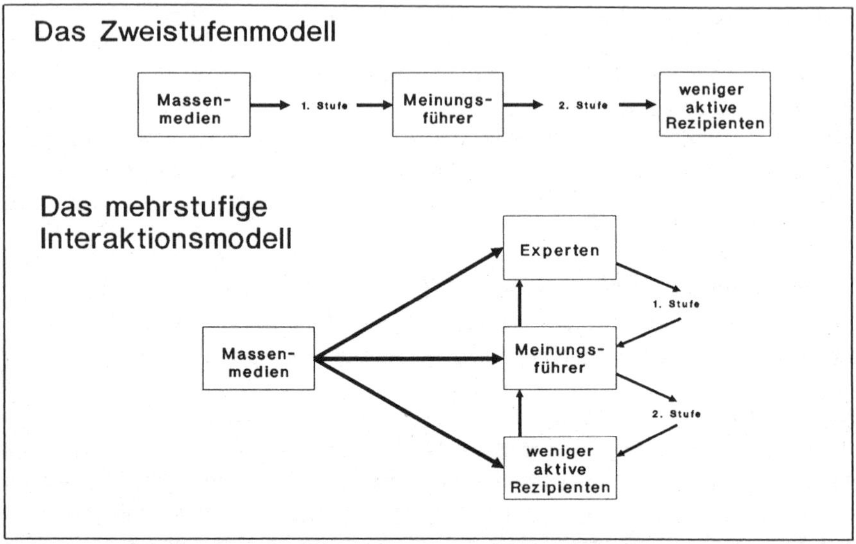

Abbildung 40: Zwei Varianten des Meinungsführerkonzepts

liegen bereits zahlreiche Befunde vor. Meinungsführer leben in etwas größeren Haushalten, haben einen höheren beruflichen oder sozialen Status, eine bessere Ausbildung und ein höheres Einkommen (Kumpf, 1983). Meinungsführer nutzen solche Medien häufiger, die auf dem Gebiet ihrer Meinungsführerschaft besser informieren, und haben (als Konsequenz hiervon) ein besseres Wissen. Nach Robertson (1972) zeichnen sich die Meinungsführer unter anderem durch größeren Wagemut, höhere soziale Integration, hohe soziale Mobilität und Privilegiertheit aus. Die These vom ausgeprägteren Kosmopolitanismus von Meinungsführern ist umstritten (Zaltman & Wallendorf, 1979). Mit „hoher sozialer Mobilität" ist gemeint, daß es sich bei Meinungsführern typischerweise um soziale Aufsteiger handelt; unter Kosmopolitanismus versteht man eine Einstellung, sein Interesse nicht nur auf lokale Sachverhalte zu beschränken, sondern sich auch für „die Dinge, die in der Welt vor sich gehen", zu interessieren.

Aus den vorstehenden Ausführungen zur Meinungsführerschaft dürfte verständlich werden, daß Meinungsführer relativ *früh* ein Produkt akzeptieren (Zaltman & Wallendorf, 1979). Aber sind Meinungsführer auch die *Innovatoren* eines Produktes? Nach Rogers (1962) sind die Innovatoren die ersten, die ein Produkt übernehmen. Ihnen folgen dann die Frühaufnehmer, die frühe und die späte Mehrheit und schließlich die „Nachzügler".

Wenn sich für bestimmte Produkte Innovatoren identifizieren lassen und diese Innovatoren auch die Meinungsführer sind, so bietet es sich an, insbesondere bei der Einführung neuer Produkte, eine Werbestrategie zu wählen, bei der *zu Beginn* stärker auf die Eigenschaften der Innovatoren Bezug genommen wird, nach einiger Zeit dann aber stärker auf Merkmale der Mehrheit. Es spricht jedoch einiges dafür, daß sich die Meinungsführer vor allem unter den Frühaufnehmern (frühen Adoptoren) finden lassen (Engel et al., 1986). Während diese Frühaufnehmer bereits sozial integriert sind, findet sich bei den Innovatoren noch verstärkt „Abenteuerlust".

Zur *Messung der Meinungsführerschaft* kommen grundsätzlich drei Methoden in Frage. Bei der soziometrischen Methode werden die Konsumenten gefragt, von wem sie Rat erhalten oder zu wem sie gehen, um sich zu informieren. Die Schlüsselinformant-Methode besagt, daß die „Kenner" eines sozialen Systems gefragt werden, welche Individuen in diesem System besonders einflußreich sind. Die Selbstbeschreibungsmethode besteht schließlich darin, daß der Befragte selbst seinen Einfluß auf andere beschreiben soll. (Als vierte Methode kommt die direkte Verhaltensbeobachtung in Frage, die allerdings wenig praktikabel ist.) Ein Beispiel für die Selbstbeschreibungsmethode ist die Meinungsführerskala von Childers (1986), die beispielsweise ermittelt, ob über das betreffende Produkt mit Bekannten und Freunden gesprochen wird, oder wieviel an Information weitergegeben wird.

Wenn auch das Fazit, daß bis zum Ende der 70er Jahre keine vertrauenswürdige Meßmethode der Meinungsführerschaft bestand (Kumpf, 1983), etwas überzogen zu sein scheint, so dürften doch methodenabhängige Ergebnisse nicht selten sein. Die Zusammenhänge und Unterschiede zwischen den Verfahren bedürfen noch näherer Untersuchung.

Das Meinungsführerkonzept wurde nicht nur auf Fragen der Verbreitung politischer Ideen, sondern auch auf die Diffusion neuer Produkte anzuwenden versucht. So zeigte es sich, daß Meinungsführerinnen unter Frauen sich stärker nach Moden richten oder neue Haushaltsgeräte kaufen, bei den Ärzten Meinungsführer mehr Fachzeitschriften lesen oder unter den Landwirten Meinungsführer als erste neue landwirtschaftliche Techniken akzeptieren.

Versuche, das Meinungsführerkonzept zu nutzen, bestehen unter anderem darin, Erstabnehmern landwirtschaftlicher Neuerungen größere Rabatte einzuräumen, wenn sie dafür bereit sind, anderen Interessenten ihre Neuerungen vorzuführen. Ähnliche Effekte werden beim Autoverkauf dadurch erhofft, daß Erstkäufer eines Produktes aktiv zur Verbreitung der Kenntnis neuer Produkte angeregt werden, ohne daß dies ihre erste Absicht ist. Eine bekannte Anwendung des Meinungsführerkonzepts wird bei den Avon-Produkten vorgenommen (ebenso bei Tupperware). Eine Avon-Beraterin tritt hier als Meinungsführerin für Kosmetik und Mode auf. Sie hat einen Bereich von Kundinnen exklusiv für sich. Ein zusätzlicher Vorteil des Einsatzes von Meinungsführern ist eine bessere Kontrolle des Marktes. Zum einen stehen diese als „Prototypen" für effiziente Marktanalysen zur Verfügung. Zum anderen können über sie einfacher Produkt- und Programmvariationen durchgesetzt werden.

Die Untersuchungen über Meinungsführerschaft haben vor allem die Einsicht verstärkt, daß persönliche Beziehungen und Mund-zu-Mund-Propaganda eine entscheidende Bedeutung haben. Engel, Kegerreis und Blackwell (1969) fanden, daß die meisten Innovatoren mit mindestens einer Person über ihre Produkterfahrungen sprechen. Mancuso (1969) propagierte den gezielten Aufbau von Meinungsführern (z. B. Förderung des sozialen Status und des Informationsaustauschs). Es ist verständlich, daß nach der Beobachtung der großen Bedeutung von persönlichen Beziehungen und Informationsquellen für Kaufentscheidungen das Interesse der Marktforschung für diese Mechanismen zugenommen hat. In Tabelle 42 sind exemplarisch einige Ergebnisse von Untersuchungen zum persönlichen Einfluß beim Kauf von Motorrädern wiedergegeben.

In diesem Abschnitt wurden neben Modellen der Meinungsführerschaft vor allem Methoden der Messung sowie Anwendungsmöglichkeiten behandelt. Es sollte nicht verschwiegen werden, daß es auch zahlreiche Kritiker des Meinungsführerkonzepts gibt (Kumpf, 1983). Nach einer Übersichtsarbeit von Midgley (1987) kann aber von seiner praktischen Wirksamkeit ausgegangen werden. Die praktischen Grenzen der Anwendung sind jedenfalls durch die *Bereichsspezifität* der Meinungsführerschaft vorgegeben. So kann für Meinungsführer bei Graphik-Designern vermutet werden, daß sie allenfalls für verwandte gestalterische Fragen wie „Frisuren“ oder „Kleidung“ noch Einfluß ausüben. Zu prüfen bleibt auch, ob sich Meinungsführerschaft nicht teilweise durch Sympathiebeziehungen erklären läßt.

Im vorangehenden Abschnitt wurden u. a. gruppenpsychologische Aspekte von der Art behandelt, daß sich das Verhalten des Einzelnen dem Verhalten der Mehrheit angleicht. Für diese Orientierungen an der Mehrheit können zwei Ursachen verantwortlich gemacht werden, zum einen der *informationale* Einfluß, denn im allgemeinen hat die Mehrheit recht, und zum anderen der *normative* Einfluß, denn im allgemeinen wird versucht, eine Ablehnung durch die Mehrheit zu vermeiden (Nemeth, 1986).

Heißt dies nun aber, daß Minderheiten *keinen* Einfluß haben? Nach Moscovici (1979) haben Minderheiten durchaus Einfluß auf das Verhalten der Mehrheit, und zwar, wenn sie ihre Auffassung zeitlich stabil und mit starker Überzeugung vertreten. Zwei Aspekte sind es, die die Wirkung von Minderheiten so gering erscheinen lassen: Während Mehrheitsmeinungen von Anfang an Beachtung finden, benötigen Minderheitenmeinungen erst einige Zeit, bis sie Wirkung zeigen; außerdem zeigen sich Minderheiteneinflüsse eher im *privaten* Bereich (Moscovici, 1979). Schließlich kann angenommen werden, daß von Mehrheitspositionen andere Informationsverarbeitungsprozesse ausgelöst werden als von Minderheitspositionen; Mehrheitspositionen wirken darauf hin, die geäußerte *Position* zu übernehmen und nicht weiter darüber nachzudenken. Minderheitspositionen fordern eher dazu auf, über den Sachverhalt nachzudenken, alternative Informationen zu berücksichtigen und z. B. nach einer *Erklärung* für diese Position zu suchen. So konnte Nemeth (1986) zeigen, daß *Minderheitenpositionen* zu mehr kreativem Denken *aller* Personen Anstoß geben. In der Sprache der Theorie von Petty und Cacioppo (1986; vgl. 3.1.3.4) veranlassen Minderheitspositionen *zentrale* Informationsverarbeitungsprozesse und damit überdauernde Einstellungsänderungen. Sie

Tabelle 42: Persönlicher Einfluß bei Markenentscheidungen über Motorräder (Marke Yamaha; nach Engel et al., 1986)

Bedeutung von persönlichem Einfluß

Persönlicher Einfluß ist die dominante Informationsquelle für neue Käufer. Händler sind die zweitwichtigste Informationsquelle für die meisten Käufer.

Merkmale der Beeinflussenden

Den meisten Einfluß hat wahrscheinlich jemand, der gut mit seinem Motorrad umgehen kann. Der größte Einfluß wird von Personen ausgeübt, die sich mit Motorrädern gut auskennen, aber keine Experten sind.

Informationssuche

Neue Käufer sind am meisten an Informationen über Zuverlässigkeit interessiert. Der persönliche Einfluß stellt einen entsprechenden Test dar, vermittelt über die Erfahrungen eines früheren Käufers.

Besitzstatus bei den Menschen, die viele Informationen suchen

Viele Informationen suchen am wahrscheinlichsten die Erstkäufer, die wenig über das Motorradfahren wissen.

Themen, die von Informationssuchern diskutiert werden

Interessenten suchen eher Ratschläge über Marken als über einzelne Merkmale oder Eigenschaften. Erstkäufer sind unsicher über ihre Fähigkeiten, Produkteigenschaften zu beurteilen, und verlassen sich zu einem Großteil auf bekannte Markennamen.

Eigenschaften der Menschen, die viele Informationen suchen

Interessenten sind mehrheitlich jünger und in Ausbildung. Jüngere Menschen haben weniger Erfahrungen und stehen in intensivem Kontakt mit Gleichaltrigen.

Verhaltenseinflüsse auf neue Käufer

Neue Yamaha-Käufer haben sehr großen Einfluß darauf, daß weitere Yamahas gekauft werden. 65% sprachen mit anderen Menschen über ihr Motorrad; 35% meinten, daß sie mindestens eine Person beeinflußt haben, eine Yamaha zu kaufen; 25% sind sich sicher, daß sie mindestens eine Person dazu veranlaßt haben, eine Yamaha zu kaufen.

veranlassen unter den genannten Bedingungen eine *tiefe* (intensive) Verarbeitung von Informationen, z. B. Versuche, „Außenseiter"-Positionen zu erklären. Die Zukunft wird zeigen, ob die Forschungen über Minoritäten und das Meinungsführerkonzept integriert werden können.

3.6 Entwicklungspsychologische Grundlagen

Auf der Suche nach neuen Märkten sind seit den 60er Jahren verstärkt auch Kinder zur Zielgruppe von Werbeaktivitäten geworden. Beim Themenkomplex „Kinder und Werbung" sind die folgenden Fragestellungen von Interesse: Welche

Bedeutung haben Kinder als Konsumentengruppe und welche Sozialisationseffekte der Werbung auf Kinder sind zu erwarten und wünschenswert? Diese zwei Fragen sollten u. a. mit Hilfe von Ergebnissen zur „Entwicklungpsychologie des Kindes“ beantwortbar sein. Aber Entwicklung endet nicht mit dem Ende der Kindheit (bzw. des Jugendalters), sondern der Mensch ändert sich ein Leben lang. Erst in den 80er Jahren ist diese „Entwicklungspsychologie des Erwachsenenalters“ zu einem anerkannten Thema geworden. Hierzu haben nicht zuletzt die demographischen Entwicklungen (Zunahme des Prozentsatzes alter Menschen in westlichen Gesellschaften) beigetragen. In diesem Abschnitt werden vereinfacht „Kindheit“ und „Erwachsenenalter“ unterschieden.

3.6.1 Entwicklungspsychologie des Kindes

Spricht man von Kindern als Konsumenten, so sollte nicht unterstellt werden, daß es sich um eine von Erwachsenen (und Jugendlichen) eindeutig abgrenzbare Zielgruppe handelt, die wiederum in sich homogen ist. Eine Untersuchung, die Ende der 70er Jahre durchgeführt wurde, veranschaulicht die altersabhängige Veränderung von Konsumwünschen. Die von Robertson et al. (1984) zusammengefaßten Ergebnisse (siehe Abbildung 41) stammen aus Tagebuchaufzeichnungen, die von den Müttern der Kinder geführt wurden. Die Kinder äußerten durchschnittlich 13,5 Wünsche.

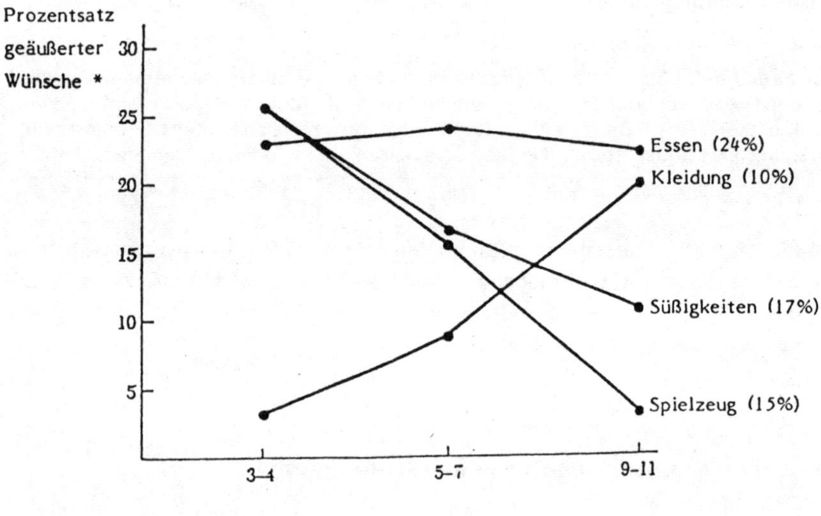

Abbildung 41: Konsumwünsche nach verschiedenen Produkten in Abhängigkeit vom Alter des Kindes (Robertson et al. 1984, S. 142)

Six (1983) kritisiert existierende Untersuchungen zu Sozialisationseffekten von Werbung, da lediglich deskriptive Studien vorgelegt wurden, in denen der Konsum von Werbung (z. B. Interesse an Werbesendungen, zeitliche Zuwendung, Aufmerksamkeit gegenüber Werbematerial) untersucht wurde oder inhaltsanalytische Auswertungen von Werbeinhalten vorgenommen wurden. Theorien zu Sozialisation und Entwicklung liegen aber durchaus vor und sind auch für den Konsumbereich relevant. Beispiele hierfür sind Ergebnisse aus der entwicklungspsychologischen Forschung, z. B. zur Entwicklung der *Aufmerksamkeit* (Roberts & Bachen, 1981). So wurde gefunden, daß Vorschulkinder eher auf die Veränderung von *Oberflächenmerkmalen* von Fernsehprogrammen reagieren (z. B. Veränderungen der Kameraeinstellungen). Andere Merkmale der Fernsehprogramme, die zur Weckung und Aufrechterhaltung von Aufmerksamkeit führen, sind z. B. die visuelle oder akustische Präsenz von Frauen, Kinderstimmen und Klangeffekte wie Lachen und Applaus. Der Aufmerksamkeit eher abträglich sind männliche Stimmen, Tiere, langsame Musik oder ruhige Bilder. Zusammenfassend kann vermerkt werden, daß die Aufmerksamkeit jüngerer Kinder vor allem durch Wahrnehmungsänderungen beeinflußt wird, während sich ältere Kinder stärker an konzeptuell inhaltlichen Variationen orientieren. Wie aber *wirkt* Werbung auf Kinder?

Unstrittig ist die Tatsache, daß Kinder schon in frühen Jahren Werbung ausgesetzt sind. Strittig ist allerdings, ob und ab welchem Alter Werbung wirkt und ob Werbung verstanden wird. Die kritische Grenze für das Verständnis von Werbung wird im allgemeinen im Altersbereich zwischen 7 und 9 Jahren gesehen. Die spezifische Absicht von Werbefilmen kann aber bereits jüngeren Kindern durch gezielte Aufklärungsprogramme beigebracht werden. Darüber hinaus scheinen bereits Fünfjährige in der Lage zu sein, Werbesendungen an eher äußerlichen Merkmalen zu erkennen (Werbesendungen sind „kürzer“ und „lustiger“). Jüngeren Kindern fällt es schwer, die Überzeugungsabsicht von Werbung zu erkennen, zu sehen, daß es sich bei Werbung um verzerrte Informationen handelt oder daß z. B. Werbung etwas anderes ist als das übrige Fernsehprogramm. Nach McGuire (1985) liegt das Maximum der Beeinflußbarkeit von Kindern bei 9 Jahren.

Robertson und Rossiter (1974) nehmen an, daß die Überzeugungswirkung von Fernsehwerbung davon abhängt, ob Kinder den Werbenden spezifische Absichten zuschreiben (können). Als vorausgehende Bedingungen der Zuschreibung einer Überzeugungsabsicht wurden identifiziert: die Diskriminierung zwischen normalem Programm und Werbung; die Wahrnehmung des Sponsors, die Identifikation einer Zuhörerschaft; das Bewußtsein von symbolischen Repräsentationen und die Wahrnehmung möglicher Werbenachricht-Produkt-Unterschiede.

Weitere Ergebnisse zur Wirkung von Werbung auf Kinder lauten, daß die Kritik der Kinder an der TV-Werbung mit zunehmendem Alter zunimmt, Werbung zunehmend als unrealistisch, übertrieben und unglaubwürdig empfunden wird und daß Kinder aus höheren sozialen Schichten der Fernsehwerbung wesentlich kritischer gegenüberstehen und vergleichsweise weniger fernsehen als Kinder aus niedrigeren sozialen Schichten. Ferner zeigte sich, daß die Nachgiebigkeit der

Mütter gegenüber den Konsumwünschen ihrer Kinder mit zunehmendem Alter der Kinder ansteigt, und zwar insbesondere bei jenen Müttern, die selbst viel fernsehen und positiv gegenüber dem Fernsehen eingestellt sind. Insbesondere Mütter aus gehobenen sozialen Schichten schätzen die Wirkung von Werbespots hinsichtlich der Bildung von Konsumwünschen bei ihren Kindern niedriger ein, als es bei ihren Kindern selbst beobachtet werden konnte (Thomas, 1983).

Ob Werbung für Kinder schädlich ist, ist umstritten. Während Kritiker den schädlichen Einfluß von Werbung auf Kinder aufgrund deren Unfähigkeit zur angemessenen Verarbeitung betonen, kann auch argumentiert werden, daß Kinder kaum über die notwendigen Ressourcen verfügen und daher die fehlerhafte Informationsverarbeitung eine geringe Wirkung zur Folge hat. Im Gegensatz zu zahlreichen Kritikern vermutet Wiswede in der Werbung eine Art von Wertstiftung, einen „Prozeß der Anreicherung und Konkretisierung bestimmter sozialer Normen und Werte“ (1972, S. 165). Die Untersuchung von Moschis und Moore (1982) scheint allerdings dafür zu sprechen, daß diese sozialen Normen und Werte in materialistischer Orientierung und Übernahme traditioneller Rollenstereotypen bestehen. Eine Übersicht zu dieser Diskussion findet sich bei Hite und Eck (1987), die außerdem fanden, daß Repräsentanten von Wirtschaftsunternehmen Werbung für Kinder positiver bewerten als Konsumenten. Konsumenten mit Kindern beurteilen den Nutzen von Werbung für neue Produkte als besonders gering.

3.6.2 Entwicklungspsychologie des Erwachsenenalters

Menschen ändern sich nicht nur während ihrer Kindheit, sondern ein Leben lang. Recht naheliegend ist es daher, verschiedene Marktsegmente nach dem Alter der Menschen zu bilden. Tatsächlich erweist sich aber das Alter *an sich* in seiner Bedeutung für Konsumbedürfnisse als weniger relevant. Interessant erweist sich hingegen die Position im sogenannten „Familienlebenszyklus“ (siehe Abbildung 42).

Konsumbedürfnisse richten sich also beispielsweise nicht danach, ob die Konsumentin 20 oder 25 Jahre alt ist, sondern ob sie gerade umgezogen ist, geheiratet oder ihre Ausbildung abgeschlossen hat und nun Geld verdient, ein Kind erwartet usw. Wie die unterschiedlichen Pfade bzw. Pfeile deutlich machen, können bestimmte Phasen des Familienlebenszyklus von einigen Menschen ausgelassen werden. Das heißt aber auch, daß gleichaltrige Menschen sich in völlig verschiedenen konsumrelevanten Marktsegmenten befinden können. In Tabelle 43 wird das charakteristische Konsumverhalten, das in verschiedenen Phasen des Lebenszyklus zu beobachten ist, beschrieben. Diese Aufstellung bezieht sich auf *traditionelle* Lebenszyklen. Beispielsweise überspringen die legendären „Dinkis“ (double income no kids), also „Doppelverdiener ohne Kinder“, die Phasen „Volles Nest I“ bis „Volles Nest III“, verfügen also dauerhaft über mehr Einkommen, sind aber auch für eine Vielzahl von Produkten und Dienstleistungen nicht ansprechbar (z. B. Windeln).

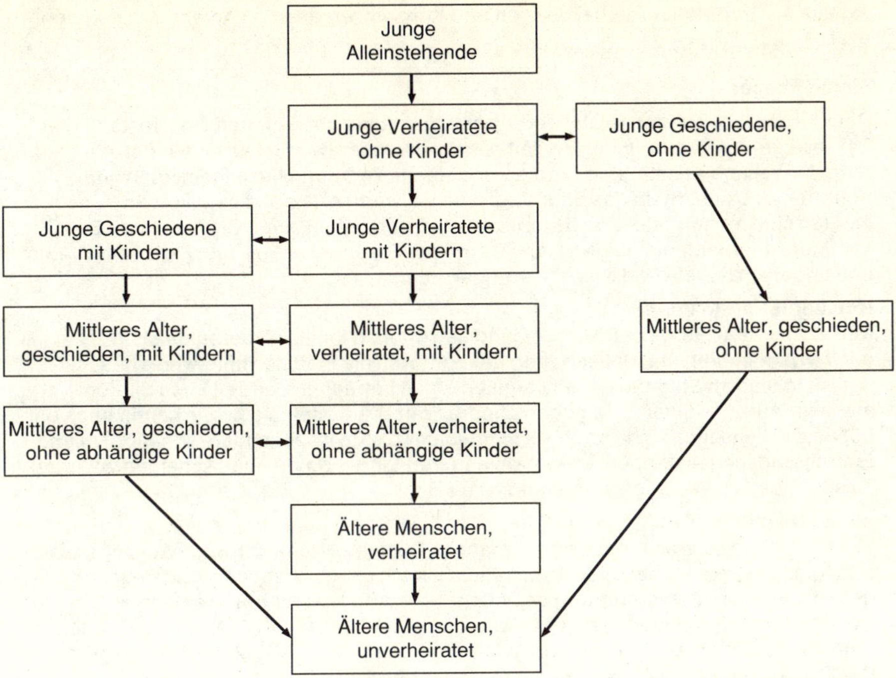

Abbildung 42: Varianten von Familienlebenszyklen (in Anlehnung an Murphy & Staples, 1979)

Ende der 80er Jahre rückte die Gruppe der „Senioren“, „alten Menschen“ oder „Grauen“ auch in den Focus der Aufmerksamkeit von Werbebetreibenden. Preissenkungen für ältere Menschen bietet nicht nur die Deutsche Bundesbahn („Seniorenpaß“), sondern auch McDonald's (Lumpkin & Festervand, 1987). Ältere Menschen kommen häufiger in Werbungen vor.

Nach Lumpkin und Festervand (1987) verlassen sich ältere Menschen öfter auf den Ruf des Produkts bzw. des Geschäfts (vgl. ähnlich die Aussagen zur Treue in Abschnitt 3.2); verheiratete Frauen mit relativ geringerem Einkommen verwenden öfter alle Arten von Informationsquellen, während ältere Männer weniger intensiv Informationsquellen heranziehen. Forschung über das Konsumverhalten älterer Menschen wird aus gesellschaftlichen wie ökonomischen Gründen in den nächsten Jahren sicherlich vermehrt stattfinden und dann eventuell auch vermehrt Erklärungsansätze integrieren, um über das Stadium der Faktensammlung hinauszukommen.

Tabelle 43: Traditionelle Lebenszyklen und Konsumverhalten (in Anlehnung an Engel et al., 1986)

Single Phase:

Obwohl das Einkommen relativ gering ist, haben die Konsumenten ein substantielles frei verfügbares Einkommen. Ein Teil des Einkommens wird dazu verwendet, ein Auto, Möbel und Ausstattung für die erste eigene Wohnung (im allgemeinen ein Appartement) außerhalb des Elternhauses zu erwerben. Die alleinstehenden Konsumenten sind mehr mode- und freizeitorientiert und geben einen Großteil ihres Einkommens für Kleidung, alkoholische Getränke, Essengehen, Urlaub, Ferienaktivitäten und andere Produkte und Dienstleistungen aus.

Neu verheiratete Paare:
Neu verheiratete Paare ohne Kinder sind gewöhnlich finanziell besser gestellt als in der Vergangenheit oder in der nahen Zukunft, weil die Frau normalerweise beschäftigt ist. In diesem Stadium geben Familien einen beträchtlichen Teil ihres Einkommens für Autos, Kleider, Urlaub und andere Freizeitaktivitäten aus. Sie haben auch die höchste durchschnittliche Kaufrate langlebiger Güter, insbesondere von Möbeln und Einrichtungsgegenständen, sowie von anderen teuren Dingen und scheinen während dieser Phase für Werbung empfänglich zu sein.

Volles Nest I:
Mit Ankunft des ersten Kindes hören manche Frauen auf, einem Beruf nachzugehen und folglich sinkt das Familieneinkommen. Gleichzeitig schafft das Kind neue Aufgaben, die zu einer Veränderung des Ausgabenverhaltens führen. Wahrscheinlich zieht das Paar in seine erste eigene Wohnung, kauft Möbel und Ausstattung für das Kind, eine Waschmaschine, einen Wäschetrockner und zusätzliche Haushaltsgeräte. Der Erwerb von Waren für Kinder spielt eine große Rolle.

Volles Nest II:
Das jüngste Kind ist sechs Jahre alt oder älter, das Einkommen des Ehemannes ist angestiegen und die Frau kehrt oft ins Berufsleben zurück. Das Konsumverhalten wird weiterhin stark von den Kindern beeinflußt (z. B. werden Fahrräder oder Musikinstrumente angeschafft).

Volles Nest III:
Das Familieneinkommen steigt weiter, da beide Elternteile beschäftigt sind. Neue Möbel und ein anderes Auto werden gekauft. Es wird viel Geld für die Erziehung der Kinder ausgegeben.

Leeres Nest I:
In dieser Phase ist die Familie mit ihrer finanziellen Situation am zufriedensten, da Einkommen und Ersparnisse weiter gestiegen sind und die Kinder mit Verlassen des Elternhauses weniger finanziell abhängig sind. Das Paar gibt mehr Geld für Luxusgüter, Urlaub, Reisen und Erholung aus.

Leeres Nest II:
In dieser Phase hat sich das Familienoberhaupt zur Ruhe gesetzt, was eine Reduktion des Einkommens bedeutet. Ausgaben für Gesundheit steigen. Eventuell findet ein Wohnungswechsel statt.

Der einzelne Überlebende (solitary survivor):
Falls er noch berufstätig ist, hat er ein hohes Einkommen. Er verkauft oft sein Haus und gibt mehr Geld für Urlaub, Erholung und gesundheitsbezogene Güter aus.

Der pensionierte Überlebende (retired survivor):
Sein Verhalten gleicht dem des einzelnen Überlebenden. Hervorzuheben ist sein spezielles Bedürfnis nach Aufmerksamkeit, Zuwendung und Sicherheit.

3.7 Zusammenfassung

Kapitel 3 behandelte die psychologisch-theoretischen Grundlagen der Werbegestaltung und Werbewirkung. Theoretische Ansätze und Modelle aus verschiedenen psychologischen Bereichen wurden vorgestellt, und es wurde deren Anwendbarkeit auf Fragen der Werbung und des Konsumentenverhaltens demonstriert. Prozesse der Wahrnehmung und Aufmerksamkeit bilden den Beginn jeder Werbewirkung und daher auch den Anfang dieses Kapitels. Werbeinformationen müssen verarbeitet werden und auf deren Grundlage sollen Entscheidungen gefällt werden, wobei das Lernen einer Werbebotschaft oder einer Verhaltensweise sowie die Bildung oder Änderung einer Einstellung (zur Werbung oder zum Produkt) vorausgehen, aber auch das Resultat sein können. Damit sind die Inhalte der Abschnitte 2–4 genannt. Abschnitt 5 behandelte Fragen des Umfelds, in dem Werbung auf eine Person wirkt, sei dies nun durch andere Personen ganz allgemein, Familie oder Kultur näher zu spezifizieren. Den Abschluß bildeten Untersuchungen und Überlegungen zur Werbewirkung bei Kindern und (älteren) Erwachsenen.

4 Formale Aspekte der Gestaltung von Werbung

Die Erörterungen in diesem Kapitel haben im Vergleich zum vorherigen Kapitel 3 einen praktischen Schwerpunkt. Im Mittelpunkt stehen formale oder technische Fragen, und es wird besprochen, inwieweit die psychologische Perspektive hierauf Antworten geben kann. Zunächst werden typographische Fragen der Gestaltung von Werbung behandelt, dann folgen die Wahl einer Anzeigengröße, Plazierungsfragen und die Wirkung von Farben. Gemeinsam ist diesen „formalen" Aspekten, daß sie primär von anderen Spezialisten bearbeitet werden (z. B. Designern, Fotografen, Redakteuren) und Werbepsychologen sich auf die begleitende Evaluation dieser Gestaltungsaspekte beschränken.

4.1 Typographische Aspekte

Die typographischen Aspekte der Gestaltung von Werbung lassen sich wie folgt unterscheiden: Die *Mikrotypographie* enthält den Schrifttyp, die Lesbarkeit von Buchstaben und die Schriftgröße. Die *makrotypographischen* Aspekte betreffen die Gestaltung und die Gliederung von Texten. Es werden in diesem Zusammenhang insbesondere die Auswirkungen auf die Lesbarkeit untersucht, wobei als Kriterien und damit auch *Überprüfungsmethoden* für die *Lesbarkeit* des Werbetextes in Frage kommen: Periphere Erkennbarkeit, Erkennbarkeit im Tachistoskop, Lesegeschwindigkeit, Verständnis, Abstand, aus dem noch das Lesen möglich ist, Dauer bis zum Ermüden, Zahl und Art der Augenbewegungen (Zahl und Dauer der Fixationspausen, Zahl der Regressionen). Einige typographische Fachbegriffe sind in Kasten 20 enthalten.

Kasten 20: Terminologisches in der Typographie

> In der Typographie existiert eine eigene Terminologie. So wird der Zeilenabstand als „Durchschuß" bezeichnet; fehlender Zeilenabstand wird von Tinker (1969) „Standard" und ansonsten „Kompreß" genannt. Der Buchstabenabstand heißt „Spationierung". Die Höhe von Buchstaben setzt sich aus Oberlänge, Mittelhöhe und Unterlänge zusammen. Wichtigste Maßeinheiten sind Punkt und Pica. Ein Pica entspricht 12 Punkt. Sechs Pica sind 1 Inch. Ein Punkt ist 0,376 mm.

4.1.1 Mikrotypographische Aspekte

Betrachten wir zunächst Untersuchungen zur Wirksamkeit verschiedener Schrifttypen. Elbracht (1967) untersuchte die Erkennbarkeit von Einzelbuchstaben und Wörtern, die in verschiedenen Schrifttypen dargeboten wurden (Abbildung 43).

Rang	Einzelbuchstaben	Beispiel
1	Neuzeit fett	**A - a - B - b - C - c - D - d -**
2	Neuzeit mager	A - a - B - b - C - c - D - d -
3	Times roman	A - a - B - b - C - c - D - d -
4	Excelsior mager	A - a - B - b - C - c - D -
5	Excelsior halbfett	**A - a - B - b - C - c - D -**
6	Optima mager	A - a - B - b - C - c - D - d -
7	Optima halbfett	**A - a - B - b - C - c - D - d -**
8	Garamond mager	A - a - B - b - C - c - D - d -
9	Garamond kursiv	*A - a - B - b - C - c - D - d -*
	Wörter (mit 10 Buchstaben)	
1	Neuzeit mager	Gestaltung
2	Excelsior halbfett	**Gestaltung**
3	Optima mager	Gestaltung
4	Optima halbfett	**Gestaltung**
5	Excelsior mager	Gestaltung
6	Neuzeit fett	**Gestaltung**
7	Garamond mager	Gestaltung
8	Garamond kursiv	*Gestaltung*

Abbildung 43: Rangfolge der Erkennbarkeit verschiedener Schrifttypen (Elbracht, 1967, S. 25 f.)

Insgesamt wurden 37,4% der Buchstaben nicht oder falsch erkannt. (Die Buchstaben waren 18 Punkt groß und mußten aus 5 m Entfernung erkannt werden. Die Wörter wurden mit einem Tachistoskop dargeboten.) 17% der Wörter wurden nicht oder falsch erkannt, wobei die Spannweite falscher Wortnennungen von 6,7% (Neuzeit mager) bis 30,7% (Garamond kursiv) reichte.

Ein bemerkenswertes Ergebnis von Elbracht (1967) ist, daß die Schrift in (Neuzeit) Fett nur dann sehr gut erkennbar war, wenn es sich um Einzelbuchstaben handelte, während ganze Wörter in diesem Schrifttyp nicht so gut lesbar waren. Auffallend ist auch, daß der Schrifttyp Garamond in kursiver Schreibweise in beiden Fällen am schlechtesten erkannt wurde. Für die Gestaltung von Texten ergibt sich hieraus, daß sowohl Neuzeit fett als auch kursive Schrifttypen – die beide z. B. in Fachzeitschriften sehr oft verwendet werden – zur Hervorhebung in

Texten nur wenig geeignet sind. Bei der Verwendung von Kursivschrift ist sogar anzunehmen, daß das, was hervorgehoben werden soll, schlechter lesbar ist als das, was mit „normalen“ Buchstaben geschrieben wurde.

Elbracht (1967) untersuchte ebenfalls die *Lesbarkeit*, vor allem die Lesegeschwindigkeit, und fand, daß die Lesegeschwindigkeit selbst zwischen der am besten und der am schlechtesten lesbaren Schrift nur recht wenig differiert (Verhältnis von 1:1,2). Als Fazit ergibt sich: „Fette“ Schriften behindern eher das schnelle Lesen, eignen sich aber für Überschriften. Zur Hervorhebung eignen sich vor allem halbfette und magere Schriften, während sich Negativ- und Kursivschriften fast immer negativ auf die Lesegeschwindigkeit auswirken. Einschränkend ist zu beiden Untersuchungen von Elbracht zu bemerken, daß es hier um das erstmalige Wahrnehmen der Schriften ging. Denkbar ist, daß Gewöhnungsprozesse die Unterschiede in der Erkenn- und Lesbarkeit der Schrift schon nach kurzer Zeit aufheben können.

Neben der Erkennbarkeit oder Lesbarkeit verschiedener Schrifttypen hat Werbepsychologen auch schon seit einiger Zeit deren psychologische Wirkung interessiert (vgl. Abbildung 44).

Cartoon Nr. 4: Mikrotypographie

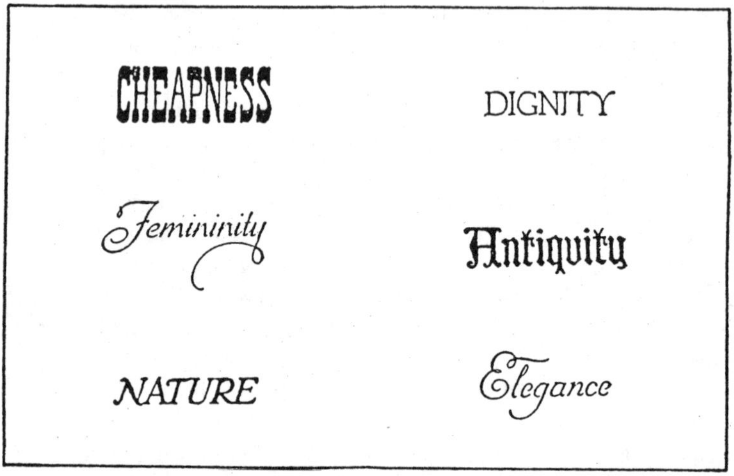

Abbildung 44: Schrifttypen (Poffenberger, 1925, S. 392)

Zur Frage, inwieweit die Verwendung spezifischer Schriftarten zur Erzeugung von *Stimmungen* führt oder diese unterstützt, existiert eine Studie von Kastl und Child (1968), die auch ein Referat über vorhergehende Untersuchungen enthält. Tabelle 44 gibt einen Teil der Ergebnisse wieder.

Tabelle 44: Schriftarten und die entsprechenden Stimmungen (Kastl & Child, 1968)

Schriftarten	Stimmung
rund	lebendig, funkelnd, verträumt, ruhig, hochragend
eckig	würdevoll
fett	traurig, würdevoll, dramatisch

Es mag sein, daß die psychologische Wirkung von Schriften so evident ist, daß deren Untersuchung trivial erscheint. Die Beispiele von Poffenberger (1925) sind eben zu überzeugend, und Kastl und Child (1968) berichten ebenfalls „stereotype" Eindrücke (z. B. fette Schrift = typisch für Todesanzeigen). Weitere Resultate zur Wahrnehmung von Linienzügen finden sich in Abschnitt 5.8.

Hinsichtlich der Lesbarkeit von Einzelbuchstaben oder einzelnen Zahlen lassen sich verschiedene Spekulationen anstellen. So kann vermutet werden, daß Großbuchstaben besser als Kleinbuchstaben wahrgenommen werden und bei den Kleinbuchstaben am besten die Buchstaben mit Oberlängen (z. B. l, k,) erkannt werden, dann die mit Unterlängen (g, p) und schließlich die, die nur aus Grundstrichen bestehen (m, n). Poffenberger (1925) erklärt die unterschiedliche Lesbarkeit damit, daß die obere Hälfte von Buchstaben für ihre Lesbarkeit wichtiger sei. Dies kann daran liegen, daß Buchstaben im allgemeinen von oben nach unten geschrieben werden (z. B. t, k, s) und es einfacher ist, das „Ende" einer Figur zu ihrem wahrnehmbaren Beginn zu ergänzen als den „Beginn" einer Figur zu dem wahrnehmbaren Ende. Außerdem liegen einige markante Merkmale von Buchstaben in der oberen Hälfte der Zeilen (z. B. der Querstrich bei t oder der i-Punkt). Untersuchungen zur Lesbarkeit konnten diese Vermutungen nur bedingt bestätigen. So zeigte es sich, daß die Vorteile der *Großschreibung* bei fortlaufenden Texten verschwinden (Anastasi, 1973). Roethlein (1912) untersuchte die Lesbarkeit verschiedener Buchstaben, wobei diese jeweils in verschiedenen Schriftarten dargeboten wurden. Großflächige Buchstaben mit breiteren Linien schienen insgesamt besser lesbar zu sein. Die Überprüfung der Frage, ob die Buchstabenwahrnehmung auf eine vergleichbare Art und Weise erfolgt, wenn die Buchstaben Teile von Wörtern sind, ergab, daß die Erkennbarkeit insgesamt abnimmt und daß die Unterschiede zwischen „bestem" und „schlechtestem" Buchstaben geringer werden.

Nach Tinker (1969) stimmen die Ergebnisse verschiedener Untersuchungen zur Lesbarkeit von Großbuchstaben weniger miteinander überein, aber: A und L erwiesen sich meistens als gut lesbar, wohingegen B, G und Q wiederholt niedrige Lesbarkeitswerte erzielten. Die schlechte Lesbarkeit ist teilweise durch die Verwechselbarkeit mit anderen Buchstaben erklärbar (G mit C und O; Q mit O). Allerdings müßten dann auch M und W verwechselt werden können, was den Ergebnissen von Roethlein (1912) widersprechen würde.

Tinker (1969) gibt hinsichtlich der Gestaltung von Einzelbuchstaben folgende Empfehlungen:

- Charakteristische Merkmale eines Buchstabens sollten klar herausgestellt werden (z. B. der horizontale Strich beim T)
- Die Linien sollten nicht zu nahe beieinander liegen (z. B. bei A, V, X und Z)
- Die mittleren Horizontalen bei E und F sollten kürzer als die oberen Horizontalen und außerdem nicht zu dünn sein
- Extrem kontrastierende Haarlinien sollten vermieden werden (z. B. bei Y, N und F)
- Zu lange Serifen sind zu vermeiden (z. B. bei F oder U)
- Gabelungen sollten in der Nähe der Mitte (Vertikalen) bleiben (z. B. bei Y und M).

Im Gegensatz zu den Großbuchstaben stimmen die Ergebnisse von insgesamt sieben Studien zur Lesbarkeit von Kleinbuchstaben stärker überein. Als gut lesbare Kleinbuchstaben erwiesen sich d, m, p, q und w, während c, e, i, n und l weniger gut lesbar waren. Nach Tinker (1969) können folgende Regeln formuliert werden:

- „Großflächige" Buchstaben sind besser lesbar (w besser als e)
- Klarer strukturierte Buchstaben sind besser lesbar (z. B. w vs. a oder q vs. g)
- Serifen können oft das Lesen behindern (z. B. bei h, u, n); teilweise leisten kurze, dreieckige Serifen bessere Dienste (z. B. bei a, z, s)

- Dünne Haarlinien (z. B. bei e) sollten mit großer Vorsicht verwendet werden, wobei darauf zu achten ist, daß ausreichend Hintergrundfläche bleibt.

Abschließend sollen noch einige Aspekte im Zusammenhang mit der Schriftgröße angesprochen werden. Die Schriftgröße wird in „Punkt" gemessen. Für Erwachsene sind nach Teigeler (1982) 10 Punkt optimal, während für Kinder eine wesentlich größere Schrift empfohlen wird (vgl. Tabelle 45). Es wurde hier jeweils eine Sehdistanz von ca. 30 cm vorausgesetzt.

Tabelle 45: Empfehlenswerte Schriftgrößen für Kinder (Teigeler, 1982, S. 129)

7 Jahre	20 Punkt
8 Jahre	18 Punkt
9 Jahre	16 Punkt
10–11 Jahre	14 Punkt
12–13 Jahre	12 Punkt
14 Jahre	10 Punkt

Für die Lesbarkeit bzw. Erkennbarkeit von Schriften aus größerer Entfernung kann die Daumenregel formuliert werden, daß eine Schrift in 200–400facher Entfernung ihrer Größe (Großbuchstaben bzw. Mittellängenhöhe von Kleinbuchstaben) noch lesbar sein sollte (Teigeler, 1982). Die Gegenposition vertritt in provozierender Weise Noordzij (1985; vgl. Kasten 21).

Kasten 21: Brauchen Kinder wirklich große Schrift?

> „Kinder halten einen geringen Leseabstand. Manchmal weniger als zehn Zentimeter. Zu diesem Leseabstand gehört nicht nur eine kleine Schrift, sondern überhaupt ein kleineres Buchformat. Ein Schulbuch sollte kleiner als ein Taschenbuch sein. Wenn 9 Punkt als normale Durchschnittsgröße gilt, dann braucht ein Schulbuch allenfalls 7-Punkt-Schriften. Das Buch sollte in der Größe proportional dem Kind entsprechen." (Noordzij, 1985, S. 39)

Tinker (1969) berichtet mehrere systematische Untersuchungen zur Lesbarkeit unterschiedlich großer Schrift. Sowohl Befragungsdaten als auch Daten über die Blickbewegungen weisen auf eine optimale Schriftgröße zwischen 10 und 11 Punkt hin.

In der Übersicht betrachtet ist es auch heute noch schwierig, allgemeingültige Empfehlungen zur typographischen Gestaltung zu geben, die mehr als den Charakter von Daumenregeln haben. Es mag wohl mehr Ausnahmen als Regeln geben, was mit der Vielzahl der Variationsmöglichkeiten zusammenhängt. Weiterführendes Material findet sich bei Rehe (1985) und bei Tinker (1969).

4.1.2 Makrotypographische Aspekte

Makrotypographische Aspekte betreffen die Textgestaltung, soweit sie zur Verbesserung von Lesbarkeit und Verständlichkeit von Texten führen kann. Zunächst werden einige Resultate zur Zeilengestaltung fortlaufender Texte besprochen; danach wird auf die Zeilenbreite und den Zeilenabstand eingegangen.

4.1.2.1 Zeilengestaltung

Elbracht (1967) untersuchte die Lesbarkeit von *Blocksatz* und *Flattersatz* und fand, daß der Blocksatz bei einer Zeilenbreite von mehr als 6 cm und der Flattersatz bei weniger als 6 cm besser lesbar ist. Teigeler (1982) empfiehlt bei einer Schriftgröße von 10 Punkt und einem Zeilenabstand (Durchschuß) von 2 Punkt eine Zeilenbreite von ca. 10 cm bzw. 60 Anschlägen. Der Vorteil des Flattersatzes bei schmaler Zeile kann im Erhalt von Sinn-Einheiten gesehen werden (Teigeler, 1982). Außerdem verhindert er das Überhandnehmen von „Löchern" zwischen einzelnen Worten, während der Blocksatz bei breiten Zeilen zu gleichmäßigen Augenbewegungen führt.

In den 50er Jahren wurden verschiedene Textgestaltungsformen vorgeschlagen, um durch äußerliche Merkmale die Verständlichkeit der Texte zu erhöhen. So bildet bei der Anordnung des Textes in *Rechteckform* (Square-Span) jede Sinneinheit einen Block von zwei Zeilen; die *Einheitensperrung* (Spaced-Unit) behält das Prinzip des fortlaufenden Textes bei, wobei sinngemäß zusammengehörende Wörter durch einen Zwischenraum vom nachfolgenden Text abgetrennt werden (vgl. Abbildung 45).

Drei exemplarische Untersuchungen seien angeführt, die die möglichen Vorteile dieser beiden Formen der Textgestaltung im Vergleich zu „normalem Text" deutlich machen. North und Jenkins (1951) boten den gleichen Text auf drei verschiedene Arten (normaler Text, Rechteckform, Einheitensperrung) dar und führten anschließend einen Wissenstest durch. Sie fanden eine Überlegenheit der Einheitensperrung gegenüber den beiden anderen Varianten, die sich nicht unterschieden. Nahinsky (1956) verwendete ein Tachistoskop und prüfte, wie viele

Rechteckform

Bei der Rechteckform   in zweizeiligen Blöcken
wird der Text   dargeboten.

Einheitensperrung

Bei der Einheitensperrung   wird der Text
in Sinneinheiten   gezeigt.

Abbildung 45: Zwei Textgestaltungsformen

Wörter die Versuchspersonen erinnern konnten. Das Resultat der Studie war, daß bei der Rechteckform die meisten Wörter korrekt erinnert werden konnten. Klare, Nichols und Shuford (1957) prüften schließlich die Lesegeschwindigkeit und stellten fest, daß nur zu Beginn die „normale" Textgestaltung diesbezüglich überlegen war. Auch North und Jenkins (1951) hatten einen Lesegeschwindigkeitstest durchgeführt und dabei eine Überlegenheit der Einheitensperrung gefunden. Allerdings verwendeten diese Autoren einen allgemeinverständlichen Text und untersuchten vermutlich im Umgang mit Texten versierte Versuchspersonen (College-Studenten), während Klare et al. (1957) einen Text mit technischem Inhalt und eine gesellschaftlich heterogenere Versuchspersonengruppe heranzogen.

Die Forderung, daß gedankliche Einheiten auch textgestalterisch deutlich werden sollten, hat sicherlich ihre Berechtigung, auch wenn die bisherigen Ergebnisse nicht sehr eindeutig zu sein scheinen und es nur wenige Ansätze zur praktischen Umsetzung in fortlaufenden Texten gibt. Allerdings dürfte es Anwendungsbereiche geben, in denen diese Forderung prüfbar wäre, z. B. die Vertextung von Sprechblasen, in denen nur kurze Zeilen möglich sind, die Gestaltung von Texten in Illustrationen, die Anordnung von Schlagzeilen (headlines) und die Technik der Lichtreklame.

Zinn 40 zum Kippen zu schade

In dieser Form ist der Slogan bei flüchtiger Betrachtung inhaltlich nur schlecht zu erfassen. Und noch problematischer kann eine falsche Strukturierung sein, wie sie z.B. die folgende Variante zeigt:

Zinn 40 zum Kippen
zu schade

Die zusammenhängend gelesene Zeile „Zinn 40 zum Kippen" kann Mißverständnisse erzeugen.
Die folgende Variante zeigt eine bessere Strukturierung nach Sinneinheiten:

Zinn 40
zum Kippen
zu schade

(Im Original steht hinter „Zinn 40" noch ein Gedankenstrich)

Abbildung 46: Beispiel zur Zeilenorganisation (Behrens & Hartmann, 1977, S. 42)

Diese Überlegungen zur Gestaltung von Texten sind vor allem für Überschriften und Slogans von praktischem Interesse. Im allgemeinen kann die Regel formuliert werden, daß bei *Slogans* oder kurzen Texten pro Zeile *eine* Sinneinheit stehen sollte. Ein Beispiel soll zeigen, wie durch eine bessere Zeilenorganisation die Verständlichkeit von Texten verbessert werden kann (Abbildung 46).

Teigeler (1969) gibt ein Beispiel mit einem offensichtlichen semantischen Bruch sowie einen Vorschlag zu einer besseren Aufteilung (Abbildung 47/48).

Die VW 1600
Automatic

Oder.

Wie ein wenig mehr Geld
das Leben viel leichter
machen kann.

1. Wie ein wenig mehr Geld – 2. das Leben – 3. viel leichter/machen kann.

Abbildung 47: Beispiel für eine headline mit einem semantischen Bruch (Teigeler, 1969)

Im Vergleich hierzu zeigen die headlines (Slogans) in Abbildung 48 günstige linguistische Strukturen.

Warum gibt es
auf manchen Partys
Bier
erst gegen Ende?

1. Warum gibt es – 2. auf manchen Partys – 3. Bier – 4. erst gegen Ende?

Was haben Sie
eigentlich
gegen den Schnupfen?

1. Was haben Sie – 2. eigentlich – 3. gegen den Schnupfen?

Abbildung 48: Beispiele für headlines ohne semantische Brüche

Auftraggeber	IBM Deutschland GmbH
	UV Werbung, Alex Bauer
Werbeagentur	GGK Düsseldorf
Berater	Peter C. Bury
Creativ Director	Michael Schirner
Art Director	Konrad Wenzel
Texter	Lutz Schaper
Grafiker	Heribert Birnbach

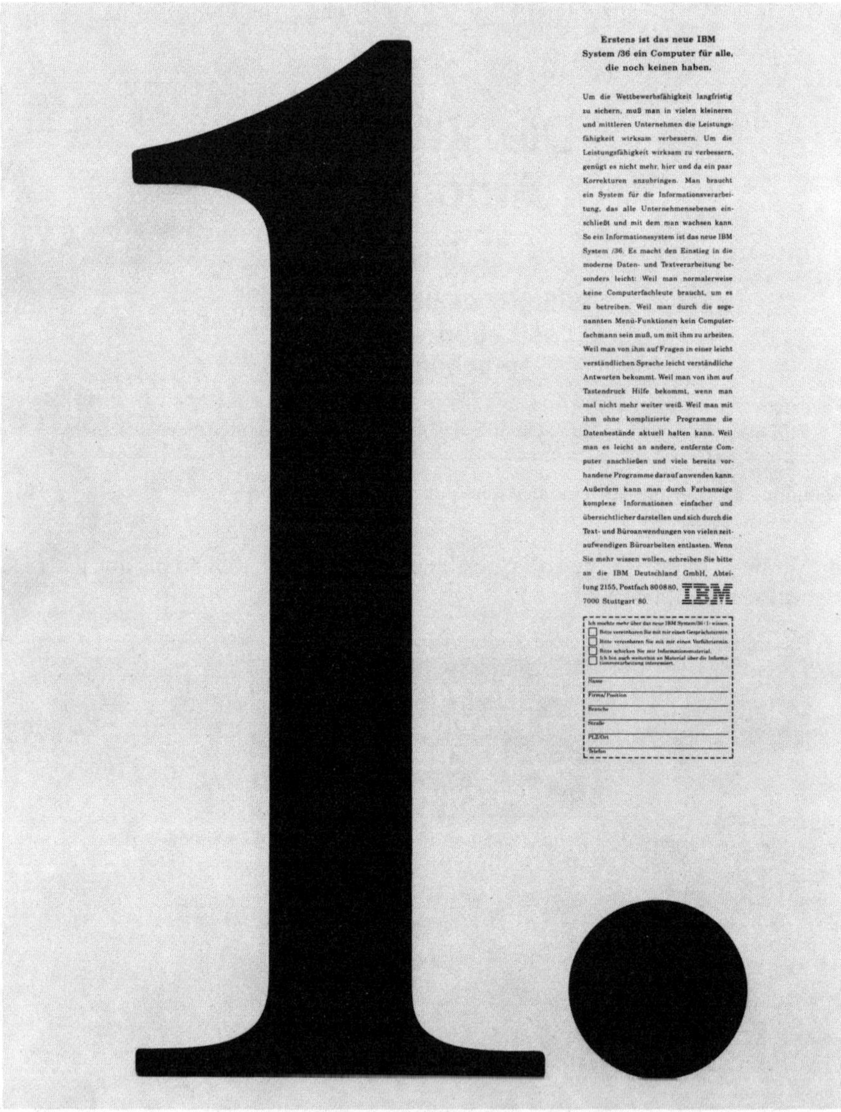

Abbildung 49: Makrotypographie – wörtlich genommen (aus: Jahrbuch der Werbung 1984, S. 502).

Cartoon Nr. 5: Makrotypographie – ein belastendes Problem

4.1.2.2 Zeilenbreite

Wie bereits erwähnt, wurde von Teigeler (1982) die Regel aufgestellt, die Satzbreite in fortlaufenden Texten so zu wählen, daß ca. sechs Wörter ohne Trennung in eine Zeile passen. Tinker (1969) berichtet über zahlreiche, teilweise widersprüchliche Untersuchungen zu dieser Aussage.

Allgemeingültige Aussagen sind schwierig, weil die optimale Zeilenbreite auch von der Schriftgröße abhängt (siehe Abbildung 50). Tabelle 46 faßt die Resultate einer Untersuchung von Tinker & Paterson zur Lesbarkeit der verschiedenen Zeilenbreiten zusammen.

Tabelle 46: Lesbarkeit bei simultaner Veränderung von Schriftgröße und Zeilenbreite (Tinker & Paterson, zitiert nach Tinker, 1969, S. 84)

Größe der Schrifttype und Zeilenbreite verglichen mit dem Standard (10 Punkt, 19 Pica)	Unterschiede in Prozent*
6 Punkt, 16 Pica	−6.0
8 Punkt, 17 Pica	−0.6
10 Punkt, 19 Pica (Standard)	0.0
12 Punkt, 23 Pica	−3.1
14 Punkt, 27 Pica	−3.3

* Minus bedeutet weniger gut lesbar als der Standard

6 point, 16 picas

28. On Sunday Mr. Jones never reads anything but good books for he is a very religious man. Each

8 point, 17 picas

28. On Sunday Mr. Jones never reads anything but good books for he is a very religious man. Each

10 point, 19 picas

28. On Sunday Mr. Jones never reads anything but good books for he is a very religious man. Each

12 point, 23 picas

28. On Sunday Mr. Jones never reads anything but good books for he is a very religious man. Each

14 point, 27 picas

28. On Sunday Mr. Jones never reads anything but good books for he is a very religious man. Each

Abbildung 50: Demonstrationsbeispiel für simultane Veränderung von Schriftgröße und Zeilenbreite (Tinker, 1969, S. 85)

Tinker (1969) untersuchte ebenfalls die Effektivität der Verwendung von Trennstrichen und Freiräumen zwischen Textspalten (siehe Abbildung 51). Das Ergebnis dieser Untersuchung ist natürlich vor allem für die mehrspaltige Anordnung von Texten von Interesse, so z. B. für Zeitungsartikel. Die Unterschiede in der Lesegeschwindigkeit erwiesen sich als sehr gering. Der beste Wert ergab sich bei ½ Pica Zwischenraum ohne Trennstrich, den schlechtesten Wert erhielt die Variante mit Trennstrich und ¼ Pica auf jeder Seite. Bei der Befragung der Leser hinsichtlich ihrer Präferenzen erhielt jedoch die letzte Variante den höchsten Wert (Tinker, 1969).

4.1.2.3 Zeilenabstand

Der Zeilenabstand (Durchschuß) kann nach Teigeler (1982) gar nicht groß genug sein, sollte aber mindestens 2 Punkt betragen. Ergebnisse von Paterson und Tinker stellen diese Empfehlung allerdings in Frage (vgl. Abbildung 52 und Tabelle 47). 4 Punkt Zeilenabstand war im Vergleich zu 2 Punkt Zeilenabstand weniger gut lesbar.

Erklärungen für diese Resultate sind vermutlich zum einen in den natürlichen Augenbewegungen zu suchen, die bei allzu geringen Zeilenabständen zur Verwechslung der Zeilenabfolge bei den notwendigen Blicksprüngen führen. Zum anderen können zu große Zeilenabstände den Eindruck von „Löchern" zwischen den Zeilen bewirken. Zudem ist zu vermuten, daß ein optimales *Verhältnis* von Schriftgröße zu Zeilenabstand existiert.

Trennstriche mit keinem Raum zwischen den Spalten

1. Mary was sitting on the seashore one hot day in June. She said to her mother, "If only I had

16. This band of men and women set sail for the new world where they could live in peace. There

¼ Pica auf jeder Seite des Trennstrichs

1. Mary was sitting on the seashore one hot day in June. She said to her mother, "If only I had

16. This band of men and women set sail for the new world where they could live in peace. There

½ Pica auf jeder Seite des Trennstrichs

1. Mary was sitting on the seashore one hot day in June. She said to her mother, "If only I had

16. This band of men and women set sail for the new world where they could live in peace. There

½ Pica Raum zwischen den Spalten

1. Mary was sitting on the seashore one hot day in June. She said to her mother, "If only I had

16. This band of men and women set sail for the new world where they could live in peace. There

1 Pica Raum zwischen den Spalten

1. Mary was sitting on the seashore one hot day in June. She said to her mother, "If only I had

16. This band of men and women set sail for the new world where they could live in peace. There

2 Pica Raum zwischen den Spalten

1. Mary was sitting on the seashore one hot day in June. She said to her mother, "If only I had

16. This band of men and women set sail for the new world where they could live in peace. There

Abbildung 51: Demonstrationsbeispiel für unterschiedliche Zwischenräume zwischen Textspalten (10 Punkt, 19 Pica, 2 Punkt Zeilenabstand; nach Tinker, 1969, S. 119)

Tabelle 47: Lesbarkeit von Schrift bei unterschiedlichem Zeilenabstand (Paterson & Tinker, nach Tinker, 1969, S. 91)

Zeilenabstand verglichen mit Standard	Unterschiede in Prozent*
Standard	0.0
1 Punkt	−1.0
2 Punkt	+5.2
4 Punkt	+2.8

* Minus bedeutet schlechter lesbar als der Standard

Standard

6. Mr. Smith gave a newsboy a quarter for a paper and left without his change. When the boy ran and

1 Punkt Zeilenabstand

6. Mr. Smith gave a newsboy a quarter for a paper and left without his change. When the boy ran and

2 Punkt Zeilenabstand

6. Mr. Smith gave a newsboy a quarter for a paper and left without his change. When the boy ran and

4 Punkt Zeilenabstand

6. Mr. Smith gave a newsboy a quarter for a paper and left without his change. When the boy ran and

Abbildung 52: Demonstrationsbeispiel für unterschiedliche Zeilenabstände (Schrift = 10 Punkt; nach Tinker, 1969, S. 90)

4.2 Die Anzeigengröße

Es läßt sich kaum bestreiten, daß mit der Größe von Anzeigen auch deren Aufmerksamkeitswirkung zunimmt. Fraglich ist lediglich das Ausmaß, in dem dies geschieht. In der ersten Hälfte des 20. Jahrhunderts gab es zu dieser Frage eine Reihe von Untersuchungen (vgl. zusammenfassend Jacobi, 1972; Abbildung 53). Wenn auch die Ergebnisse teilweise variierten, so kann jedenfalls festgestellt werden, daß die Aufmerksamkeitswirkung mit der Größe der Anzeigen zunimmt. Seit den 60er Jahren finden sich kaum Arbeiten zur Wirksamkeit unterschiedlich großer Werbungen. Engel et al. (1986) nennen Belege, wonach größere Illustrationen zu positiveren Einstellungen bei den Rezipienten führen, aber die zitierten Untersuchungen sind nicht öffentlich zugänglich.

Die Erklärung für die stärkere Wirksamkeit größerer Anzeigen ist keineswegs nur in der Größe an sich zu suchen. Mit der Anzeigengröße verändern sich auch noch eine Reihe weiterer Variablen. Beispielhaft gibt Tabelle 48 die Ergebnisse aus einer Studie von Twedt (1952) wieder, in der die Korrelationen zwischen der Anzeigengröße und anderen Elementen der Anzeigen berechnet wurden.

Tabelle 48: Korrelation der Anzeigengröße mit anderen Variablen (Twedt, 1952, S. 431)

Variablen	Korrelation mit Anzeigengröße
Anzeigen gelesen oder Teile davon gelesen	.62
Anzahl der Farben	.07
Anzahl der Illustrationen	.35
Fläche der Illustrationen	.71
Anzahl der Schriftgrößen	.54
Größter Buchstabe	.64
Anzahl der Wörter	.62
Anzahl der Blöcke	.57
Größe der Überschrift	.49
Anzahl der Produktvorteile	.51

Relativ starke Zusammenhänge zeigten sich insbesondere mit der Größe der Illustrationen sowie verschiedenen Variablen der Schrift bzw. des Textes (Größe der Schrift, Länge des Textes usw.). Wenn also, was die erste Zeile der Tabelle besagt, ein recht deutlicher Zusammenhang zwischen der Größe der Anzeige und

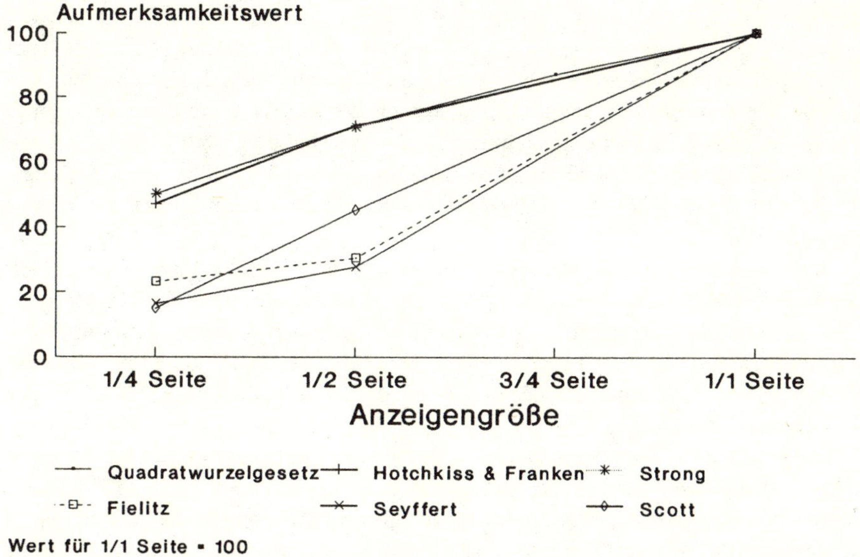

Abbildung 53: Der Zusammenhang zwischen dem Aufmerksamkeitswert und der Anzeigengröße (nach Daten von Jacobi, 1972)

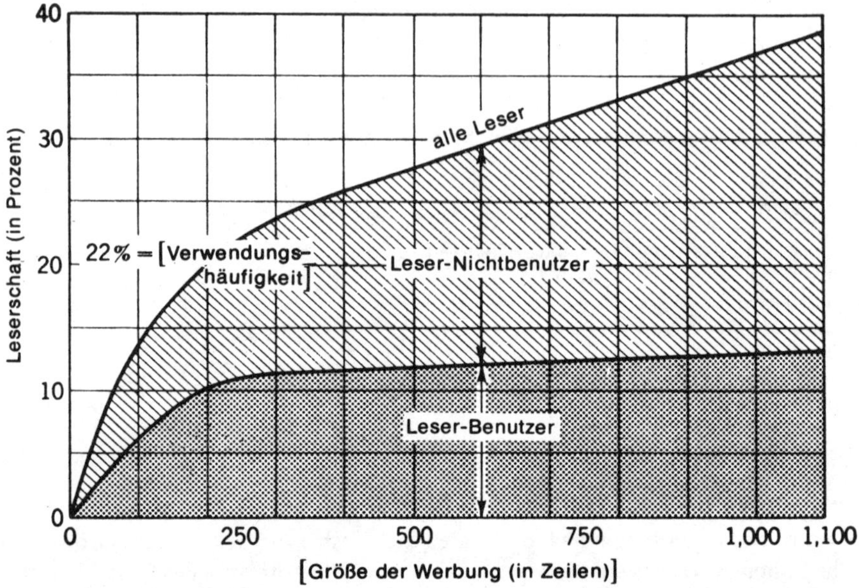

Abbildung 54: Die Beziehung zwischen Anzeigengröße und Leserschaft in Abhängigkeit von Verwendung und Nichtverwendung des Produktes (Hadley, 1950, S. 55)

deren Beachtung besteht (r = .62), so kann dies auch zumindest zum Teil auf einige der anderen in der Tabelle genannten Faktoren zurückgeführt werden.

Vor der Entscheidung, eine „möglichst große" Anzeige zu inserieren, sollte auch noch das Ergebnis einer Untersuchung von Hadley (1950) bedacht werden (vgl. Abbildung 54). Hadley fand, daß mit zunehmender Größe einer Zeitungswerbung vor allem der Anteil der Nichtbenutzer der Produkte unter den Lesern stark zunahm.

Wenn das Ergebnis von Hadley (1950) als allgemeingültig angenommen werden kann, dann muß hieraus jedoch nicht folgen, daß die größeren Anzeigen gerade deshalb wirksamer sind, weil sie von mehr *neuen* Lesern beachtet werden. Wenn die Anzeige lediglich der Erinnerung an Produkte dienen soll oder vor allem die Funktion von Nachkaufwerbung hat, dann ist die Ansprache von Nichtverwendern wenig zweckmäßig.

Insgesamt kann festgehalten werden, daß größere Anzeigen zwar öfter beachtet werden, daß aber weder die Erklärung noch die Art und Stärke des Effekts der Vergrößerung einer Anzeige eindeutig sind. Für praktische Fragen der Mediaplanung ist nun insbesondere interessant, ob die verringerte Wirkung kleinerer Anzeigen nicht durch Wiederholungen der Darbietungen ausgeglichen werden kann oder ob größere Anzeigen von der Wiederholung mehr profitieren als kleinere Anzeigen. Bereits zu Beginn des 20. Jahrhunderts wurde diese Frage von Strong (zitiert nach Poffenberger, 1925) untersucht.

Strong prüfte die Aufmerksamkeitswirkung von ganzseitigen, halbseitigen und viertelseitigen Anzeigen, die jeweils ein-, zwei- oder viermal dargeboten wurden. Tabelle 49 gibt die Ergebnisse des anschließend durchgeführten Rekognitionstests wieder.

Tabelle 49: Einfluß der Wiederholung identischer Werbung auf die Erinnerungsleistung (Strong, zitiert nach Poffenberger, 1925, S. 215)

	Zahl der Darbietungen		
Größe der Anzeige	1	2*	4*
¼ Seite	1.00	1.22	1.73
½ Seite	1.00	1.26	1.53
1 Seite	1.00	1.24	1.58
Durchschnitt	1.00	1.24	1.61

* Faktor der Zunahme der Zahl der Wiedererinnerungen im Vergleich zu den Werten bei einmaliger Darbietung.

Bei den Ergebnissen von Strong fällt besonders auf, daß die Veränderung der Erinnerungswerte mit der Größe der Anzeige kaum variiert. Strong beschreibt seine Ergebnisse so, daß sie ziemlich genau der Vorhersage, die durch die Quadratwurzel der Zahl der Wiederholungen beschrieben wird, folgen. Kann nun aber die Wiederholung der Darbietung einer Anzeige die verringerte Größe kompensieren? Ein Vergleichsmaßstab ist dann gegeben, wenn z. B. die Wirksamkeit der einmaligen Darbietung einer halben Seite mit der zweimaligen Darbietung einer Viertelseite verglichen wird. Ein Vergleich der Wirksamkeit von Anzeigenvergrößerung und Anzeigenwiederholung wurde ebenfalls nach Ergebnissen von Strong in Tabelle 50 zusammengestellt.

Tabelle 50: Die relative Bedeutung von Größe und Wiederholung einer Anzeige für die Wiedererkennung (Strong, zitiert nach Poffenberger, 1925, S. 217)

	Größe der Anzeige*		
Zahl der Darbietungen	¼ Seite	½ Seite	1 Seite
1	1.00	1.45	2.20
2	1.22	1.83	2.73
3	1.73	2.22	3.47

* Der Wiedererkennungswert für eine Darbietung von ¼ Seite wurde 1.00 gesetzt.

Die zweimalige Darbietung einer Viertelseite ist nach den Ergebnissen von Strong also weniger wirksam als die einmalige Darbietung einer halben Seite. Allerdings sollten diese Ergebnisse wiederum relativiert werden. Denn wenn mit der zweiten Darbietung der viertelseitigen Werbung eine völlig *neue* Leserschaft erreicht wird, dann ist der Effekt einer viertelseitigen Anzeige, die zweimal jeweils unterschiedliche Leser erreicht, möglicherweise größer als der einer halbseitigen Werbung.

Münsterberg (1912) untersuchte den Zusammenhang zwischen Anzeigengröße, Zahl der Darbietungen und Erinnerungswert. Auf insgesamt 60 Seiten wurden ganzseitige Anzeigen (1×), halbseitige Anzeigen (2×), viertelseitige (4×), achtelseitige (8×) und zwölftelseitige Anzeigen (12×) dargeboten. Die Anzeigen waren dann, wenn sie kleiner als eine ganze Seite waren, immer mit anderen Anzeigen zu einer ganzen zusammengestellt. Jede Seite wurde von den 30 Versuchspersonen 20 Sekunden lang betrachtet. Im Anschluß wurde ermittelt, ob die Versuchspersonen den Namen der angezeigten Firmen und/oder den „angezeigten Gegenstand" erinnerten (Tabelle 51).

Tabelle 51: Erinnerungswerte für unterschiedlich große Anzeigen, die unterschiedlich oft dargeboten wurden (Münsterberg, 1912, S. 156)

1/1-Seite	0,33
1/2-Seite (2×)	0,30
1/4-Seite (4×)	0,49
1/8-Seite (8×)	0,44
1/12-Seite (12×)	0,47

Die Erinnerungswerte geben wieder, wie oft und in welchem Ausmaß Anzeigeninhalte erinnert werden. Den höchsten Erinnerungswert bei insgesamt gleich großen Flächen erzielte hier die 1/4-Seite.

Zusammengefaßt ist die verringerte Wirksamkeit einer kleineren Anzeige zumindest teilweise durch Wiederholung kompensierbar. Die Preispolitik der Werbeträger, nach der die Plazierung größerer Anzeigen etwas weniger kostet, als sich aus der proportionalen Vergrößerung berechnen läßt, hat ihre Gründe vermutlich eher in der betriebswirtschaftlichen Kalkulation denn in Überlegungen zur Wirksamkeit.

4.3 Plazierungseffekte

Manchmal sind Werbemittel und Werbeträger identisch, so z. B. bei Flugblättern und Wurfzetteln (vgl. Abschnitt 1.5.2.3). In solchen Fällen reduzieren sich die Überlegungen bezüglich der Plazierung weitgehend auf gestalterische Probleme und auf die Mediaplanung als räumliche und zeitliche Streuung. Die klassischen Untersuchungen zur Effektivität unterschiedlicher Plazierungen beschäftigen sich allerdings mit der Frage, an welcher Stelle eines Werbeträgers (vor allem Zeitungen, Zeitschriften) die Werbung am besten zu plazieren ist. Dies kann sich auf die Anordnung auf einer Seite oder innerhalb des gesamten Werbeträgers beziehen.

In diesem Abschnitt werden drei verschiedene Fragen der Plazierung untersucht: (1) An welcher Stelle auf einer Seite sind Anzeigen am wirksamsten; (2) wie sind Text und Illustration aufeinander abzustimmen, und (3) welche (seriellen) Effekte der Plazierung von Anzeigen innerhalb eines Werbeträgers gibt es, d. h., hat es z. B. Konsequenzen, ob eine Anzeige in einer Zeitschrift vorne oder hinten erscheint?

4.3.1 Plazierung von Anzeigen auf einer Seite

Adams (1920) wählte ein experimentell ausgerichtetes Untersuchungsdesign, um die Aufmerksamkeitswerte, die unterschiedliche Stellen auf einer Seite besitzen, analysieren zu können. In jedem Feld einer Seite wurde dann ein Buchstabe plaziert. Abbildung 55 gibt die Ergebnisse der Untersuchungen wieder, wobei an den Stellen, an denen sich ein Buchstabe auf den Vorlagen fand, in der Abbildung ein Kreuz markiert ist. Die Resultate beziehen sich auf die *Erstfixation* der Aufmerksamkeit. Als generelles Ergebnis zeigte sich, daß eine deutliche Überlegenheit der Aufmerksamkeitswirkung „links oben" zu verzeichnen war.

Starch (1923) führte ein ähnliches Experiment durch, verwendete statt Buchstaben aber „sinnlose Silben". Er teilte die Seiten einer künstlichen Broschüre in zwei oder vier Teile auf und plazierte in die Ecke jedes Feldes einer Seite eine sinnlose Silbe. Nachdem die Versuchspersonen die ganze Broschüre gelesen hatten, wurden sie aufgefordert, sich an die sinnlosen Silben zu erinnern. Zwar fand Starch (1923) beim Vergleich der in zwei Teile aufgeteilten Seiten ebenfalls eine Überlegenheit der oberen Hälfte der Seiten (54% vs. 46%), jedoch ergaben die Erinnerungswerte für die Seiten, die in vier Teile aufgeteilt waren, eine Überlegenheit von „rechts oben" gegenüber „links oben".

Während Starch keine Erklärung für die Überlegenheit von „rechts oben" gegenüber „links oben" gab, wies Poffenberger (1925) darauf hin, daß bei der Untersuchung von Starch die Versuchspersonen wußten, daß sie im Anschluß an die Lektüre der Broschüre getestet werden würden und daß sie außerdem genug Zeit hatten, die Vorlagen zu betrachten. Da außerdem pro Versuchsperson insgesamt nur 12 sinnlose Silben dargeboten wurden, vermutete Poffenberger, daß die Überlegenheit der rechten Seite darauf zurückzuführen war, daß die *letzte* sinnlose Silbe auf der rechten Seite des letzten Blattes stand und aufgrund eines „Recency Effektes" überzufällig oft erinnert wurde. Da aber insgesamt nur wenig Reizmaterial dargeboten wurde, wirkt sich dieser „Recency-Effekt" besonders stark in den Daten aus. Poffenberger (1925) faßte mehrere Studien zusammen, in denen der Vergleich von linker und rechter Seite hinsichtlich ihrer Effektivität keinen Unterschied ergab, unabhängig davon, ob eine Seite in zwei vertikale Hälften aufgeteilt wurde oder ob die linke und die rechte Seite einer Doppelseite (z. B. einer Zeitung oder Zeitschrift) verglichen wurden.

Welches Fazit läßt sich zur Plazierung von Werbung auf einer Seite ziehen? Poffenberger (1925) ist der Auffassung, daß bei reiner Betrachtung der Aufmerksamkeitswirkung eine Überlegenheit von „links oben" festzustellen ist. Gleichzeitig ist aber auch zu bedenken, daß viele Werbeträger oftmals mit einer „Leseer-

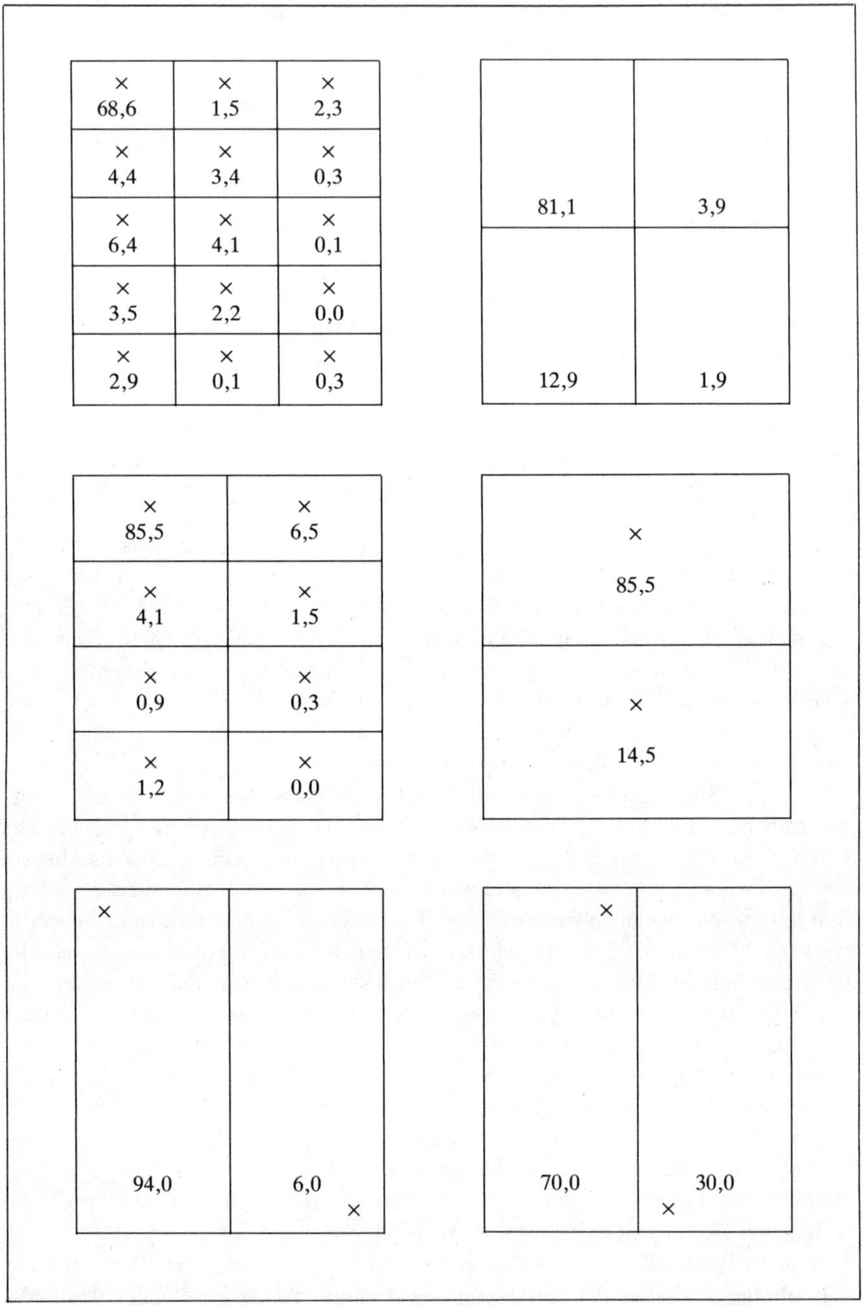

Abbildung 55: Aufmerksamkeitswerte verschiedener Felder einer Seite (Adams, 1920 zitiert nach Poffenberger, 1925, S. 240)

wartung“ gelesen werden, und da die Überschriften der Artikel links oben auf einer Seite erwartet werden, kann nur dann eine Überlegenheit des Aufmerksamkeitswertes von „links oben“ erwartet werden, wenn diese „Leseerwartung“ vorausgesetzt werden kann. Die einflußreichsten Untersuchungen zur Effektivität der Plazierung werden in einer Übersichtsstudie aus den 60er Jahren zusammengefaßt (Tabelle 52).

Tabelle 52: Aufmerksamkeitswerte bei unterschiedlicher Plazierung von Anzeigen (Jacobi, 1972, S. 117 ff.)

Autoren	Ergebnisse (bezogen auf 1/1-Seite)		
Starch (1907)		28%	33%
		16%	23%
Adams (1920)		33%	28%
		21%	17%
Epple (1959)		25,4%	24,6%
		24,4%	25,6%
Fielitz (1955)	105%	100%	108%
	94%	81%	99%
	100%	91%	101%

Die Ergebnisse sind nach der Zusammenstellung von Jacobi (1972) recht uneinheitlich. Während von Starch eine Überlegenheit von „rechts oben“ gefunden wurde, und Adams über einen Vorteil von „links oben“ berichtet, weisen die Resultate von Epple auf so gut wie keine Unterschiede hin.

Zu ergänzen bleibt allerdings der Hinweis, daß Starch, Adams und Epple jeweils unterschiedliche Vorlagenarten verwendeten. Bei Starch befanden sich die Vorlagen nur auf der rechten Seite einer „Zeitschrift“, während Adams beide Seiten verwendete. Damit läßt sich vermuten, daß nur bei Adams die typische „Lesehaltung“ entstand, von links nach rechts und von oben nach unten zu lesen. Bei Starch waren hingegen die Leser aufgefordert, „von innen nach außen“ zu lesen. Wie Jacobi (1972) berichtet, war die Untersuchung von Starch (1907) sehr einflußreich, da (fälschlicherweise) vermutet wurde, die Resultate wären auch für Doppelseiten ermittelt worden. Schließlich untersuchte Epple (1959) tatsächliche große Mengen von Werbeanzeigen. Dieser Autor zeigte auch, daß die Effekte von Starch und Adams nicht statistisch signifikant sind. Beachtenswert ist das Ergebnis von Fielitz (1955), daß die Aufmerksamkeitswerte von außen nach innen abnehmen. Nieschlag et al. (1988) berichten, daß „neuere Untersuchungen" von Verlagen zu einer leichteren Überlegenheit von „rechts oben" bzw. „rechter Heftseite" kamen, wobei zu prüfen bleibt, ob nicht im vornherein die bekannteren Produkte bzw. Marken rechts (oben) werben. (Außerdem sind diese Untersuchungen nicht eindeutig nachvollziehbar.)

Die Forschungsergebnisse zur Plazierung von Anzeigen auf einer Seite scheinen eher entmutigend zu sein. Es stellt sich die Frage, ob es nicht sinnvoller wäre, zusätzliche Merkmale der Anzeigen zu berücksichtigen. So ist gut denkbar, daß schon *ein* relativ zu den übrigen Anzeigen auffallendes Merkmal einer Werbeanzeige eventuelle Plazierungsnachteile aufheben oder sogar umkehren kann. Weitere methodische Probleme werden bei Epple (1959) besprochen.

4.3.2 Das Plazierungsverhältnis von Text und Illustration

Nach wie vor besteht ein Großteil der Printwerbung aus Text und Illustration, und damit ergibt sich die Frage, wie diese zwei Bestandteile zueinander zu plazieren sind. Grundsätzlich kommen vier mögliche Positionen von Text relativ zur Illustration in Frage. Abbildung 56 veranschaulicht die Gestaltungsmöglichkeiten.

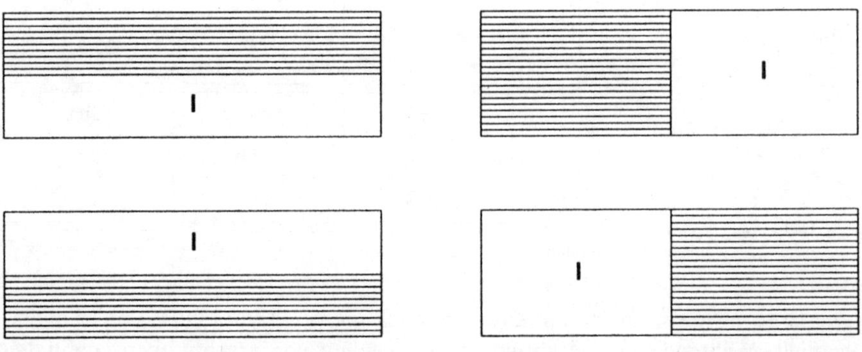

Abbildung 56: Unterschiedliche Anordnung von Text und Illustration (I) (Gutman, 1972, S. 23)

Was die verschiedenen Möglichkeiten der Anordnung von Text und Illustration angeht, so liegen Untersuchungen von Gutman (1972) und Bernhard (1977) vor. Die Befunde von Gutman (1972) sind in Tabelle 53 wiedergegeben. Die Ergebnisse, die Gutman mit Hilfe des Tachistoskops ermittelte, können wie folgt zusammengefaßt werden: Die Illustrationen fanden im Vergleich zum Text die größere Aufmerksamkeit. Die Positionen „oben-unten" lieferten ungefähr die gleichen Werte. Beim Vergleich der Anordnung der Illustrationen „rechts" oder „links" zeigte sich eine leichte Überlegenheit der rechten Position. Der Sender wurde dann öfter identifiziert, wenn zuerst die Illustration wahrgenommen wurde, während die verstärkte Erstbeachtung des Textes zu besseren Wiedererkennungswerten für den Text führte.

Tabelle 53: Effekte der unterschiedlichen Plazierung von Text und Illustration (Gutman, 1972, S. 24)

Kriterien	Position der Illustration (%-Werte)* rechts	links	oben	unten
zuerst wahrgenommen				
Illustration	84,35	72,9	92,75	91,65
Text	15,65	25,0	7,25	8,35
beides	–	2,1	–	–
Identifikation des Senders	13,55	3,15	37,50	27,10
Identifikation des Textes				
(Grad des Wiedererkennens)				
vollständig	4,2	2,1	–	1,0
zum Teil	31,3	58,5	14,6	15,7

* Mittelwerte von verschiedenen Anzeigen

Bernhard (1977) bestimmte mit der Methode der Blickbewegungsregistrierung die Fixationshäufigkeit und außerdem die Gedächtnisleistung. Es zeigte sich, daß der Text *unter* der Illustration häufiger fixiert wurde, als wenn er sich darüber befand, und daß der Text rechts von der Illustration häufiger fixiert wurde, als wenn er links davon positioniert wurde. Fernerhin wurde das früher Fixierte besser erinnert und die Illustration i. a. früher fixiert als der Text. Was die Gedächtnisleistung betrifft, so wurde der Inhalt des Textes besser erinnert, wenn er unter dem Bild angeordnet war, während für den Vergleich von „links-rechts" kein Unterschied festgestellt wurde. Insgesamt zeigte sich ganz einfach, daß Textteile um so besser wiedererkannt wurden, je länger sie fixiert wurden. Die wesentlich längere Betrachtungszeit, die dem Text im Vergleich zur Illustration gewidmet wurde, ist als bemerkenswerte Ergänzung zum Ergebnis von Gutman (1972) zu werten, das lediglich Auskunft über die Erstfixierung gibt.

4.3.3 Serielle Effekte der Plazierung

Die Frage, inwieweit es *serielle* Plazierungseffekte gibt, betrifft etwa die Möglichkeit, daß viele Leser nach Lektüre eines Teils einer Zeitschrift diese Tätigkeit abbrechen, so daß die im hinteren Teil plazierten Anzeigen überhaupt keine Chance haben, beachtet zu werden. Eine andere Überlegung könnte dahin gehen, die Anwendbarkeit lernpsychologischer Gesetze (z. B. über die bessere Erinnerbarkeit von Anfang und Ende einer Reihe; vgl. 3.3.3) zu vermuten. Die Untersuchungen, die zur Beantwortung dieser Fragestellung herangezogen werden können, zeigen unterschiedliche Ergebnisse auf: Während Frankel und Solov (1962) bei einer zugrundegelegten „Vierteilung" von Zeitschriften keine Unterschiede finden konnten, stellte Diamond (1968) die folgende Reihenfolge fest, in der Anzeigen beachtet werden: (1) hinten außen, (2) vorne innen, (3) hinten innen und schließlich (4) erstes, dann zweites, dann drittes und dann viertes Viertel.

Nieschlag et al. (1988) sehen vor allem die Vorteile der Rückseite und der Innenseiten. So sollen die auf der Rückseite plazierten Anzeigen eine um 65% höhere Erinnerungsquote besitzen. Schließlich konnten auch die Vorteile der ersten und letzten Werbespots innerhalb von Werbeblöcken gezeigt werden (Nieschlag et al., 1988).

Engel et al. (1986) vermuten nur für Zeitschriften eine Überlegenheit der Außen- und Innenseiten sowie der ersten zehn Seiten. Für Zeitungen soll kein Positionseffekt feststellbar sein, da sie sehr schnell gelesen werden („high page traffic"). Abgesehen von der Überlegenheit von Außen- und Innenseiten lassen sich nur mit Bedenken eindeutige Aussagen machen. Außerdem kann vermutet werden, daß die Lesegewohnheiten auch von den spezifischen Interessen an einzelnen redaktionellen Teilen bestimmt werden (z. B. der Sportteil). Bekannte Ergebnisse zu diesem „Plazierungseffekt" sind allerdings bisher rar. Außerdem sind inzwischen schon so viele Zeitschriften auf Themen und Leser spezialisiert, so daß eine experimentelle Überprüfung bereits technisch kaum noch möglich ist. Allenfalls Ergebnisse von Rossiter (1988) lassen sich mit Vorbehalt dahingehend interpretieren, daß die Unterschiede in der Beachtung von Anzeigen in *verschiedenen* Zeitschriften recht gering sind.

4.4 Die Verwendung von Farben

Die Wirkung von Farben zählt zu den ersten Fragestellungen in der Werbepsychologie (Anastasi, 1973). Aber entgegen der naheliegenden Annahme, daß es deshalb hierüber ein reichhaltiges und systematisches Wissen geben muß, sind die folgenden zu berichtenden Untersuchungen recht pragmatischen Ursprungs.

Der Verwendung von Farben lassen sich vielfältige Funktionen zuschreiben: Farbe zieht Aufmerksamkeit auf sich, dient der Unterscheidung, macht Produkt und Packung lebendig, zeigt Dargestelltes realistischer, wirkt dekorativ, unterstützt Inkongruität, kann symbolischen Charakter haben, schafft Atmosphäre und dient der Betonung bestimmter Inhalte. Farbe kann ein Element des Produktes, der Verpackung, des Markenzeichens, der Illustration oder des Textes sein. Schließlich können durch Farben verschiedene Stimmungen besser beschrieben werden. Mittlerweile erwecken Schwarz-Weiß-Anzeigen aber gerade dadurch, daß sie oftmals schon die Ausnahme sind, ebenfalls Aufmerksamkeit und erzeugen bestimmte Stimmungen. Dennoch können vom Einsatz von Farben vielfältige Vorteile erhofft werden. Gleichzeitig aber ist zu berücksichtigen, daß in der Regel farbige im Vergleich zu Schwarz-Weiß-Anzeigen um mehr als 50% teurer sind (vgl. Abschnitt 1.5). Die Erfassung des psychologischen Effekts der Verwendung von Farben ist also auch von einigem ökonomischen Interesse. Wir betrachten zunächst einige Ergebnisse zur Wirksamkeit von farbiger Schrift, die vor allem für

Plakatgestaltungen interessant sind, werden dann Untersuchungen zur Aufmerksamkeitswirkung von Farben kennenlernen und gehen schließlich auf das beliebte Thema der „Erlebnisqualitäten" von Farben ein.

4.4.1 Farbe und Schrift

Von der Kontrastierung von Schrift und Hintergrund durch Farben lassen sich sowohl eine generelle Aufmerksamkeitswirkung als auch eine bessere Lesbarkeit erhoffen. Bereits Luckiesh (1923) beschäftigte sich mit der Frage, ob die farbige Gestaltung von Displays oder Plakaten zu einer besseren Lesbarkeit führt. Die Ergebnisse seiner Untersuchung sind in Tabelle 54 zusammengefaßt.

Tabelle 54: Lesbarkeit von farbigem Druck auf farbigem Papier (Luckiesh, 1923, S. 250).

Farbe von Druck und Papier		Rangplatz
schwarzer Druck.............	auf gelbem Papier	1
grüner Druck................	auf weißem Papier	2
roter Druck	auf weißem Papier	3
blauer Druck	auf weißem Papier	4
weißer Druck................	auf blauem Papier	5
schwarzer Druck.............	auf weißem Papier	6
gelber Druck	auf schwarzem Papier	7
weißer Druck................	auf rotem Papier	8
weißer Druck................	auf grünem Papier	9
weißer Druck................	auf schwarzem Papier	10
roter Druck	auf gelbem Papier	11
grüner Druck................	auf rotem Papier	12
roter Druck	auf grünem Papier	13

Als generelle Tendenz fand Luckiesh (1923), daß dunkle Schriftfarben auf hellem Grund besser lesbar sind als ein heller Druck auf dunklem Hintergrund. Ein weiterer wichtiger Faktor der Lesbarkeit ist die Helligkeitsdifferenz (Teigeler, 1982). Dies bringt Rehe (1985) dazu, von der Verwendung von Farben im Text eher abzuraten. Schließlich ist die Beschaffenheit des Papiers von Bedeutung. Beispielsweise verbessert stumpfes Papier die Lesbarkeit der Schrift und glänzendes Papier die Wiedergabe von Bildern.

Tinker (1969) berichtet ebenfalls über eine Reihe von Untersuchungen zur Lesbarkeit von farbigem Druck auf farbigem Papier. Zunächst befragte Tinker Laien bezüglich der Lesbarkeit verschiedener Kombinationen (siehe Tabelle 55). Im Vergleich hierzu können die Resultate von zwei experimentellen Untersuchungen betrachtet werden (Tabellen 56 und 57).

Bemerkenswert ist, daß die Kombination „Schwarz auf Gelb" in den Experimenten hohe Werte erzielte (bei der Befragung fehlte diese Kombination). Die Untersuchung in Tabelle 56 ergab Unterschiede hinsichtlich der Lesegeschwindigkeit, der Fixationshäufigkeit der Schrift, der Pausendauer und der Wahrnehmungszeit.

Tabelle 55: Urteile von Laien über die Lesbarkeit von farbigem Druck auf farbigem Papier (Tinker, 1969, S. 148)

Farbkombination	mittleres Rangurteil*	Rangplatz*
Schwarz auf Weiß	2.1	1
Blau auf Weiß	2.8	2
Blau auf Gelb	2.9	3
Grün auf Weiß	4.2	4
Rot auf Gelb	5.3	5
Rot auf Weiß	5.4	6
Grün auf Rot	5.7	7
Orange auf Schwarz	7.6	8
Orange auf Weiß	9.1	9
Schwarz auf Violett	10.2	10
Rot auf Grün	10.5	11

* geringe Werte entsprechen hoher Lesbarkeit

Tabelle 56: Ergebnisse einer experimentellen Untersuchung von Hackman & Tinker mit farbigem Druck auf farbigem Papier (zitiert nach Tinker, 1969, S. 149)

Farbkombination	mittlerer Lesbarkeitsrang*	Rangplatz*
Schwarz auf Gelb	1,75	1
Rot auf Weiß	2.00	2
Grün auf Rot	3.00	3
Schwarz auf Weiß	3.25	4
Schwarz auf Violett	5.00	5
Orange auf Weiß	6.00	6
Rot auf Grün	7.00	7

* geringe Werte entsprechen hoher Lesbarkeit

Tabelle 57: Erkennbarkeit von Wörtern bei farbiger Tinte und farbigem Papier (Tinker, 1969, S. 144)

Farbe von Tinte und Papier	Lesbarkeitsrang*	Lesegeschwindigkeit
Blau auf Weiß	1	3
Schwarz auf Gelb	2	4
Grün auf Weiß	3	2
Schwarz auf Weiß	4	1
Grün auf Rot	5	7
Rot auf Gelb	6	5
Rot auf Weiß	7	6
Orange auf Schwarz	8	8
Schwarz auf Purpur	9	11
Orange auf Weiß	10	9
Rot auf Grün	11	10

* Lesbarkeit aus der Entfernung

4.4.2 *Aufmerksamkeitswirkung von Farben*

Starch (1966) untersuchte die „Starchtest"-Werte von ca. 25 000 Anzeigen in Abhängigkeit von Größe und Zahl der verwendeten Farben (Tabelle 58).

Tabelle 58: Leserschaft bei farbigen Anzeigen im Vergleich zu Schwarz-Weiß-Anzeigen (Starch, 1966, S. 59)

Art der Anzeige*	½-Seite	1/1-Seite	2/1-Seite
schwarz-weiß	100%	100%	100%
2 Farben	102%	92%	-
4 Farben	187%	152%	148%

* ½ sw-Anzeige = 100%

Auf der Grundlage der „noted scores" (Prozentsatz der Leser, die angeben, die Anzeige gesehen zu haben) ergibt sich für die vierfarbigen Anzeigen ein deutlicher positiver Effekt im Vergleich zu den Schwarz-Weiß-Anzeigen. Nun kann angenommen werden, daß die Wirkung von Farben hauptsächlich in einer *kurzfristigen* Aufmerksamkeitslenkung zu sehen ist und daß eine *überdauernde* Wirkung eher von *inhaltlichen* Aspekten der Werbung ausgeht. Die von Rossiter (1988) durchgeführte Sekundäranalyse von mehreren tausend Zeitschriftenanzeigen erlaubt es, diese Vermutung einer Überprüfung zu unterziehen. Die Ergebnisse in Abbildung 57 sprechen für die Annahme.

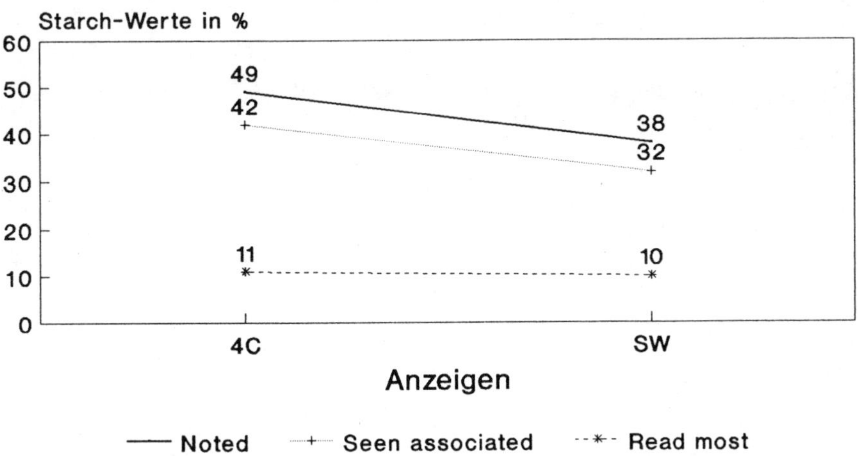

Zahl der Publikationen = 54;
Zahl der Anzeigen = 24.968 4C und 4.955 SW

Abbildung 57: Starch-Leserschafts-Werte für einseitige Farb- und Schwarz-Weiß-Anzeigen im Jahre 1987 (Rossiter, 1988, S. 38)

Während die „noted“- und „seen associated“-Werte für 4-Farben-Anzeigen (4C) noch deutlich höher sind als die für Schwarz-Weiß-Anzeigen (SW), werden beide Arten von Anzeigen nahezu gleich oft (11% vs. 10%) gelesen.

Die Behauptung, daß farbige Anzeigen aufgrund ihrer Zunahme in den letzten Jahren weniger beachtet werden, kann nach den Auswertungen von Rossiter (1988) nicht aufrechterhalten werden. Abbildung 58 gibt die Starch-Werte für Frauenzeitschriften in den Jahren 1977 und 1987 wieder.

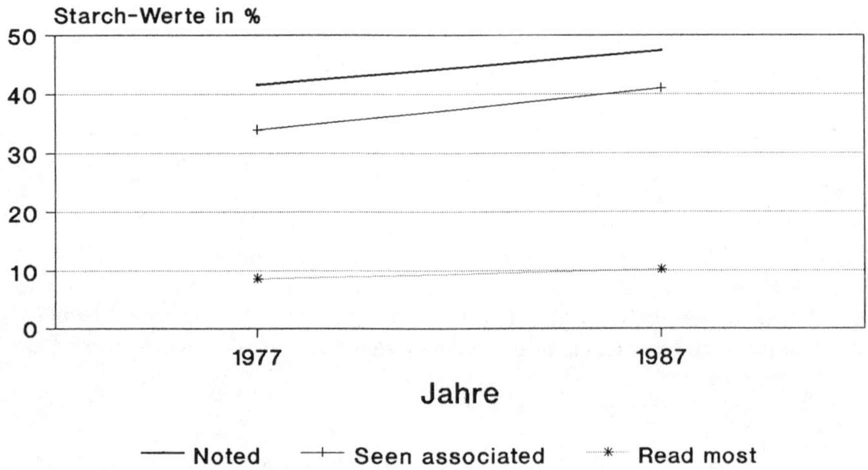

Grundlage: 15 Publikationen und 5207 (1977) bzw. 5.807 (1987) Anzeigen

Abbildung 58: Starch-Leserschafts-Werte für einseitige 4-Farben-Anzeigen in Frauenzeitschriften 1977 und 1987 (Rossiter, 1988, S. 38)

Hinsichtlich aller drei Starchwerte zeigte es sich, daß die Wirksamkeit der Werbung eher zuzunehmen scheint. Ergänzend ist zu erwähnen, daß die Werte auch für Männerzeitschriften zunahmen, wenngleich die Prozentsätze zu beiden Zeitpunkten nicht ganz so hoch waren.

4.4.3 Erlebnisqualitäten von Farben

Wie Frank und Gilovich (1988) (ironisch) bemerken, wird es dem Zuschauer eines Westerns einfach gemacht: Die „bad guys“ tragen schwarze Hüte! Aber werden schwarz Gekleidete tatsächlich als aggressiver wahrgenommen? Und verhalten sich solche Personen auch aggressiver? Frank und Gilovich (1988) untersuchten Football- und Eishockeyteams, die schwarze Trikots trugen. Die Ergebnisse waren, daß diese Mannschaften in den 17 Erhebungsjahren in den höchsten US-amerikanischen Ligen öfter des Regelverstoßes bezichtigt wurden. Den Teams, die während dieser Zeit die Farbe ihrer Trikots in Schwarz geändert haben, wurden in der Folgezeit mehr Fouls zugesprochen. Ein von den gleichen Autoren durchgeführtes Experiment zeigte, daß von Beobachtern bei den (jeweils gleichen!) Teams mehr Fouls entdeckt wurden, wenn die Teams schwarze Spielkleidungen trugen. Eine dritte Untersuchung ergab schließlich, daß Versuchspersonen, die schwarz Kleidung trugen, mehr Gelegenheiten zu aggressivem Wettbewerb suchten.

Bis in die jüngste Zeit regt die „Psychologie der Farben" nicht nur Laien zu Spekulationen, sondern auch Wissenschaftler zu Untersuchungen an. Die Tabellen 59 und 60 fassen Ergebnisse einer Auswahl von Untersuchungen über geäußerte Assoziationen zu verschiedenen Farben zusammen. Zur Tabelle von Behrens und Hartmann (1977) ist allerdings einschränkend zu vermerken, daß die Autoren keine Aussagen zur Methode oder den befragten Personen machen, so daß diesen „Ergebnissen" ein gewisses Mißtrauen entgegenzubringen ist. Weitere Resultate finden sich bei Murray und Deabler (1957), Wexner (1954) und Schaie (1961).

Tabelle 59: Assoziationsbereiche der Grundfarben rot, gelb und blau (Mayer, Däumer & Rühle, 1982, S. 111)

Autor Farbe	Luckiesh (1923)	Birren (1945)	Hepner (1949)	Vögeli (1960)
rot	Zuordnungshäufigkeit (absolut) zu den Antwort-Kategorien „anregend – beruhigend – dämpfend". – karminrot: 41-0-10 – scharlachrot: 56-0-0	heiß, Feuer, Hitze, Blut leidenschaftlich, aufregend, inbrünstig, aktiv	Feuer, Hitze, Aufregung, Stärke	erregend, aktivierend, mutig, entschlossen
gelb	– gelb: 53-6-0 – gelborange: 55-6-0 – gelbgrün: 14-39-5	Sonnenlicht, heiter, anregend, lebhaft, himmlisch	Helligkeit, Leichtigkeit, Erfrischung	erhebend, umsichtig, weitschauend, besonnen
blau	– blau: 11-21-30	Kalt, Himmel, Wasser, Eis dämpfend, melancholisch, besinnlich, nüchtern	Kälte, Förmlichkeit, Tiefe, Stolz	bewegend, verträumt, gefühlig

Tabelle 60: Psychologische Wirkung von Farben (nach Behrens & Hartmann, 1977, S. 53)

	gelb	grün	blau	rot	rosa
Gewichts-empfinden	„leicht"; je heller das Gelb, um so „leichter" wirkt es	variiert mit der Helligkeit (vgl. blau)	variiert mit der Helligkeit, hellblau: „sehr leicht" (Luft) dunkelblau: „sehr schwer" (Blei)	variiert mit der Helligkeit	„leicht"
Sinnes-empfinden	„weich", bes. wenn es ins Rötliche geht	nicht ausgeprägt	hellblau: „weich" dunkelblau: „hart", „rauh"	nicht sehr ausgeprägt, dunkelrot eher „rauh"	„zart", „sehr weich"
Geschmack	„süß", wenn es ins Rote und Helle geht, „bitter" mit Grünstich	„bitter", „salzig"	fast neutral	„würzig brennend", „knusprig" wenn es ins Braune geht	„süßlich"
Temperatur	„warm", „heiß" mit rötlicher Färbung. Je weißer, um so „kälter"	Tendenz: „frisch", „kühl"	„kühl", „frisch" weißblau: „sehr kalt"	„warm" bis „heiß"	„Hauttemperatur"

Adams und Osgood (1973) verglichen die affektive Wirkung von Farben in 23 verschiedenen Kulturen. Als allgemeine Tendenz zeigte sich, daß helle Farben dunklen Farben vorgezogen werden. Blau wurde am besten bewertet, Schwarz und Rot wurden als am „stärksten" (potency) beurteilt (Ausnahmen für Schwarz: Hindus aus Delhi), und Rot erhielt außerdem den höchsten Aktivitätswert, während Schwarz und Grau hohe Passivitätswerte erhielten. Die größte Einigkeit zwischen den Kulturen bestand hinsichtlich der Bedeutung von Schwarz (sehr negativ, sehr stark und sehr passiv). Weitere charakteristische Einschätzungen gehen aus Tabelle 61 hervor. Die „Bedeutung" von Farben scheint trotz der erkennbaren interkulturellen Gemeinsamkeiten auf das Lernen aus Erfahrung zurückführbar zu sein (Morgan, Goodson & Jones, 1975).

Tabelle 61: Erlebnisqualitäten verschiedener Farben (Adams & Osgood, 1973)

Schwarz	negativ (bad), stark, passiv
Grau	negativ, schwach, passiv
Weiß	positiv (good), schwach
Farbe	positiv, aktiv
Rot	stark, aktiv
Gelb	schwach
Blau	positiv
Grün	positiv

Bei der Abschätzung von Farbwirkungen ist zu berücksichtigen, daß es innerhalb jeder Farbe zahlreiche Variationen gibt. So werden Farben durch die Zugabe von Weiß heller, von Schwarz dunkler und von Grau (= Weiß und Schwarz gemischt) trüber. In seinem Buch über „Farbe und Licht" bezeichnet Luckiesh (1923) reine Farben, also die Farben, die nahe bei den Spektralfarben liegen, als „Hues". „Tints" werden erzeugt, indem mehr oder weniger Weiß hinzugegeben wird. „Shades" werden erzeugt, indem Schwarz hinzugefügt wird. Jede Farbe kann also durch die Addition von Licht oder Schatten variiert werden. Reine Farben werden auch als gesättigt bezeichnet. Je mehr Weiß hinzugegeben wird, desto geringer ist der Sättigungsgrad der Farben. (Weiß hat also einen Sättigungsgrad von Null.) Shades können mit Hilfe relativer Helligkeits- oder Reflektionswerte beschrieben werden. Beispielsweise ist bei konstanter Beleuchtung eine mittelschattierte Fläche nur etwa 50% so hell wie eine weiße Fläche. Veränderungen der Helligkeit können die Farbwahrnehmung beeinflussen, was bei der Anwendung des Nyktoskops (siehe Abschnitt 2.3) berücksichtigt werden muß.

Bradfort (1913) ließ 15 Farben hinsichtlich der relativen Präferenz einschätzen. Die Ergebnisse zeigten, daß von den Versuchspersonen gesättigte (saturierte) Farben schwachen Farben und reine Farben gemischten Farben vorgezogen wurden. Bei Bradfort, aber auch in anderen Untersuchungen, die vor dem 1. Weltkrieg durchgeführt wurden, zeigte sich eine Vorliebe für die Farbe „Blau" (Poffenberger, 1925, S. 440 ff.). Allerdings wurde auch angeführt, daß Frauen eher „Rot" bevorzugten. Auch in einer Untersuchung von Washburn (1911) zeigten sich, in Abhängigkeit von der Helligkeit der Farben, recht unterschiedliche Präferenzen für die einzelnen Farben. Während sich in der Untersuchung von Washburn (1911) ergab, daß die gesättigten Farben durchschnittlich weniger positiv beurteilt wurden, erhielt später Luckiesh (1923) gegenteilige Ergebnisse. Lediglich für Gelb und Violett ergab sich (bei den weiblichen Versuchspersonen) eine Bevorzugung der tints.

4.5 Zusammenfassung

Die Aufgabe der formalen Gestaltung von Werbung liegt nicht bei Werbepsychologen, sondern bei Graphikern, Photographen, Regisseuren etc. Werbepsychologische Methoden können angewandt werden, um die formale Gestaltung zu *evaluieren* und Grundlagen für Verbesserungen zu liefern. Kapitel 4 gab einen Einblick in Möglichkeiten und Ergebnisse solcher Evaluierungen. Zudem wurden, soweit vertretbar, Empfehlungen zu einigen formalen Aspekten formuliert, zur Typographie, der Wahl einer Anzeigengröße, der Plazierung einer Anzeige oder deren Elemente und der Verwendung von Farben.

5 Inhaltliche Aspekte der Gestaltung von Werbung

Während in Kapitel 4 schwerpunktmäßig *formale* Gestaltungsmittel auf ihre Wirksamkeit hin betrachtet worden sind, behandelt das Kapitel 5 nun verschiedene inhaltliche Aspekte, soweit sie nicht bereits in Kapitel 3 bei den „theoretischen Grundlagen" erörtert worden sind.

Spätestens seit dem Buch von Vance Packard (1957) über die „geheimen Verführer" wird immer wieder die These vertreten, daß es das erste Ziel der Werbung sei, geheime und offene Wünsche oder *Motive* anzusprechen. Noch in jüngster Zeit werden Listen von Motiven formuliert, die die menschliche Motivstruktur systematisieren sollen (Wage, 1982). Etwas spöttisch kann allerdings bemerkt werden, daß es keine große Kunst ist, zu *jeder* Verhaltensweise ein entsprechendes „Motiv" zu postulieren. Wenn wir statt dessen einfach fragen, *warum* Menschen kaufen oder konsumieren, dann erhalten wir eine Vielfalt von möglichen Ursachen oder Gründen, und wir erkennen rasch, daß „Motive" einfach für die Vielfalt der Anlässe für Verhalten stehen. Tabelle 62 faßt einige persönliche und soziale Motive für Kaufen und Konsumieren zusammen.

Tabelle 62: Persönliche und soziale Motive beim Kaufen und Konsumieren

Persönliche Motive

- Menschen kaufen, um eine Rolle zu erfüllen (z. B. eine Mutter, die Windeln für ihr Baby kauft)
- Menschen gehen einkaufen, um sich zu erholen (z. B. Kleidungskauf, der von einer Modenschau begleitet wird)
- Menschen kaufen, um sich selbst zu belohnen (z. B. Vertreiben schlechter Laune)
- Einkaufen kann mit dem Informieren über neue Trends einhergehen (z. B. Modenschau)
- Einkaufen bedeutet physische Aktivität (z. B. Bummeln)
- Einkaufen bedeutet Reizstimulation (z. B. Auktionen)
- Kaufen hat Signalfunktion (z. B. bei „Kinderbazars")
- Kaufen hilft, Zeit zu sparen (z. B. Spülmaschine)

Soziale Motive

- Einkäufe sind gleichzeitig soziale Aktivitäten (z. B. Wochenmärkte)
- Einkaufen heißt, sich mit Menschen zu treffen, die ähnliche Interessen haben (z. B. im Fachgeschäft)
- Einkaufsstätten können Anlaufstellen für „peer groups" sein (z. B. Schallplattenläden, Kneipen)
- Einkaufen bedeutet Erleben von Status und Autorität (z. B. gegenüber Verkäufern)
- Einkaufen bedeutet Freude am Verhandeln (z. B. um Preisnachlässe)
- Kaufen hat Markier- bzw. Symbolfunktion (z. B. Geschenke)
- Kaufen dient der Strukturierung der Umwelt (z. B. Zeitungen)

Die Vielfalt der Gründe oder „Motive", warum Menschen Einkäufe tätigen, zeigt, daß es ein großes Mißverständnis wäre, Einkäufe in ihrer Bedeutung für den Konsumenten lediglich mit dem Erwerb von Produkten oder der Nutzung von Dienstleistungen zur unmittelbaren persönlichen Bedürfnisbefriedigung gleichzusetzen.

In den folgenden Abschnitten wird zumindest indirekt auf einige Motive näher eingegangen, nämlich auf Humor, „Sexualtrieb" (Sex-Appeal) und auf Furcht. Des weiteren werden der Einsatz von Modellen sowie die Verwendung von Mimik besprochen. Von diesen inhaltlichen Gestaltungsmitteln kann angenommen werden, daß sie zumindest eines der genannten Motive ansprechen. Zunächst wird aber die Frage der Textgestaltung behandelt. Den Abschluß bilden Überlegungen zur Wirkung von Bildern und zur „Corporate Identity".

5.1 Textgestaltung

Nach dem Kommunikationsmodell in Abschnitt 3.3 hängt die Wahrscheinlichkeit einer Einstellungsänderung von Empfänger, Sender (Quelle), Kanal und Botschaftsinhalt ab. In diesem Abschnitt werden wir auf weitere Details der Gestaltung des Botschaftsinhalts, insofern dieser sprachlich geäußert wird, eingehen. Nachdem in Abschnitt 4.1 formale Aspekte der Textgestaltung behandelt wurden, werden nun verstärkt Fragen der inhaltlichen Textgestaltung besprochen.

Wirksamkeit und Verständlichkeit von Texten hängen sowohl vom Text als auch vom Textrezipienten ab. Seitens des Textes sind – neben der bereits besprochenen typographischen Gestaltung – das Vokabular, die syntaktische Struktur sowie der inhaltliche Aufbau als wichtige Faktoren zu nennen. Auf der Empfängerseite wird die Verständlichkeit neben soziokulturellen Aspekten (Sprache, soziale Schicht) vor allem von verschiedenen psychologischen Komponenten wie dem Vorwissen oder intellektuellen Fähigkeiten beeinflußt. Von diesen Faktoren werden nun drei näher betrachtet: das Vokabular, die Strukturierung von Texten und die soziale Funktion von Sprache. Abschließend werden Möglichkeiten zur Messung der Textverständlichkeit besprochen.

5.1.1 Das Vokabular

Es scheint eine Binsenwahrheit zu sein, daß bedeutungsvolle Wörter besser gelernt und verstanden werden als bedeutungslose Wörter, daß also beispielsweise die Silbe „NAG" besser erinnert wird als „NYK". Wie kann aber die Bedeutungshaltigkeit von Wörtern *gemessen* werden? Ein Vorschlag von Noble (1952) lautet, Versuchspersonen spontan weitere Wörter generieren zu lassen; je mehr zusätzliche Wörter den Versuchspersonen einfallen, desto bedeutungsvoller sind die ursprünglichen Wörter. In nachfolgenden Experimenten zeigte es sich, daß die bedeutungsvolleren Wörter besser erinnert werden konnten (Bransford, 1979). Einschränkend sei aber erwähnt, daß bei der Wahl von Markennamen diese Vorgehensweise nicht empfohlen werden kann, denn bedeutungsvolle Wörter werden in der Regel auch öfter verwendet und können z. B. leichter verwechselt werden. So fand Meyers-Levy (1989), daß die Erinnerungswerte für Markennamen, die aus häufig verwendeten Wörtern bestanden, geringer waren als für Markennamen aus seltenen Wörtern.

Informationen, die nicht nur verbal, sondern auch noch bildhaft im Gedächtnis abgespeichert werden, werden besser erinnert. Zum Beispiel werden bildhafte Wörter (z. B. „Alligator“) besser erinnert als weniger bildhafte Wörter (z. B. „Abweichung“). Allerdings gilt auch hier, daß die bildhaften Wörter die öfter im Alltag verwendeten Wörter sind (Bransford, 1979).

Das Verhältnis von Bedeutungshaltigkeit und Bildhaftigkeit ist noch ungeklärt. Wippich und Bredenkamp (1977) fanden, daß Bedeutungsgehalt und Imaginationsgehalt (Bildhaftigkeit) sich für verschiedene Wortarten unterscheiden (siehe Abbildung 59). Während Substantive bildhafter sind, sind die entsprechenden Adjektive bedeutungshaltiger. Nach Lutz-Alesandrini (1983) ist die Verwendung von Adjektiven oder auch Verben als Markennamen weniger empfehlenswert, da diese Wortarten weniger konkret bzw. vorstellbar sind als Substantive. Die Autorin empfiehlt zudem, wichtige Eigenschaften der Marke über entsprechend geeignete *Substantive* zu kommunizieren.

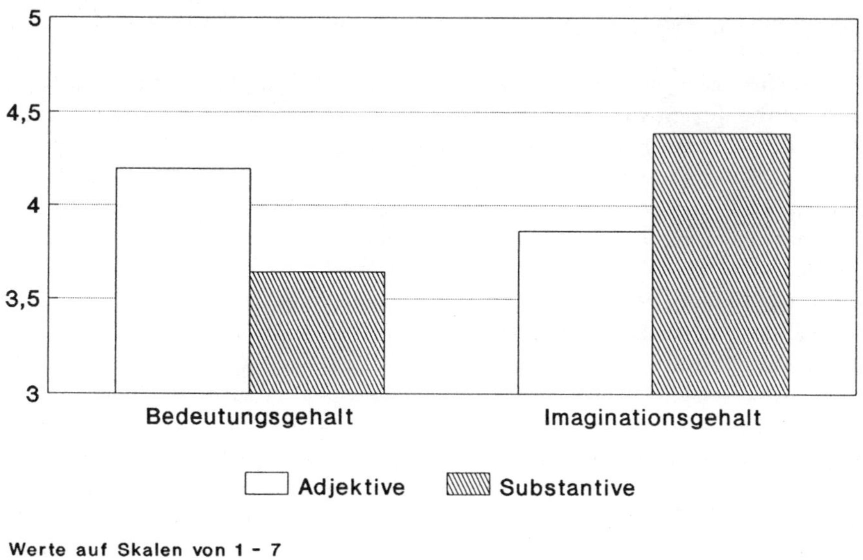

Abbildung 59: Bedeutungs- und Imaginationsgehalt verschiedener Wortarten (Wippich & Bredenkamp, 1977, S. 679)

Einige weitere interessante Aspekte im Zusammenhang mit der Namensfindung für Produkte wurden in Abschnitt 1.2 besprochen. Die dort angeführten Kriterien können auch auf das ganze Vokabular, z. B. von Slogans, angewandt werden (z. B. der Einsatz von Alliterationen, die Beachtung der Aussprechbarkeit usw.). Am Rande sei darauf hingewiesen, daß zahlreiche Bindewörter die Lesbarkeit erschweren können. Beispiele hierfür sind die Wörter „Topform", „beirren" oder auch „Analyseinstrument", in denen Lesegewohnheiten oftmals „p" und „f" beim ersten Beispiel oder „e" und „i" im zweiten und dritten Beispiel zusammenfassen. Hier empfiehlt sich entweder die Verwendung von Bindestrichen (z. B. „Top-Form") oder von alternativen Wörtern (z. B. „Analyseverfahren").

5.1.2 Die soziale Funktion von Sprache

Bereits in Abschnitt 3.4.2 wurde erwähnt, daß Sprache verschiedene Funktionen haben kann; sie kann z. B. auch etwas über den Sprechenden aussagen. Verständlichkeit ist nicht ein eindeutiges Merkmal eines Textes, sondern immer auch in Abhängigkeit von der jeweiligen Zielgruppe zu sehen. Dieses Konzept liegt beispielsweise Werbeaussagen zugrunde, in denen Jugendliche „in ihrer Sprache" angesprochen werden sollen. Es ergeben sich noch weitere werbepsychologische Konsequenzen aus der Tatsache, daß Menschen unterschiedliche sprachliche Codes verwenden. Engel et al. (1986) verweisen exemplarisch auf die Sprache von Autoanzeigen. So werden für teure Autos wie Mercedes oder Cadillac längere Wörter, weniger Euphemismen und eine abstraktere Sprache verwendet; außerdem sind die Anzeigen länger. Demgegenüber enthalten Mittelklassewagen-Anzeigen eher physische Attribute, mehr Illustrationen als Wörter und eher Umgangssprache.

Die Diskussion um Sprachschichtniveaus ist nun nicht allein für die *Verständlichkeit* von Texten von Bedeutung. Wie Hymes (1979) betont, hat das Sprechen (und das Schreiben) nicht nur eine Mitteilungsfunktion, sondern dient beispielsweise auch der Prestigeförderung, der sozialen Vereinheitlichung (innerhalb der Gruppe) und der sozialen Abgrenzung (gegenüber „anderen"). Wenn also im genannten Beispiel in Anzeigen für Autos unterschiedliche Sprachen verwendet werden, dann markieren sie auch „Zugehörigkeit".

Bereits Bühler (1935) unterscheidet die Darstellungs-, die Ausdrucks- und die Appellfunktion der Sprache. Hymes (1979) benennt sogar sieben Funktionen, die in Tabelle 63 zusammen mit illustrierenden Werbeslogans wiedergegeben werden.

Wer etwas sagt, kann damit den eigenen Zustand beschreiben (Expression), jemanden auffordern (Direktivität), etwas „im übertragenen Sinne" meinen (Poetik), Kontakt suchen, über „Sprache" sprechen (Metasprache), etwas darstellen oder die Situation (Kontext) erläutern. In den meisten Fällen haben sprachliche Äußerungen mehr als eine Funktion. Sprechen oder Schreiben heißt jedenfalls nicht nur Darstellen, und *angemessenes* Sprechverhalten ist mehr als *grammatikalisch korrektes* Sprechverhalten. Nicht selten verstehen sich Menschen deshalb nicht, weil sie die Funktion einzelner sprachlicher Äußerungen unterschiedlich

Tabelle 63: Sieben Funktionen von Sprache

Funktion	Beispiel
Expression	„Ich rauche gern"
Direktivität/Persuasion	„Nimm 2"
Poetik	„Wer wird denn gleich in die Luft gehen?"
Kontakt	„Ein Bier wie mir"
Metasprache	„Dazu wird Ihre Frau nicht ‚nein' sagen können"
Darstellung	„Der Sekt mit dem gewissen Extra"
Kontext	„Schreiben Sie uns die beworbenen Markennamen!"

auffassen (z. B. die Frage „Wie geht's?", die teilweise als Gruß und teilweise als ernstgemeinte Frage verstanden wird).

5.1.3 Strukturierung von Texten

Die Verständlichkeit von Texten kann durch verschiedene Maßnahmen verbessert werden. Die erste Empfehlung lautet, kurze Sätze zu verwenden. Denn Sätze sind im allgemeinen um so verständlicher, je kürzer sie sind. Nach Haseloff (1969) werden Sätze, die aus bis zu acht Wörtern bestehen, am besten verstanden. Haseloff zeigte, daß nicht nur Politiker sehr viel längere Sätze verwenden, sondern daß auch populäre Publikumszeitschriften noch verständlicher sein könnten. So wird deren durchschnittliche Satzlänge wie folgt angegeben; „Quick" 12,6 Wörter, „Stern" 13,7 Wörter, „Bunte" 15,6 Wörter und „Spiegel" 19,9 Wörter. Meier (1967) hat folgende Auszählungen vorgenommen: Philosophische Schriften 27,8 Wörter, erzählende Prosa 19,3 Wörter, religiöse Schriften (Andachten, Predigten) 18,8 Wörter und Filmdialoge 1 bis 6 Wörter.

In der Werbung scheint sich die Notwendigkeit der Verwendung kurzer headlines bereits zu Beginn des 19. Jahrhunderts durchgesetzt zu haben. So berichtet Starch (1923), daß der Prozentsatz der headlines mit fünf oder weniger Wörtern zwischen 1881 und 1909 von 37% auf 87% anstieg. Um so überraschender ist, daß nach Wesson (1989) die Länge der headlines keinen Einfluß auf deren Wirkung haben soll. In der deutschen Sprache wird die Kompliziertheit von Sätzen oftmals nicht nur durch Wortwahl und Satzlänge, sondern auch durch *Klammerbildungen* erhöht, die semantische oder syntaktische Einheiten trennen. Drei Arten von Klammerbildungen treten besonders häufig auf (Teigeler, 1968): Nebensatzklammern („... *weil* ich ihm seine Müdigkeit *vorgeworfen habe*"), Infinitivklammern („ich *hoffte*, den Leserbrief in zwei Tagen *zu veröffentlichen*") und Verbphrasenklammern („Wir *wollen* Sie und Ihre Familie *zufriedenstellen*"). In der Umgangssprache haben sich schon einige Widerstände gegen diese Klammerbildungen ausgebreitet; so werden Nebensätze oft spontant „ausgeklammert" („Ich gehe da nicht mehr hin, weil (:) ich kann das nicht").

Damit sind wir bereits bei den grammatikalischen Aspekten von Texten angelangt. Die naheliegendste Feststellung lautet, daß Aktiv-Sätze Passiv-Sätzen vorzuziehen sind, denn der Inhalt von Aktiv-Sätzen wird sowohl besser verstanden als auch besser erinnert. Des weiteren sind Verneinungen schwieriger zu verstehen als positiv formulierte Sätze (siehe Kasten 22).

Kasten 22: Texte durch Aktivsätze und positive Formulierungen verständlicher machen

> „Statt:
> Auf dem Fabrik-Gelände explodierte ein Tankwagen. Durch die Explosion wurde großer Schaden verursacht (Passiv). Trotzdem fiel die Weihnachtsfeier nicht aus (Verneinung).
>
> kann man auch sagen:
> Auf dem Fabrik-Gelände explodierte ein Tankwagen. Die Explosion verursachte großen Schaden (Aktiv). Trotzdem fand die Weihnachtsfeier statt (Positiv)." (Teigeler, 1982, S. 119)

Sätze können auch durch *Substantivierungen* unverständlich werden. Zum Beispiel ist die Formulierung „Nach Einfüllung des Waschpulvers..." weniger verständlich als „Nachdem Sie das Waschpulver eingefüllt haben...". Um dieses Problem zu umgehen, schlägt Teigeler (1982) vor, vor allem Hauptsätze zu verwenden (siehe Kasten 23).

Kasten 23: Texte durch Hauptsätze verständlicher machen

> „... wir sagen *nicht*: Die FDP versucht, sich selbst eine Brücke zu bauen, indem sie nunmehr die Sachfragen in den Vordergrund stellt und erklärt, daß sich nach Klärung dieser Sachprobleme dann herausstellen wird, welche personellen Konsequenzen gezogen werden müssen.
>
> Sondern wir sagen:
> Die FDP versucht sich selbst eine Brücke zu bauen. Sie stellt jetzt die Sachfragen in den Vordergrund und erklärt: Erst müssen die Sachprobleme geklärt werden, dann können wir die personellen Konsequenzen ziehen." (Teigeler, 1982, S. 115)

Betrachten wir zum Abschluß noch einige Empfehlungen zum Gesamtaufbau von Texten. Unter *guten Übergängen* ist zu verstehen, daß neue Sätze oder Abschnitte vorbereitet werden und insbesondere im Falle längerer Passagen durch einen Schlüsselsatz zusammengefaßt werden. Die Forderung nach *semantischer Deduktion* meint, daß Texte im allgemeinen so aufgebaut werden sollen, daß das Allgemeine vor dem Speziellen, das Einfache vor dem Komplizierten und das Bekannte vor dem Unbekannten steht, wobei jeweils letzteres aus ersterem folgen soll (Teigeler, 1968). Somit können konkrete Details in größere Zusammenhänge eingeordnet werden.

Warum wird empfohlen, das Bekannte vor dem Unbekannten aufzuführen? Der Grund hierfür ist die Beobachtung, daß neue Informationen besser behalten werden, wenn sie in bereits bestehendes Wissen eingefügt werden können (Burnkraut & Sawyer, 1983). Wenn mit der bekannten Information begonnen wird, dann wird dem Leser oder Zuhörer zunächst klar gemacht, „worum es eigentlich geht", bzw. an *welches* Wissen angeknüpft werden soll.

Gliedernde Vorbemerkungen (z. B. „Insgesamt gibt es vier...") oder Zwischenbemerkungen (z. B. „Bisher haben wir... Nun werden wir...") können die Verständlichkeit weiter verbessern. Schließlich kann der Anregungsgehalt von Texten dadurch erhöht werden, daß das Interessante und Wichtige vor dem Langweiligen und Unwichtigen steht. Tabelle 64 faßt die wichtigsten Empfehlungen zur Textgestaltung zusammen.

Tabelle 64: Regeln der verständlichen Textgestaltung

- bedeutungsvolles und bildhaftes Vokabular verwenden
- Aussprechbarkeit der Wörter berücksichtigen
- sich auf das sprachliche Niveau der Rezipienten einstellen
- kurze Sätze bilden
- Klammerbildungen vermeiden
- Aktivsätze Passivsätzen vorziehen
- positive statt negative Formulierungen einsetzen
- keine Substantivierungen verwenden
- vor allem Hauptsätze verwenden
- gute Übergänge schaffen
- semantische Deduktionen: das Allgemeine vor dem Speziellen
das Einfache vor dem Komplizierten
das Bekannte vor dem Unbekannten
- an Vorwissen anknüpfen
- gliedernde Vorbemerkungen und Zwischenbemerkungen einfügen
- das Interessante und Wichtige vor dem Langweiligen und Unwichtigen darstellen

Kommen wir nun zur Frage, wie die Textverständlichkeit gemessen oder beurteilt werden kann. Im nächsten Abschnitt werden einige Methoden vorgestellt.

5.1.4 Die Messung der Textverständlichkeit

Eine pragmatische Vorgehensweise zur Messung der Textverständlichkeit besteht darin, daß der Verfasser eines Textes selbst den Text auf seine Verständlichkeit hin beurteilt oder dies anderen Personen überläßt. Dies führt zu subjektiven (verzerrten) Urteilen und ist überdies relativ unökonomisch. Zudem zeigt sich, daß „Verständlichkeit" kein eindeutiger Begriff ist. Betrachten wir hierzu folgende Beispielsätze (vgl. Engelkamp, 1976):

(1) Das Haus hat ein Ziegeldach.
(2) Der Absatz war ungewöhnlich hoch.
(3) Kleine Jungen und Mädchen lassen sich leicht erschrecken.
(4) Der Kommissar befahl dem Polizisten, das Trinken zu beenden.

Im Beispiel 2 liegt eine *lexikale* Mehrdeutigkeit des Wortes „Absatz" vor, das sich auf Felsabsatz, Schuhabsatz oder auch ökonomische Verkaufszahlen beziehen kann. Im dritten Beispiel ist die *Satzoberfläche* mehrdeutig, da nicht klar ist, ob die Mädchen ebenfalls klein sind. Beim Beispiel 4 ist schließlich die *Bedeutungsstruktur* mehrdeutig. Es ist unklar, ob „das Trinken" sich z. B. auf Randalieren einiger Betrunkener oder auf das Verhalten des Polizisten selbst bezieht.

Mistler-Lachmann (1972) verwendete mehrdeutige Sätze (wie in den Beispielen 2 bis 4) sowie andere, eindeutige Sätze wie in Beispiel 1 und ließ deren *Sinnhaftigkeit* beurteilen. Zunächst zeigten sich keine Unterschiede in den Urteilen. Erst wenn den Versuchspersonen die Aufgabe gestellt wurde, einen folgerichtigen weiteren Satz zu formulieren, ergaben sich *längere* Antwortzeiten und damit Hinweise auf die Unverständlichkeit der mehrdeutigen Sätze. Dies zeigt, daß Urteile über „Verständlichkeit" unterschiedlich oberflächlich gefällt werden können. Erst wenn die Leser aufgefordert werden, eine *tiefere Verarbeitung* vorzunehmen, treten Unklarheiten eines Textes deutlicher hervor. Somit empfiehlt sich als Methode zur Überprüfung der Textverständlichkeit, neben einfachen Urteilen über die „Verständlichkeit" oder die „Sinnhaftigkeit" von Texten auch Lesetests zu verwenden, die die Inhalte von Werbebotschaften auf einer breiteren oder tieferen Ebene abfragen sollten.

Ein Beispiel für Beurteilungsskalen zur Erfassung der Textverständlichkeit wird in Tabelle 66 vorgestellt. Hier werden die vier Grobdimensionen Einfachheit, Gliederung – Ordnung, Kürze – Prägnanz und anregende Zusätze zugrundegelegt.

Der Nachteil dieser Beurteilungsskalen ist, daß jeder neue Text neu bewertet werden muß. Außerdem sind die so gewonnenen Urteile sehr subjektiv. Deshalb gab es Versuche, die Textverständlichkeit in Formeln zu fassen. Hierzu wurde zunächst für eine größere Anzahl von Texten deren Verständlichkeit ermittelt. Anschließend wurden Wort- und Satzlänge der Texte untersucht und es wurden die Verständlichkeitswerte aus diesen Längenangaben berechnet. Die bekannteste Formel zur Textverständlichkeit stammt von Flesch (1949) und lautet:

$$T = 206{,}835 - 0{,}846\ WL - 1{,}015\ SL$$

SL entspricht der durchschnittlichen Anzahl der Wörter pro Satz (= Satzlänge). WL steht für die durchschnittliche Anzahl der Silben pro hundert Wörtern, woraus sich ergibt, daß diese Formel überhaupt nur für Texte ab 100 Wörtern anwendbar ist. Einige Rechenbeispiele illustrieren leicht, daß die Textverständlichkeit (T) dann abnimmt, wenn die Anzahl der Wörter pro Satz zunimmt („Bandwurmsatz") oder die Zahl der Silben pro Wort steigt. Tabelle 65 faßt einige Beispiele für verschiedene erreichbare Werte zusammen.

Tabelle 65: Interpretation von Lesbarkeitswerten (nach Flesch, 1949)

Beschreibung	Lesbarkeitswert	Typische Zeitschrift
sehr leicht	90–100	Comic
leicht	80– 90	
etwas leichter	70– 80	
Standard	60– 70	Reader's Digest
etwas schwieriger	50– 60	
schwierig	30– 50	
sehr schwierig	0– 30	Fachzeitschrift

Tabelle 66: Vier Dimensionen der Textverständlichkeit (Langer, Schulz von Thun & Tausch, 1981)

1. Dimension: Einfachheit	
Einfachheit	**Kompliziertheit**
einfache Darstellung kurze, einfache Sätze geläufige Wörter Fachwörter erklärt konkret anschaulich	komplizierte Darstellung lange, verschachtelte Sätze ungeläufige Wörter Fachwörter nicht erklärt abstrakt unanschaulich
2. Dimension: Gliederung – Ordnung	
Gliederung – Ordnung	**Ungegliedertheit, Zusammenhanglosigkeit**
gegliedert folgerichtig übersichtlich gute Unterscheidung von Wesentlichem und Unwesentlichem der rote Faden bleibt sichtbar alles kommt schön der Reihe nach	ungegliedert zusammenhanglos, wirr unübersichtlich schlechte Unterscheidung von Wesentlichem und Unwesentlichem man verliert oft den roten Faden alles geht durcheinander
3. Dimension: Kürze – Prägnanz	
Kürze – Prägnanz	**Weitschweifigkeit**
zu kurz aufs Wesentliche beschränkt gedrängt aufs Lehrziel konzentriert knapp jedes Wort ist notwendig	zu lang viel Unwesentliches breit abschweifend ausführlich vieles hätte man weglassen können
4. Dimension: Anregende Zusätze	
Anregende Zusätze	**Keine anregenden Zusätze**
anregend interessant abwechslungsreich persönlich	nüchtern farblos gleichbleibend neutral unpersönlich

Farr, Jenkins und Paterson (1951) haben folgende Vereinfachung der Formel von Flesch (1949) vorgeschlagen:

$$T = 1{,}599\ E - 1{,}015\ SL - 31{,}517$$

Die Bestimmung der Textverständlichkeit nach Farr et al. (1951) geschieht in folgenden Schritten:

(1) Es werden eine oder mehrere 100-Wörter-Stichproben gezogen.
(2) Es wird die Zahl der einsilbigen Wörter (E) bestimmt.
(3) Es wird die durchschnittliche Zahl der Wörter pro Satz (SL) bestimmt.

Die Verständlichkeitsindizes von Farr et al. (1951) und Flesch (1949) korrelieren nahezu perfekt miteinander. Sie können daher alternativ verwendet werden.

Ein Maß zur Berechnung der Verständlichkeit *kurzer* Texte haben Forbes und Cottle (1953) vorgeschlagen. Dieses Maß beruht allerdings im wesentlichen auf der Häufigkeit der Verwendung von Wörtern in einer Sprache und bedarf jeweils aktualisierter Rangwörterbücher, die über die Häufigkeit der Verwendung von Wörtern in einer Sprache Auskunft geben (vgl. Teigeler, 1968, S. 59 ff.).

Obwohl die angeführten Formeln nicht alle wichtigen Merkmale von Texten berücksichtigen, sind sie doch erste pragmatische Möglichkeiten, die Prüfung der Verständlichkeit von Texten zu verbessern. Wenngleich alle vorgestellten Methoden auch ihre Nachteile haben, so ist doch dringend anzuraten, Texte nicht nur intuitiv bezüglich ihrer Verständlichkeit zu beurteilen. Vor allem der „Texter" selbst neigt oft dazu, nicht kritisch genug zu sein. Oft wird auch einfach vergessen, daß der Texter den Inhalt so oder so versteht und sich nur schwer in die Rolle des Lesers oder Zuhörers hineinversetzen kann.

5.2 Humor

Verwendung und Wirkung von Humor in der Werbung sind immer wieder diskutierte Fragen. Kelly und Solomon (1975) fanden, daß 15% der Fensehspots Humor verwenden, und Markiewicz (1974) nennt sogar die Zahl von 42%. Doch erste systematische Analysen zum Humor stammen vor allem aus der Allgemeinen Psychologie und der Linguistik. Bereits Andrews (zitiert nach Guilford, 1964) fand sechs verschiedene Varianten von Humor:

(1) Spöttischer Humor: Lachen über Schwächen (besonders über die Dummheit) anderer Personen, wobei moralische Schwächen ausgenommen werden.
(2) Unmoralischer Humor: Lachen über widerwärtige Situationen oder Ausschweifungen.
(3) Gewagter Humor: Lachen über Späße mit sexuellen Anspielungen.
(4) Einsichtiger Humor: Lachen über plötzliche Einsicht, die sich in verwickelten Situationen einstellt.

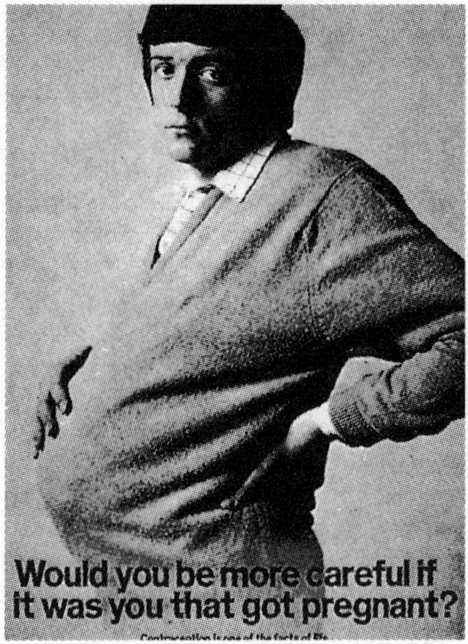

Abbildung 60: Humor, der nicht langweilig wird

(5) Witziger Humor: Lachen über ein Spiel mit Gedanken oder Worten.
(6) Humor bezüglich der Ungereimtheit von Situationen oder Gedanken: Lachen über lächerliche Situationen.

Diese sechs Varianten können zu zwei Gruppen, nämlich affektiver (1, 2, 3) und kognitiver (4, 5, 6) Humor, zusammengefaßt werden. Die bekannteste Unterscheidung ist die Dreiteilung in aggressiven Humor, sexuellen Humor und „Nonsense"-Humor (z. B. Whipple & Courtney, 1981). Eine aktuellere, formale linguistische Klassifikation von verbalem Humor wurde von Pepicello und Weisberg (1983) vorgeschlagen.

Sternthal und Craig (1973) haben eine erste Liste zum Effekt humorvoller Werbung zusammengestellt (vgl. Tabelle 67). Zu beachten ist, daß die Thesen von Sternthal und Craig vor allem Ableitungen aus allgemeinpsychologischer und sprachwissenschaftlicher Literatur sind und insofern weiterer Forschung und Überprüfung bedürfen.

Die Wirkung von Humor in der Werbung bleibt bis heute umstritten (Brooker, 1981, McGuire, 1985). Der positive Effekt von Humor auf die *Aufmerksamkeit des Zuhörers* und *Glaubwürdigkeit des Senders* wurde auch später kaum bestritten (z. B. Madden & Weinberger, 1982). Aber es findet sich vielfach das Resümee, daß Humor eher ein Mittel zur Aufmerksamkeitssteuerung ist und Verständnis, Überzeugung oder Kaufabsicht kaum zu beeinflussen vermag (Duncan & Nelson, 1985). Brown und Bryant (1983) kommen für die 70er Jahre hinsichtlich der Effektivität von Humor zur Einstellungsänderung zu einem eher pessimistischen Schluß. Engel et al. (1986) sehen neben der Aufmerksamkeitsförderung vor allem

Tabelle 67: Thesen zum Effekt humorvoller Werbung (Sternthal & Craig, 1973)

- Humorvolle Botschaften erregen Aufmerksamkeit.
- Humorvolle Botschaften beeinflussen das Verständnis der Werbebotschaft eher nachteilig.
- Humor lenkt die Zuhörer bzw. Zuschauer ab und führt damit eine verminderte Gegenargumentation und vergrößerte Überzeugungswirkung herbei.
- Humor erhöht normalerweise nicht die Überzeugungswirkung einer Nachricht.
- Humor führt zu einer größeren Glaubwürdigkeit der Quelle.
- Humor sollte auf die Zielzuhörerschaft abgestimmt sein.
- Humor steigert die Beliebtheit der Quelle und erzeugt eine positive Stimmung.
- Humor kann die Effektivität einer Nachricht erhöhen, wenn er Einstellungen verstärkt, die die Zuhörerschaft bereits besitzt.

die Erhöhung der Glaubwürdigkeit der Quelle durch humorvolle Werbung als gegeben. Jedoch konnte nicht durchgängig gezeigt werden, daß humorvolle Werbung eine sehr effektive Methode ist, um *Überzeugungen, Einstellungen* oder *Verhaltensweisen* zu *ändern.* Engel et al. (1986) kommen daher zum Schluß, daß die Verwendung von Humor nicht empfehlenswert ist, um Produkte *einzuführen.*

Ähnlich der Wirkung von Sex-Appeal (vgl. 5.3) fand sich auch für Humorappelle, daß sie die *Erinnerung an das Produkt* behindern (Cantor & Venus, 1980), nicht aber die Erinnerung an die Werbung (Murphy, Cunningham & Wilcox, 1977). Zudem kann humorvolle Werbung, insbesondere dann, wenn sie nur eine Pointe enthält, sehr schnell zu Wearout-Effekten führen und deshalb nicht wiederholt als wirksames Werbemittel eingesetzt werden (Gelb & Zinkhan, 1985).

Welche Konsequenzen lassen sich bislang aus den Thesen zur Wirksamkeit von Humor ziehen? Die Konzipierung humorvoller Werbung sollte berücksichtigen, daß Aufmerksamkeit und Ablenkung vom eigentlichen Werbeziel eng beieinanderliegen, daß Humor leicht mißverständlich sein kann und daß eher eine Bestätigung der Einstellung der Umworbenen als eine Einstellungsänderung möglich ist. Ross (1976) kommt zu sechs Merkmalen unterschiedlich erfolgreicher Werbung, die die genannten Überlegungen berücksichtigen (vgl. Tabelle 68).

Wie aber läßt sich herausfinden (und damit auch eventuell vorhersagen), ob ein Cartoon, ein Witz oder eine Geschichte humorvoll oder witzig ist? Suls (1983) analysiert einige Erklärungen für die Entstehung von Humor. Zum einen kann vermutet werden, daß die eine oder andere Form von *Inkongruenz* vorliegt, d. h. daß Erwartungen erzeugt und dann verletzt werden. Insofern dieses Erwartungskonträre nicht gerade bedrohlich wirkt, sind bereits Voraussetzungen für das „Lachen" gegeben. Das Modell der Inkongruitäts-Auflösung geht jedoch noch einen Schritt weiter und postuliert, daß Humor erst dann entsteht, wenn durch genauere Prüfung des „Gags" oder aufgrund von zusätzlichen Hintergrundinformationen (aus dem Gedächtnis) eine *Regel* gefunden wird, die die Überraschung auflösen kann, ansonsten entsteht Verblüffung (vgl. Abbildung 61).

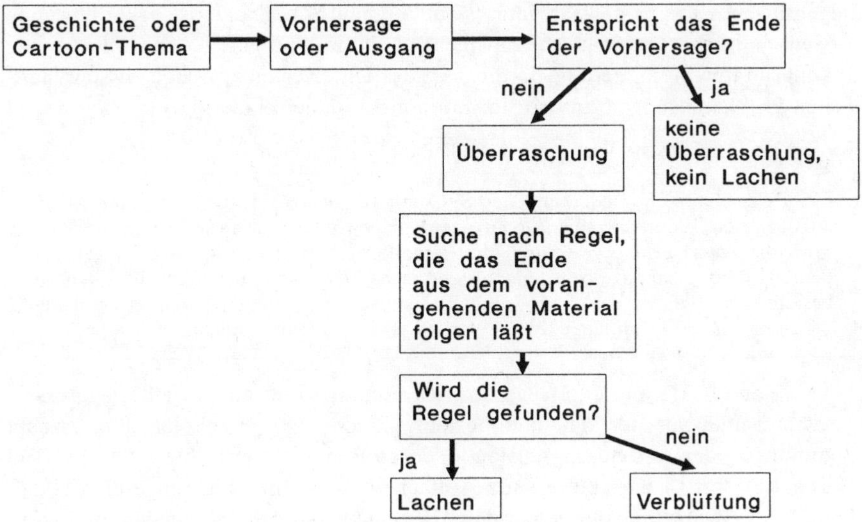

Abbildung 61: Das Inkongruitäts-Auflösungs-Modell (nach Suls, 1983, S. 42)

Nun stellt sich die Frage, warum nicht alles *Problemlösen* mit Humor verknüpft ist. Es könnte ja argumentiert werden, daß *jedes* Problem die soeben beschriebenen Merkmale hat und somit witzig wäre. Suls (1983) nennt als weitere Bedingungen für das Zustandekommen von Humor eine spielerische Situation und ein

Tabelle 68: Merkmale unterschiedlich erfolgreicher humorvoller Werbung (in Anlehnung an Ross, 1976)

effektive humorvolle Werbung	ineffektive humorvolle Werbung
Frühe Identifikation der Marke/des Produkts ist möglich.	Erst späte Identifikation der Marke/des Produkts ist möglich.
Es wird mit der Schlüsselidee begonnen.	„Inszenieren" oder Verwendung einer indirekten Einführung.
Es wird subtiler oder leichter Humor verwendet, mit der Absicht zu amüsieren.	Es wird bizarrer, überzogener Humor verwendet, mit der Absicht zu überwältigen.
Es wird relevanter Humor verwendet, der gut in die Markenidee oder Schlüsselidee integriert ist.	Es wird irrelevanter Humor um seiner selbst willen verwendet.
Es handelt sich um Humor, der für den Rezipienten verständlich ist.	Es handelt sich um Humor, der unverständlich ist.
Die Marke oder das Produkt werden lächerlich gemacht.	Die Konsumenten werden lächerlich gemacht.

angemessenes emotionales Klima (siehe Kasten 24). Damit ist erklärbar, daß wissenschaftliche Problemlösungen nicht als humorvoll gelten, obwohl auch sie Inkongruitäten beseitigen. (Allerdings ist der Unterschied zwischen wissenschaftlichen Problemlösungen und Kuriositäten nicht immer eindeutig.)

Kasten 24: Der kürzeste Witz und die Bedeutung der Situation

> Ein Beispiel für die Bedeutung der Situation für die Wirkung von Humor ist die Aussage „Zwei Journalisten gehen an einer Kneipe vorbei", die an sich kaum witzig ist. Wird die Aussage hingegen durch die Bemerkung „Der kürzeste Witz" eingeleitet, dann wird von dem dazu bereiten Zuhörer nach einer Inkongruenz gesucht, die darin besteht, ein Element der Aussage als eine Ausnahme wahrzunehmen: Journalisten gehen eigentlich nie an einer Kneipe vorbei – sondern immer hinein.

Gibt es eine Erklärung dafür, warum sich Humor so oft auf sexuelle, aggressive oder angstinduzierende Themen bezieht (Freud, 1905)? Inkongruität erzeugt Spannungs- oder Aktivierungszustände, deren Reduktion erleichternd wirkt. (Ein Beispiel hierfür ist das „befreiende Auflachen" nach einer anstrengenden Handlung.) Das Ansprechen der genannten Themen kann damit aber auch ohne Inkongruitäten zu Aktivierungszuständen führen, die dann durch Lachen reduziert werden. Nun wird auch die Unterscheidung von kognitivem und affektivem Humor verständlich, die zu Beginn dieses Abschnittes postuliert wurde. Während der kognitive Humor Inkongruenzen schafft, die ihrerseits zu Aktivierungen führen, führt der affektive Humor direkt zu Aktivierungen.

Bei beiden Arten von Humor ist aber auch einsichtig, daß er zielgruppenspezifisch sein kann. Das Erkennen von Inkongruitäten wie auch das Finden der Lösung erfordert gewisse Anstrengungen und Kenntnisse, über die nicht jeder verfügt. Und die Wirkung von affektivem Humor hängt zum Beispiel von Wertvorstellungen ab; z. B. gilt es als nicht angemessen, über Minderheiten Witze zu machen. Über geschlechtsspezifische Unterschiede berichten Whipple und Courtney (1981).

5.3 Sex-Appeal

Gehören Sie auch zu den Lesern, die beim Lesen dieses Buches diesen Abschnitt zuerst aufgeschlagen haben? Dann werden Sie wohl auch der Auffassung sein, daß die Verwendung von Sex-Appeal in der Werbung oder als Werbemittel wirksam sein muß (vgl. Kasten 25).

Bereits verbale Hinweise und vor allem visuelle Darstellungen von „Sex" erzielen Aufmerksamkeit und Interesse. Da das Sexualmotiv ein Primärmotiv ist, liegt es nahe, es zur beliebigen Aufmerksamkeitslenkung zu verwenden. Obwohl be-

Kasten 25: Sex-Appeal als Werbestrategie

„Sex unter anderem Namen würde sich kaum verkaufen lassen

Im ersten Viertel dieses Jahrhunderts verkaufte der Verleger E. Haldemann-Julius Millionen von Exemplaren seiner „kleinen blauen Bücher". Einer seiner Verkaufstricks bestand darin, die Titel der Bücher, die sich nicht gut verkaufen ließen, zu ändern ... Die Originaltitel von 4 dieser Bücher, die sich anfangs nicht gut verkauften, waren:

Das goldene Tuch	6000 Exemplare
Dem König geht's gut	8000 Exemplare
Keiner unter dem König	6000 Exemplare
Casanova und seine Liebschaften	8000 Exemplare

Nun gebe man eine Prise Sex dazu, und schon erhöhen sich die Verkaufsziffern! Die jährlichen Absatzzahlen der im Titel abgeänderten Bücher sahen nun wie folgt aus:

Die Eroberung der blonden Geliebten	50 000 Exemplare
Die Freuden des lüsternen Königs	38 000 Exemplare
Keiner unter dem König soll diese bekommen	34 000 Exemplare
Casanova: Der Geschichte größter Liebhaber	22 000 Exemplare

Kann man mit Sex auch heute noch Bücher verkaufen? Verleger, die Paperbacks verkaufen, denken ganz sicher so, schauen Sie sich einmal die Illustrationen auf den Umschlägen an." (Zimbardo, 1984, S. 369)

reits Sandage (1956) auf die Gefahr dysfunktionaler Effekte dieser Aufmerksamkeitslenkung hinwies, scheint doch bis heute bei den Werbetreibenden ein gewisser Optimismus hinsichtlich der Wirkung sexueller Motive zu existieren.

Die Untersuchung von Smith und Engel (1968) scheint diesen Optimismus zunächst zu rechtfertigen. Männern und Frauen wurde eine Autowerbung gezeigt. Die Hälfte der Versuchspersonen sah in der Werbung zusätzlich ein attraktives Modell aus dem „Playboy". Anschließend schätzten die Versuchspersonen das abgebildete Auto auf einem Semantischen Differential ein. Das Ergebnis war, daß die Versuchspersonen beiderlei Geschlechts das Auto mit dem attraktiven Modell als ansprechender, aufregender, jugendlicher, teurer und weniger sicher einschätzten. 90% dieser Versuchspersonen meinten außerdem, durch das Modell nicht beeinflußt worden zu sein.

Gemäß diesem Ergebnis hätte also die Verwendung von mehr oder weniger bekleideten Modellen in der Werbung auch eine psychologische Wirkung auf die Beurteilung des beworbenen Produkts. Allerdings muß darauf hingewiesen werden, daß es sich bei der Untersuchung von Smith und Engel (1968) um ein Laborexperiment handelte. Damit war aber das Interesse für das beworbene Produkt bei den Versuchspersonen bereits gegeben und es bestand wenig Möglichkeit, sich durch andere Werbungen oder redaktionelle Teile ablenken zu lassen. Außerdem wurde das Gedächtnis der Versuchspersonen nicht beansprucht, sie mußten sich nicht an den Markennamen erinnern. Zu fragen ist schließlich, in welcher Beziehung dem Sex-Appeal zum beworbenen Produkt stehen muß, damit z. B. Eigenschaften der Person übertragen werden können.

Zunächst soll auf die Erinnerungswirkung von Sex-Appeal in der Werbung eingegangen werden. Danach wird untersucht, ob sich Menschen in ihren Reaktionen auf Sex-Appeal in der Werbung unterscheiden. Abschließend wird auf die Frage nach möglichen negativen Konsequenzen von (in der Regel weiblichem) Sex-Appeal in der Werbung eingegangen.

5.3.1 Erinnerungswirkung von Sex-Appeal

Welche kognitiven Konsequenzen hat die Verwendung von Sex-Appeal in der Werbung bei den Rezipienten? Hier ist eine nahezu unwillkürliche Aufmerksamkeitslenkung zu erwarten (Baker, 1961). Aber wie werden die dargebotenen Informationen weiterverarbeitet? Zunächst ist eine physische Aktivierung zu beobachten. Starke physische Aktivierung führt jedoch zu gestörter oder erschwerter Informationsverarbeitung. So fanden Sanbonmatsu und Kardes (1988), daß sich physiologisch stark (nicht durch Sex-Appeal) aktivierte im Vergleich zu in mittlerem Ausmaß aktivierten Versuchspersonen weniger von guten Argumenten beeindrucken ließen, während die Bekanntheit des Modells einen stärkeren Einfluß auf die Bewertung der beworbenen Marke hatte. Da in vielen Fällen der Verwendung *sexueller* Illustrationen die Bekanntheit des Modells als wichtige Größe für eine erwartbare Wirkung der Werbung auszuschließen ist, dürfte die gestörte Informationsverarbeitung u. a. in der schlechten Erinnerbarkeit von inhaltlichen Details der Werbung begründet sein.

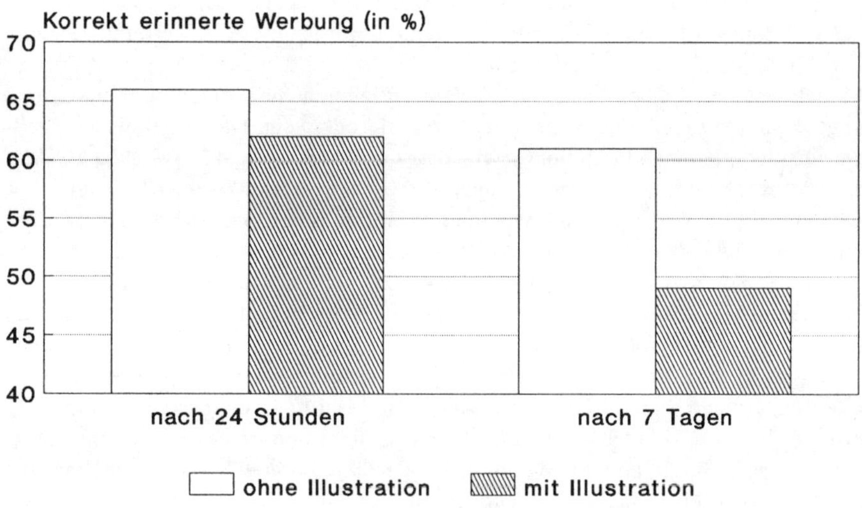

Abbildung 62: Erinnerung von Markennamen in Werbungen mit und ohne sexuelle Illustration (Steadman, 1969, S. 17)

Die Vermutung, daß sexuelle Illustrationen zu geringeren Erinnerungswerten führen, wurde von Steadman (1969) überprüft, wobei die Recalltests für die Markennamen nach 24 Stunden und nach 7 Tagen durchgeführt wurden (siehe Abbildung 62). Das Resultat lautete, daß die Erinnerungswerte für Markennamen in sexuell illustrierten Werbungen nach 7 Tagen deutlich geringer waren als für Markennamen ohne sexuelle Illustration.

In zwei weiteren Untersuchungsschritten fand Steadman (1969) außerdem, daß die Erinnerungswerte mit der positiven Einstellung zu Sex-Appeal in der Werbung zunahmen, während der unterschiedliche „erotische Inhalt" der verschiedenen Anzeigen wenig Einfluß hatte. Die Resultate von Steadman konnten von Alexander und Judd (1978) repliziert werden, allerdings mit der Ausnahme, daß die Einstellungen der (nur männlichen) Untersuchungspersonen zum Sex-Appeal keinen Zusammenhang mit den Erinnerungswerten zeigten.

Insgesamt ist es schwierig, den Grad des „erotischen Inhalts" der Werbung eindeutig zu messen. Daher ist es auch nicht weiter überraschend, daß in anderen Untersuchungen das Ausmaß des erotischen Inhalts doch Auswirkungen auf die Erinnerungswerte hatte. So fanden Weller, Roberts und Neuhaus (1979), daß mit dem Grad des erotischen Inhalts der Werbung die Recall-Werte geringer wurden, wobei aber nach wiederholter Erinnerungsmessung die Werte für die weniger erotischen Werbungen stärker abnahmen (siehe Abbildung 63).

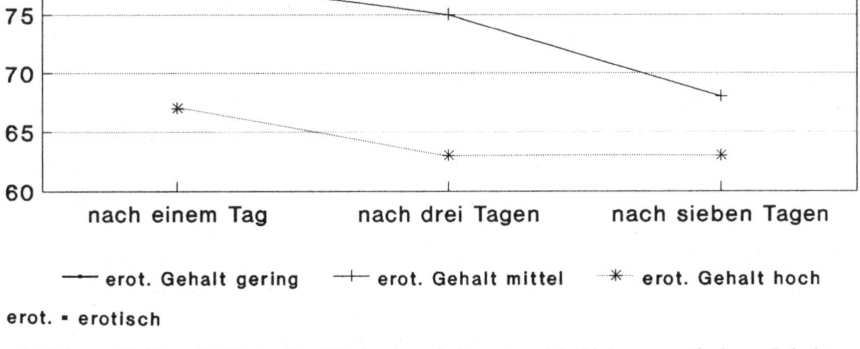

Abbildung 63: Recall-Werte für Werbungen mit unterschiedlichem erotischem Inhalt zu drei Testzeitpunkten (Weller et al. 1979, S. 149)

Weller et al. (1979) unterschieden drei Stufen von erotischem Gehalt. Eine alternative Einteilung von Werbung mit Sex-Appeal wurde von Richmond und Hartman (1982) vorgenommen. Sie unterscheiden (1) funktionelle, (2) phantasiebezogene, (3) symbolische und (4) unangemessene Verwendungen von Sex-Appeal. Die entsprechenden Beispiele waren (1) Büstenhalterwerbung, (2) Werbung für ein Getränk, (3) Erwähnung eines Frauennamens (Ella Fitzgerald) und (4) Darstellung einer „oben ohne"-Frau im Zusammenhang mit der Werbung für eine Firma. Richmond und Hartman fanden für die „unangemessenen" Darstellungen die mit Abstand geringsten Erinnerungswerte.

Die bisher dargestellten Untersuchungen ermittelten Recall-Werte als Erinnerungsmaße. Nun ist jedoch fraglich, ob dieses Gedächtnismaß tatsächlich entscheidend ist und ob es nicht angemessen wäre, Rekognitionswerte zu erfassen. So kann es praktische Situationen geben, in denen bereits vorher ein Ladengeschäft aufgesucht wurde und das Bedürfnis nach einer bestimmten Produkt*klasse* besteht. Die konkrete Auswahl einer von mehreren konkurrierenden Marken mag dann von der Wiedererkennung der Werbung oder des Markennamens beeinflußt werden. Chestnut, LaChance und Lubitz (1977) fanden, daß die Präsentation „dekorativer weiblicher Modelle" zwar die Wiedererkennung der Anzeigen, nicht aber die der Marken erleichterten. Dies spricht dafür, daß die Verwendung „dekorativer Modelle" vor allem zu einer Aufmerksamkeitslenkung auf die Illustrationen führt. Auch Reid und Soley (1981) fanden, daß sich in solchen Fällen nur die Leserschaftswerte für die Illustrationen erhöhten. Ein vergleichbares Resultat erhielten Reid und Soley (1983), als sie die „noted" und die „read most"-Starchtestwerte von Zigaretten-, Alkohol- und Automobilwerbungen für männliche Leser reanalysierten. Wurden lediglich Frauen als Modelle eingesetzt, dann erhöhten sich die „noted"-Werte im Vergleich zu Werbungen, die nur Männer oder Männer und Frauen abbildeten. Hingegen ergaben sich keine Unterschiede bei den „read most"-Werten, was darauf schließen läßt, daß die Werbung mit „dekorativen Modellen" zwar öfter beachtet, ihr Inhalt aber nicht öfter gelesen wird.

Als vorläufiges Fazit der bis zu dieser Stelle referierten Untersuchungen zeigt sich, daß die Verwendung von Sex-Appeal in der Werbung zwar zu einer erhöhten Aufmerksamkeitswirkung führt, daß aber die Aufmerksamkeit nicht der Erinnerung an die beworbene Marke zugute kommt. Insgesamt gesehen scheint die kognitive Verarbeitung des Werbungsinhalts beschränkt zu sein (Baker & Churchill, 1977). Allerdings wurde in Abschnitt 3.4.2 bereits erwähnt, daß die Ablenkung vom Werbeinhalt die Überzeugungswirkung insofern unterstützen kann, als die Bildung von *Gegen*argumenten verhindert wird (Wilson & Moore, 1979).

Bisher wurde mit Ausnahme der Untersuchung von Steadman (1969) darauf verzichtet, auf Unterschiede zwischen den Rezipienten einzugehen. Der nächste Abschnitt befaßt sich vor allem damit, ob es Geschlechtsunterschiede bezüglich der Reaktionen auf Sex-Appeal in der Werbung gibt.

5.3.2 Unterschiede in der Reaktion auf Sex-Appeal

Kinsey, Pomeroy, Martin und Gebhard (1953) berichteten die Resultate einer Umfrage unter amerikanischen Frauen, nach der diese nicht von erotischen Stimuli erregt werden. Erst Untersuchungen in den 70er Jahren stellten dieses Resultat in Frage. So gaben beispielsweise in einer Untersuchung von Sigush, Schmidt, Reinfeld und Wiedemann-Sutor (1970) Männer öfter als Frauen an, stärker sexuell erregt zu sein; die genitale Erregung war jedoch bei beiden Geschlechtern gleich stark. Insbesondere in dem nach wie vor heiklen Bereich der Erregbarkeit durch sexuelle Stimuli stellt sich die Frage, auf welche Erhebungsmethoden zurückgegriffen werden sollte, da die Befragten verbal nicht unbedingt offen auf Fragen (oder Werbedarbietungen) reagieren. So fand Morokoff (1985), daß Frauen mit stärkeren sexuellen Schuldgefühlen (erhoben mit Fragebogen) nach Betrachtung eines erotischen Videos zwar angaben, nicht sehr stark erregt zu sein, ihre physiologische Erregung war jedoch stärker als die von Frauen mit schwachen Schuldgefühlen.

Es genügt zudem nicht, lediglich das Ausmaß der Erregung zu ermitteln. So ergibt sich das inhaltliche Problem, daß die Rezipienten für sich selbst ihre Erregung *interpretieren* müssen. Diese Erregung kann z. B. auch als „romantisches Gefühl" empfunden werden. Wenn also nach Wilson und Moore (1979) Frauen im Vergleich zu Männern berichteten, von gleichgeschlechtlichen Stimuli stärker oder von Abbildungen unkonventioneller sexueller Handlungen weniger erregt zu werden, dann ist die Interpretation dieser Resultate strittig. Fisher und Byrne (1978) fanden schließlich auch keine Belege dafür, daß Frauen durch romantische, emotionale Stimuli stärker erregt werden als Männer. Männer *und* Frauen können sich von suggestiven und leicht sexuell getönten Stimuli erregen lassen (Morrison & Sherman, 1972). Generell bewerten aber Frauen erotische Stimuli negativer als Männer (Wise, King & Merenski, 1974; Wilson & Moore, 1979), was sich auch auf die Bewertung entsprechender Werbung auswirken dürfte (Wilson & Moore, 1979).

Peterson und Kerin (1977) boten Frauen und Männern Werbungen für zwei Produkte in vier Stufen von „Nacktheit" dar, und zwar (a) nur das Produkt, (b) das Produkt mit einem „spröden" weiblichen Modell, (c) das Produkt mit einem verführerischen Modell und (d) das Produkt mit einem nackten Modell. Es zeigte sich erneut, daß Frauen Werbung, Produkt und Unternehmen negativer bewerteten. Außerdem waren tendenziell bei zunehmender Nacktheit negative Effekte auf die Bewertung von Produkt und Unternehmen festzustellen.

Der Schwerpunkt von Untersuchungen zur Wirksamkeit von Sex-Appeal in der Werbung liegt auf Unterschieden zwischen den Geschlechtern. Daneben existieren aber auch Befunde zu anderen interindividuellen Unterschieden. So fanden Wise et al. (1974), daß ältere Menschen weniger positiv gegenüber Sex in der Werbung eingestellt sind. Pokrywczynski (1988) analysierte Werbung, die sich an Schwarze oder an Weiße richtete und fand, daß in der Werbung für Schwarze mehr Sex-Appeal verwendet wird. Er erklärt dies damit, daß es sich vermehrt um

Abbildung 64: Sex-Appeal der Zukunft?

Werbung für „Nondurables“ wie Kosmetik, Parfüm oder andere Toilettenartikel handelt.

5.3.3 Negative Wirkungen von Sex-Appeal

Die überwiegende Mehrzahl von Werbung mit Sex-Appeal zeigt Frauen. Sowohl die Art als auch die Häufigkeit der Darstellung von Frauen in der Werbung haben sich nach Belkaoni und Belkaoni (1976), Sexton und Haberman (1974) und Venkatesan und Losco (1975) zwischen den 50er und den 70er Jahren nur wenig verändert. Trotz Frauenbewegung hat der Trend, sexuell attraktive Modelle in der Werbung zu verwenden, in den 70er Jahren sogar zugenommen (Kerin, Lundstrom und Scilimpaglia, 1979). Stimmen aus der Frauenbewegung kritisieren die stereotype und diskriminierende Darstellung von Frauen, und nicht nur die Präsentation mehr oder weniger nackter weiblicher Modelle. Dieser Auffassung steht die Meinung von großen Teilen der Werbewirtschaft entgegen, die besagt, daß „die Werbewirtschaft ein gutes Gewissen haben kann“ (Nickel, 1989). Dies begründet sich auf der behaupteten geringen Verbreitung von diskriminierenden Darstellungen von Frauen in der Werbung sowie in Bemühungen des Deutschen Werberats, „inakzeptable“ Werbungen zu rügen. Die Diskussion ist nicht nur aufgrund der Emotionalität der beiderseitig vorgebrachten Argumente schwierig, sondern auch deshalb, weil Sex-Appeal unterschiedlich definiert wird. Auch in den zwei vorstehenden Teilabschnitten war neben Sex-Appeal beispielsweise von „erotischem Gehalt“ oder „dekorativem Modell“ die Rede.

Die Kritik an Sex-Appeal in der Werbung kann in ihre Argumentation dadurch unterstützt werden, daß die „Effektivität“ solcher Werbung, wie in Abschnitt 5.3.1 gezeigt, begrenzt ist. Darüberhinaus gibt es aber auch Hinweise auf problematische psychologische Effekte. Zwar scheinen *milde* erotische Stimuli eher zur Verringerung aggressiver Verhaltensweisen zu führen; stärkere erotische Stimuli gehen jedoch eher mit der Zunahme von nachfolgenden Aggressionen einher (Wilson & Moore, 1979).

Zwei Resultate zur Auswirkung der Informationsaktivierung (vgl. 3.2) durch die Darstellung von Frauen in stereotyper und „erotischer“ Art und Weise sollen den Abschluß dieses Abschnitts bilden, auch wenn sie nicht direkt aus dem Bereich der Werbung stammen. Jennings, Geis und Brown (1980) fanden, daß Frauen nach der Betrachtung geschlechtsstereotyper Werbungen in nachfolgenden Experimenten weniger Unabhängigkeit und Selbstvertrauen zeigten. Linz, Donnerstein und Penrod (1988) fanden eine Desensibilisierung für Gewalt gegen Frauen, nachdem männliche Versuchspersonen längere Zeit Filme sahen, die Frauen in aggressiver und sexuell degradierender Art und Weise zeigten. Wenngleich Linz et al. auch mehr oder weniger pornographisches Material verwendeten, so geben ihre Untersuchungsergebnisse doch nochmals zu bedenken, daß durch Sex-Appeal in der Werbung situationsübergreifende negative Auswirkungen auf das Frauenbild bei Männern entstehen können.

Abschließend sei an dieser Stelle bemerkt, daß dieser Abschnitt (5.3) sich auf Wirkungen von Sex-Appeal im engeren Sinne sowie auf relativ direkte Konsequenzen beschränkt. Die Darstellung der Frau in der Werbung als Ware oder in stereotyper Art und Weise ist nach Auffassung dieses Autors ein zwar möglicherweise praktisch sogar größeres Problem der Werbung, ist aber nicht an die Verwendung von *Sex-Appeal* geknüpft.

5.4 Furchtappelle

Werbeappelle beabsichtigen im allgemeinen, Verhaltensweisen zu *veranlassen.* Diese Verhaltensweisen könnten prinzipiell dadurch motiviert werden, daß Positives angestrebt oder Negatives vermieden werden soll (vgl. bereits Lucas & Benson, 1930). Furchtappelle haben eine Argumentationsstruktur, nach der Negatives auftreten kann, und sie empfehlen in der Regel außerdem Verhaltensweisen, um dieses Negative zu *vermeiden.* Anwendungen von Furchtappellen sind vor allem im Gesundheitsbereich, z. B. Zähneputzen (Janis & Feshbach, 1953), Rauchen (Trommsdorff, 1984) oder Ausgleichssport, zu finden. Loken und Howard-Pitney (1988) untersuchten die Auswirkung von generellen oder spezifischen Furchtappellen auf die Beurteilung der Glaubwürdigkeit und Attraktivität von Werbung durch Raucherinnen und Nichtraucherinnen (vgl. Abbildungen 65 und 66).

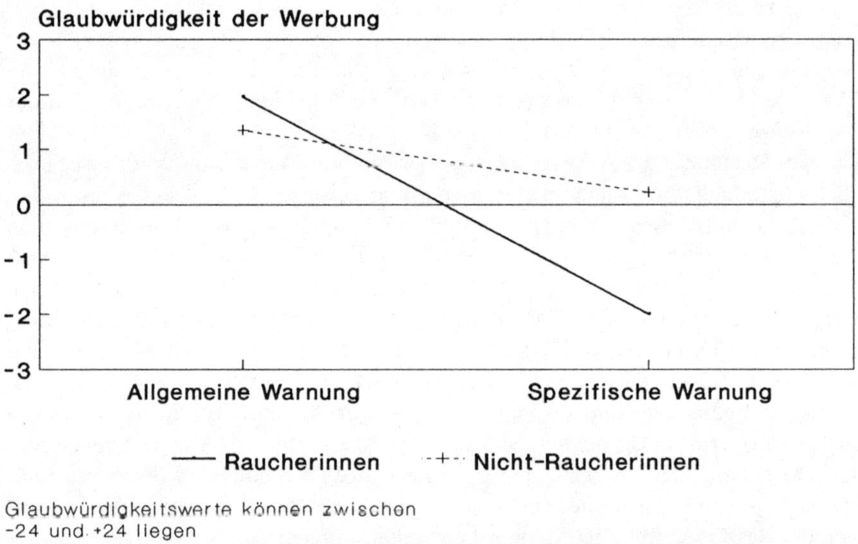

Abbildung 65: Beurteilung der Glaubwürdigkeit von Zigarettenwerbungen bei gleichzeitigen Warnhinweisen (Loken & Howard-Pitney, 1988)

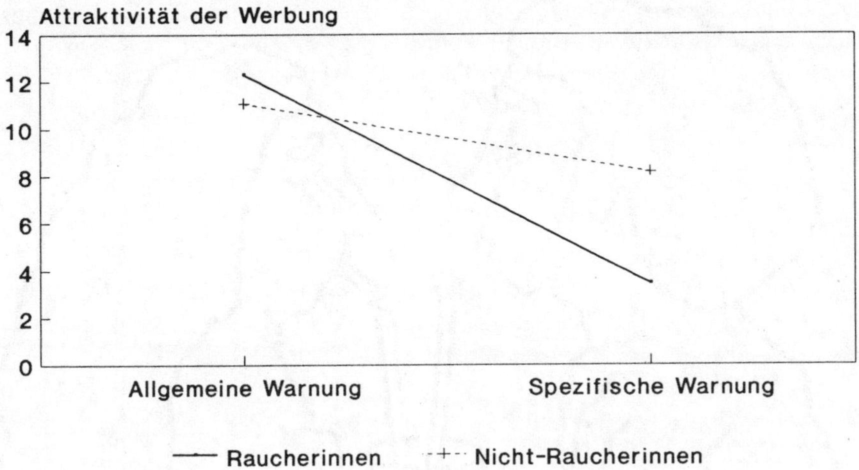

Attraktivitätswerte können zwischen
-48 und +48 liegen

Abbildung 66: Beurteilung der Attraktivität von Zigarettenwerbungen bei gleichzeitigen Warnhinweisen (Loken & Howard-Pitney, 1988)

Spezifische Furchtappelle lauteten beispielsweise, daß Zigarettenrauchen zu häufigeren Frühgeburten oder Kreislaufproblemen führt, während der generelle Furchtappell darauf hinwies, daß Rauchen die Gesundheit gefährdet. Die Ergebnisse von Loken und Howard-Pitney (1988) besagen, daß die spezifischen Warnungen generell zu einer negativen Bewertung der Attraktivität und Glaubwürdigkeit der Werbung führten. Darüberhinaus zeigte sich eine interessante Wechselwirkung: Während bei allgemeiner Warnung die Raucherinnen die Werbung positiver beurteilten als die Nichtraucherinnen, war es bei den spezifischen Warnungen umgekehrt. Das heißt, daß vor allem Raucherinnen von detaillierteren Warnhinweisen hinsichtlich der Gefahren des Rauchens stark angesprochen werden.

Bereits an der Untersuchung von Loken und Howard-Pitney läßt sich zeigen, daß es kaum möglich sein dürfte, allgemeingültige und einfache Empfehlungen zur wirksamen Gestaltung von Furchtappellen zu formulieren. Deren Wirkung hing sowohl von der Art des Furchtappells als auch von den Eigenschaften der Rezipientinnen ab. Bänsch (1987) hat einige Untersuchungen zu Furchtappellen gesichtet und eine Reihe von differenzierten Empfehlungen hieraus abgeleitet, die in Tabelle 69 zusammengefaßt sind.

Die Effektivität von Furchtappellen hängt – ähnlich anderen Versuchen zur Einstellungsänderung (vgl. Abschnitt 3.4) – vom Inhalt des Appells (Stil, Inhalt, Realisierbarkeit der Verhaltensempfehlung), von der Quelle oder dem Kommuni-

Abbildung 67: Furchtappell mit klaren Verhaltenshinweisen. © Bundeszentrale für gesundheitliche Aufklärung. Motiv aus dem Jahr 1987.

Tabelle 69: Empfehlenswerte Furchtappellintensität in Abhängigkeit von Kommunikationsvariablen (in Anlehnung an Bänsch, 1987)

Kommunikationselemente	Intensität des Furchtappells tendenziell schwach	mittel bis stark
Kommunikationsstil		
direkt	x	
indirekt		x
Kommunikationsinhalt		
Verhaltensempfehlung		
überzeugend		x
weniger überzeugend	x	
Realisierbarkeit der Verhaltensempfehlung		
ohne Zeitverzug		x
mit Zeitverzug	x	
Kommunikant		
Reaktionsmöglichkeit		
ohne Zeitverzug		x
mit Zeitverzug	x	
Selbstvertrauen		
hoch		x
niedrig	x	
Ängstlichkeit		
hoch	x	
niedrig		x
Kommunikator-Glaubwürdigkeit		
hoch		x
niedrig	(x)	

kator (Glaubwürdigkeit) und vom Empfänger/Kommunikant (Reaktionsmöglichkeit, Selbstvertrauen, Ängstlichkeit) ab. Beispielsweise empfiehlt sich bei hoher Ängstlichkeit des Kommunikanten eher ein schwacher Furchtappell zur Verhaltensänderung, während bei geringer Ängstlichkeit ein starker Furchtappell wirksamer ist. Dies ist damit erklärbar, daß Hochängstliche von starken Furchtappellen abgeschreckt werden und den Inhalt der Botschaften nicht mehr zu registrieren bereit sind, während schwache Furchtappelle bei Niedrigängstlichen „verpuffen“. Allgemein führen allerdings starke Furchtappelle eher zu Ablehnung und geringer Wirkung oder sogar Reaktanz (Trommsdorff, 1984). Das praktisch schwierigste Problem im Zusammenhang mit Furchtappellen besteht in der „Dosierung“: Wann ist ein Furchtappell noch schwach oder schon stark? Bei der Konzipierung von Furchtappellen dürften Pretests unumgänglich sein. Ergänzend kann mit Ray (1982) der Ratschlag gegeben werden, klare Verhaltensempfehlungen auszusprechen, wie die Furchtquelle vermieden werden kann. Des weiteren sollten diese Verhaltensempfehlungen dem Furchtappell *folgen,* so daß das Verhalten eine „Problemlösung“ darstellt (vgl. auch Abbildung 67).

Wie eine hier abschließend zu berichtende Untersuchung von Monse und Müller (1977) zeigt, sind auch das Ausmaß und die Art der Wirkung von Furchtappellen differenziert zu betrachten. Monse und Müller boten Rauchern entweder einmal oder dreimal (im Abstand von je einer Woche) Furchtappelle dar. Wie die nachfolgenden Messungen der Zahl der täglich gerauchten Zigaretten zeigten, hielt die Wirksamkeit des einmaligen Furchtappells zwar einige Wochen an, aber nach etwa einem halben Jahr war das Ausgangsniveau wieder nahezu erreicht (Abbildung 68). Demgegenüber ergab eine wiederholte Darbietung des Furchtappells auch einen langfristigen Effekt. Schließlich fanden Monse und Müller (1977), daß die Veränderung des Zigarettenkonsums nicht durch veränderte Einstellungswerte erklärt werden konnte.

Ein aktuelles Beispiel für die Evaluation von Furchtappellen in der Werbung beschreibt Trommsdorff (1984). Methodische Probleme bei der Durchführung von Furchtappell-Untersuchungen werden von Kay (1972) diskutiert.

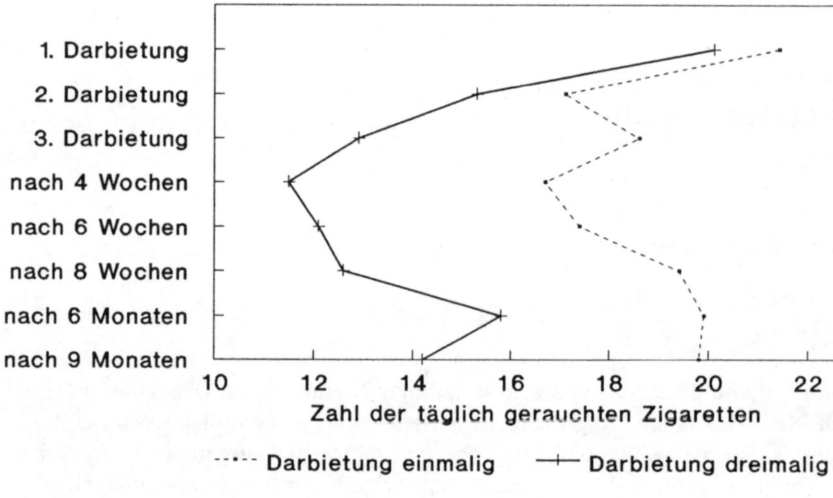

Abbildung 68: Die Abnahme des Zigarettenkonsums in Abhängigkeit von der Zahl der Furchtappelle (Monse & Müller, 1977, S. 249)

5.5 Modelle

Modelle werden oft und zu verschiedenen Zwecken in der Werbung eingesetzt. Eine erste Funktion wurde bereits im vorausgehenden Abschnitt 5.3 angesprochen; da Modelle meist bildhaft dargestellt werden, wecken sie Aufmerksamkeit. Eine weitere Funktion von Modellen ist deren Vorbild- oder Leitbildfunktion (Bergler, 1972). Die Verwendung von Leitbildern zielt darauf ab, beim Konsumenten eine Identifikation zu erzeugen. Bergler geht gar so weit, die Herausarbeitung von Leitbildern als *die* kreative Funktion der Werbung zu bezeichnen. Erklärungen für die Wirkungen von Leitbildern dürften in der Statusunsicherheit und Statusunsichtbarkeit des „modernen Menschen“ zu finden sein. Die Imitierung von Leitbildern hilft also gleichermaßen, den eigenen Status vor der eigenen Person und vor anderen zu definieren. Nach McCracken (1989) sind Modelle Vermittler kultureller Werte und Sinnstifter. Modelle repräsentieren kulturelle Werte und werden zusammen mit dem beworbenen Produkt abgebildet, um die Eigenschaften des Modells auf das Produkt und eventuell dann auf den Konsumenten zu übertragen. Bekannte Modelle („celebrities“) besitzen spezifische Konfigurationen von Bedeutung, sie vermitteln Klarheit und Lebendigkeit (McCracken, 1989). Werbung mit Modellen hat die Funktion, Idealbilder zu vermitteln, an denen sich Verhalten orientieren kann (vgl. aber Kasten 26).

Kasten 26: Wenn Leitbilder zu distanziert sind

Gegen den Gedanken, daß Leitbilder dann am wirksamsten sind, wenn sie eine möglichst große *Distanz* zum eigenen „Lebensstil“ haben, führt Bergler (1963) Beispiele an, in denen die Assoziationen zu bestimmten Anzeigen erfaßt wurden. Eines der Erlebnisprotokolle bei Betrachtung eines Modells in einer Werbung lautete etwa: „oberflächlich, gelangweilt, überdrüssig, Verflachung, haben keine Probleme, keine Ideale . . .“ oder in der Beurteilung der Gesamtanzeige: „ist für mich gleichgültig, damit könnte ich nichts anfangen, kann mich da nicht hineinversetzen.“ (1963, S. 43)

Die Verwendung der Leitbildfunktion von Modellen kann dann kompliziert werden, wenn in einer Gesellschaft unterschiedliche Rollenerwartungen oder Leitbilder gleichzeitig bei verschiedenen Menschen vorhanden sind. Leigh, Rethans und Reichenbach-Whitney (1987) untersuchten die Wirkungen, die moderne oder traditionelle Rollenporträtierungen von Frauen auf Rezipientinnen mit entweder moderner oder traditioneller Rollenorientierung hatten. Die unterschiedlichen Rollenorientierungen der befragten Frauen wurden mit einer Skala von Roberts und Wortzel (1979) erfaßt, in der Fragen gestellt werden wie „Ich würde keinen Arbeitsplatz annehmen, wenn wir das Geld nicht nötig hätten“ oder „Ich möchte, daß mir mein Ehemann im Haushalt hilft“. Die Resultate der Untersuchung von Leigh et al. sind in Abbildung 69 zusammengefaßt.

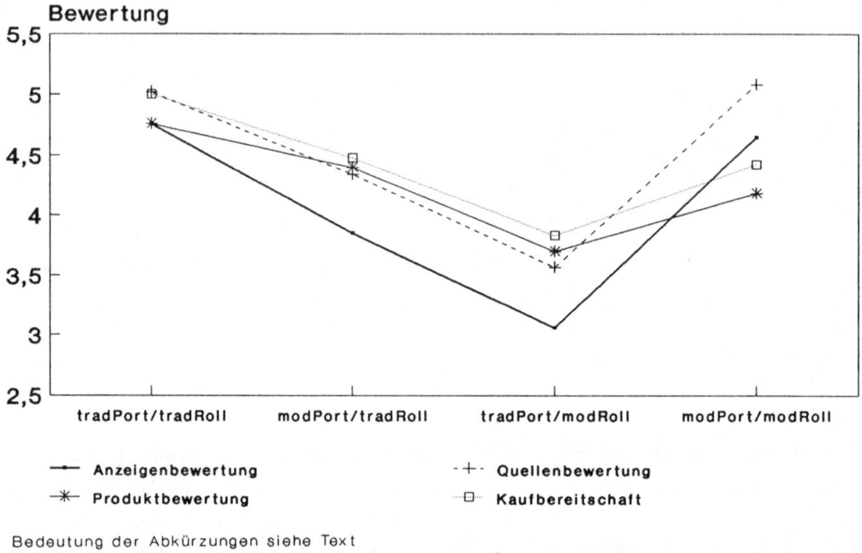

Abbildung 69: Einstellungswerte zu verschiedenen Rollendarstellungen (Leigh et al. 1987, S. 57)

Werbungen, die mit der Rollenorientierung konsistent waren, erhielten jeweils bessere Bewertungen als Werbungen, die mit der Rollenorientierung der Frauen inkonsistent waren. Die Frauen, die selbst eine moderne Rollenorientierung (modRoll) hatten und eine Werbung mit traditioneller Rollenorientierung (tradPort) beurteilen sollten, gaben die schlechtesten Bewertungen ab. Eine Reaktion der modernen Frauen auf die traditionelle Werbung war z. B. „Die Anzeige richtet sich an Frauen, die nichts denken – sie wurde vermutlich von einem Mann verfaßt", während traditionelle Frauen (tradRoll) auf die moderne Anzeige (modPort) z. B. so reagierten: „Ich wurde durch die Aussage beleidigt, daß eine Karriere wichtiger sei, als den Haushalt zu führen."

Wie läßt sich auf der Basis der bisherigen Ausführungen die Wirkung von Modellen erklären? Und unter welchen Bedingungen können Modelle mehr oder weniger erfolgversprechend eingesetzt werden? Erstens kann ein Modell als *Verhaltensmodell* wirken, das zum Nachahmen von Verhaltensweisen animiert. Wenn dies der Fall ist, dann sind die psychologischen Ergebnisse zum *Modellernen* interessant, so z. B. daß Modelle von hohem Status, sympathische, attraktive (Baron, 1970) oder belohnte Modelle öfter imitiert werden. Modell- oder auch Beobachtungslernen kann u. a. zum Erlernen neuer Verhaltensweisen, zur Verstärkung oder Schwächung von Verhaltenshemmungen oder zur Emotionalisierung des Beobachters führen (Bandura, 1986). Zweitens kann die Wirksamkeit von Modellen über die Sympathiewirkung erklärt werden. Es müßten sich also die Ergebnisse der *Attraktivitätsforschung* anwenden lassen. Beispielsweise zeigte es sich, daß es recht einheitliche Auffassungen davon gibt, was eine Person attraktiv macht; dies kann als Beleg für die generelle Wirkung attraktiver Modelle gewertet werden. Allerdings zeigte es sich auch öfter, daß Menschen Partner von in etwa ähnlicher Attraktivität aufsuchen, was so interpretiert werden kann, daß besonders attraktive Modelle als „unerreichbar" erlebt werden (Bierhoff, 1984).

In der Zigarettenwerbung wird besonders oft mit Modellen gearbeitet. Beispielsweise sollen jugendliche und vitale Modelle die Harmlosigkeit des Rauchens signalisieren. Loken und Howard-Pitney (1988) zeigten ihren weiblichen Versuchspersonen Zigarettenanzeigen mit oder ohne (weibliche) Modelle. Die Werbung mit Modellen wurde als attraktiver und überzeugender, jedoch auch als *weniger* glaubwürdig beurteilt.

Eine Reihe von Untersuchungen gibt zu der Vermutung Anlaß, daß die Wahrnehmung der Attraktivität weiblicher Modelle von deren Namen beeinflußt wird. Hargreaves, Colman und Sluckin (1983) und Hassebrauck (1988) konnten zeigen, daß Frauennamen unterschiedlich attraktiv beurteilt werden. Hassebrauck berichtet für neun Namen Werte, die in Tabelle 70 wiedergegeben werden.

Tabelle 70: Attraktivitätsurteile über Frauennamen (Hassebrauck, 1988)

Sarah	6,9	Beate	4,8
Julia	6,5	Gertrud	2,7
Anna	6,0	Hedwig	2,5
Karin	5,2	Edeltraut	2,3
Maria	4,9		

Garwood, Cox, Kaplan, Wasserman und Sulzer (1980) und Hassebrauck (1988) erhielten unterschiedliche Ergebnisse, als sie die Wirkung der Attraktivität des Namens auf die Attraktivität der Bilder von Frauen überprüften. Garwood et al. ließen sechs Photos gleichattraktiver Frauen daraufhin beurteilen, ob sie Schönheitskönigin werden sollten. Es zeigte sich, daß die Attraktivität des Vornamens der Frauen die Urteile stark beeinflußte. Hassebrauck (1988) wählte eine etwas andere Vorgehensweise und variierte sowohl die Vornamen als auch die Attraktivität der gezeigten Frauenbilder. Das Ergebnis war, daß lediglich die „tatsächliche" Attraktivität der Frauen einen Einfluß auf die Attraktivitätsurteile hatte. Vermutlich sind die Unterschiede in den Ergebnissen von Garwood et al. (1980) und Hassebrauck (1988) darauf zurückzuführen, daß die Versuchspersonen von Garwood et al. (1980) auch die Urteile anderer Personen vorherzusagen versuchten – nämlich ob die zu beurteilenden Frauen Schönheitskönigin werden sollten –, während bei Hassebrauck (1988) die „reine" Attraktivität zu beurteilen war.

Neben den beiden bisher aufgeführten Erklärungsansätzen für die Wirkung von Modellen, das Modellernen und die Attraktivitätsforschung, gibt es noch weitere Erklärungsmöglichkeiten: Mit vielen „Idealmodellen" sind positive Gefühle oder Einschätzungen verbunden, die zur *Konditionierung* von Produkt- oder Markeneigenschaften verwendet werden können (vgl. Abschnitt 3.3.1). So fanden Atkin und Block (1983), daß ein beworbenes Alkoholprodukt bei Verwendung einer bekannten Persönlichkeit als Modell positiver beurteilt wurde. Des weiteren werden bestimmte Modelle als besonders *glaubwürdig* angesehen (z. B. aufgrund ihres Expertenstatus'), so daß die Überzeugungswirkung einer Werbebotschaft erhöht wird (vgl. Abschnitt 3.4.3).

Bestimmte Modelle haben Eigenschaften, die die Beworbenen dazu bringen, deren Verhalten nicht nur durch die Vergütung für das Werben zu erklären. Wenn z. B. ein wohlhabender Schauspieler für ein Produkt wirbt, dann kann der Beworbene dies nicht (nur) mit dem Geld, das dieser als Bezahlung erhält, erklären. Wenn also das Geld keine so große Rolle spielt, dann kann es vielleicht doch am Produkt liegen; der Schauspieler wirbt also aus *persönlichen* Gründen. Diese Erklärung knüpft an die sozialpsychologische Attributionsforschung an, die sich damit befaßt, wie Menschen unterschiedliches Verhalten erklären („attribuieren"). Ein Ergebnis dieser Forschung ist, daß Menschen generell zur Überschätzung der Bedeutung persönlicher Merkmale beim Zustandekommen von Verhalten zu neigen scheinen (Moser & Schröder, 1989).

Als weitere Erklärungsmöglichkeit ist schließlich auf eine Urteilsheuristik der „Verankerung und Adjustierung" zu verweisen. Wenn z. B. Schauspieler für ein bestimmtes Produkt werben, so wird zwar „einkalkuliert", daß dies „nur" eine „Rolle" ist, aber da diese Rolle sehr überzeugend gespielt wird, findet eine nur unvollständige „Adjustierung" des Urteils durch den Zuschauer statt (vgl. Abschnitt 3.2), d. h., der Beworbene ist der Auffassung, daß der Schauspieler schon „ein wenig" an das Produkt glauben wird. Weitere Funktionen von Modellen sind die Vermittlung von Authentizität (siehe Kasten 27), die Darstellung von Lebensgefühl, das Wecken von Involvement (z. B. bei Kindern in der Werbung) oder die Reduzierung von Komplexität (z. B. Politiker-Werbung).

Kasten 27: Der Manager als Modell in der Werbung

Zu Beginn der 80er Jahre geriet der amerikanische Konzern Chrysler in eine existentielle Krise. Top-Manager Lee Iacocca versuchte, den bei den potentiellen Autokäufern entstandenen Vertrauensschwund durch Fernsehspots, in denen er persönlich auftrat, aufzuhalten. Zudem zeichnete er persönlich Werbeanzeigen, in denen zu Kritik und Gerüchten Stellung genommen wurde. (Iacocca, 1987)

Die angeführten Funktionen bzw. Erklärungen sind sicherlich nicht ganz unabhängig voneinander; es ist außerdem zu vermuten, daß es von Produkteigenschaften, Modelleigenschaften, Kommunikationsabsicht und Zielgruppeneigenschaften abhängen dürfte, welche Erklärung (bzw. welcher Wirkmechanismus) gerade von Bedeutung ist. So empfiehlt sich bei Versuchen, Einstellungen zu *ändern,* bei der Verwendung von Modellen eine erkennbare Abweichung von den *Zielgruppen,* während im Falle der Einstellungs*stabilisierung* zielgruppenähnliche Leitbilder vorzuziehen sind.

Friedman und Friedman (1979) unterscheiden drei Modelltypen, nämlich bekannte Persönlichkeiten, Experten und typische Konsumenten. Sie empfehlen für Produkte, die hohe psychologische oder soziale Risiken beinhalten (z. B. Fragen des „guten Geschmacks“ betreffen), die Verwendung von bekannten Persönlichkeiten. Produkte mit hohem finanziellen, leistungsbezogenem oder physischem Risiko sollten mit Experten-Modellen beworben werden. Schließlich empfehlen Friedman und Friedman (1979) bei der Werbung für wenig riskante Produkte die Verwendung von „typischen Konsumenten“. Neben dem Produkttyp, der mehr oder weniger zur Modellart passen sollte (DeSarbo & Harshman, 1985), spielen aber auch andere Variablen eine Rolle bei der Frage, ob Modelle wirksam sind. Nach Kahle und Homer (1985) haben Beliebtheit und Attraktivität der Modelle vor allem bei geringerem Involvement der Rezipienten Wirkung. Eine ähnliche Annahme ist in dem Modell von Petty und Cacioppo (1986) enthalten (vgl. Abschnitt 3.1.3.4).

5.6 Mimik

Werbepsychologische Strategien wenden sich an die Sinne und verwenden hierzu meistens sprachliche und bildliche Darstellungen. Wenn Personen in der Werbung dargestellt werden, aber auch wenn Menschen persönlich interagieren, dann kommunizieren sie auch durch ihre Mimik und durch die Gestik, durch „Körpersprache“. Mimik und Gestik haben manchmal unterstützende Funktionen zu dem, was gesprochen wird, so z. B., wenn ein Richtungshinweis durch Deuten mit dem Finger unterstützt wird (= Illustrator). In anderen Fällen ersetzen Mimik oder Gestik das Sprechen ganz, wie dies z. B. beim „zufriedenen Lächeln“ oder beim „Daumen nach oben“ geschieht (= Emblem). Die Darstellung in diesem Abschnitt ist auf die Mimik beschränkt. Mimik oder „Gesichtssprache“ ist in den meisten Fällen Korrelat von emotionalen Zuständen, sehen wir von wenigen Ausnahmen wie Gähnen oder Blinzeln ab. Die Grundlagenforschung hat sich unter anderem damit befaßt, welche grundlegenden Emotionskategorien oder Emotionsdimensionen es gibt, welcher Zusammenhang zwischen einzelnen mimischen Komponenten und der Zuschreibung von Emotionen besteht oder welche zusätzliche Bedeutung Gestik und situative Informationen haben (Ekman, Friesen & Ellsworth, 1974).

Die Psychologie hat sich aus ganz unterschiedlichen Perspektiven heraus mit nonverbaler Kommunikation befaßt. So finden noch in jüngster Zeit Untersuchungen zur Frage statt, welche Rolle die Mimik beim Identifizieren der eigenen Gefühle spielt. Und tatsächlich gibt es einige Belege für die Behauptung, daß „Lächeln glücklich macht“ (Adelmann & Zajonc, 1989). Ekman und Friesen (1969) haben versucht, die mimischen Merkmale von Emotionen systematisch zu beschreiben, wobei es meist um die sechs primären Emotionen Überraschung, Angst, Ärger, Ekel, Freude und Traurigkeit ging. „Überraschung“ wird beispielsweise durch folgende Merkmale im Gesichtsausdruck beschrieben: Hochziehen der Augenbrauen, Herunterfallen des Kiefers, horizontale Falten auf der Stirn,

Cartoon Nr. 6

Abbildung 70/71: Mimik kann viele Worte ersetzen

die Augenlider sind nach außen geneigt und das Weiße im Auge ist oberhalb und oft auch unterhalb der Iris zu sehen. Abbildung 72 zeigt Beispiele für jede der sechs primären Emotionen, wobei auffällt, daß Überraschung (= 1) und Angst (= 6) kaum unterscheidbar sind. Ansonsten gelten jedoch die Gesichtsausdrücke sogar als interkulturell gut „erkennbar".

Für welche Produkte ist welche Mimik angemessen? In einer Untersuchung von Burtt und Clark (1923) wurden die Gesichtsausdrücke von 23 Personen, die in der Werbung dargestellt waren, von Versuchspersonen hinsichtlich der gezeigten Zufriedenheit beurteilt. Anschließend wurde jede Versuchsperson um eine Einschätzung gebeten, für welches von insgesamt 10 Produkten jedes Bild am effektivsten wäre. Nach Burtt und Clark ergab sich, daß zu Toilettenartikeln und Raucherbedarf die maximale in den Gesichtszügen sichtbare Zufriedenheit paßte, während

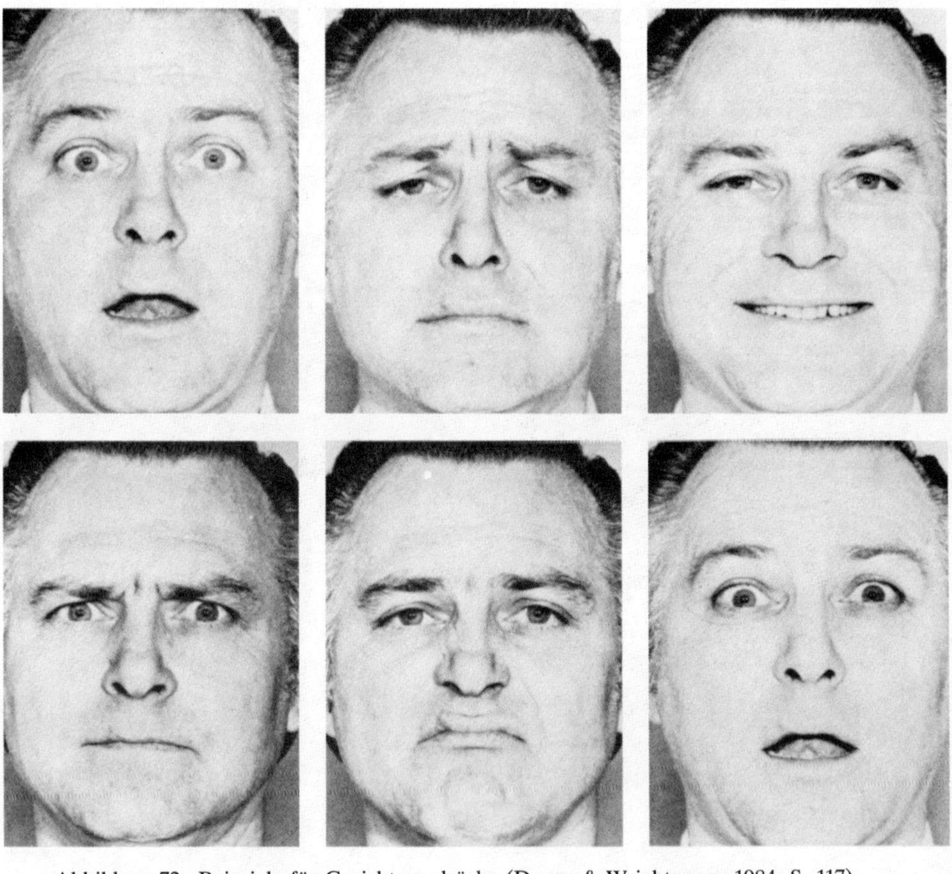

Abbildung 72: Beispiele für Gesichtsausdrücke (Deaux & Wrightsman, 1984, S. 117)

Photographien und Kleidung am besten zu den ernsthaftesten Gesichtsausdrücken paßten; Autos nahmen eine Zwischenstellung ein. Die Frage, ob diese Resultate auch Ende des 20. Jahrhunderts noch gelten, kann aufgrund fehlender aktueller Untersuchungen nicht beantwortet werden.

Sutton und Rafaeli (1988) überprüften die Frage, ob das Lächeln von Bedienungspersonal verkaufsförderlich ist, und fanden ein zunächst überraschendes Ergebnis. Es ergab sich eine inverse Beziehung zwischen dem Zeigen von angenehmen Emotionen und dem Verkaufserfolg der untersuchten Geschäfte. Die Erklärung hierfür lautet, daß neutrale Emotionen als angemessener betrachtet werden, wenn viel Hektik bzw. schnelles Agieren in dem betreffenden Geschäft zu beobachten ist. Offenbar wirkt beispielsweise gleichzeitiges schnelles Gehen und Lächeln als unpassend oder „gekünstelt".

Mit Goffman (1981) sind folgende Grenzen für die Möglichkeiten des Einsatzes von Mimik in der Werbung zu sehen: Neben den physischen Faktoren der Werbegestaltung (z. B. Drucktecknik) sind es die oft unvollständigen Kenntnisse über die Angemessenheit von Ausdrucksmöglichkeiten (z. B. kulturspezifische Mimik), die menschliche Natur (vgl. das genannte Beispiel von Sutton & Raffaeli, 1988) und die sozialen Normen (z. B. das Authentizitätsgebot für Mitglieder von Kirchen, das „Vortäuschen" verbietet).

5.7 Die Verwendung von Bildern

Die Verwendung von Bildern, Illustrationen oder visuellem Material ist die im Alltag auffallendste Erscheinungsform der Werbung. In den vorangehenden Abschnitten wurden Illustrationen explizit oder zumindest implizit angesprochen, so z. B. bei den Themen Verpackung (1.5.2.3), Humor (5.2), Sex-Appeal (5.3) oder Mimik (5.6). Funktion und Wirkung von Bildern sind aber von recht vielfältiger Art und Weise, so daß dieses Thema einen gesonderten Abschnitt in diesem Buch verdient. Zudem gibt es neuerdings einige Ansätze zur Untersuchung der Wirkung von Illustrationen wie auch Integrationsmöglichkeiten von Resultaten der psychologischen Grundlagenforschung. Zu den zahlreichen Funktionen von Illustrationen zählen unter anderem:

- Aufmerksamkeitslenkung
- Motivierung, Informationen tiefer zu verarbeiten
- Generierung eines visuellen Vorstellungsbildes
- Aktivierung von Wissen
- Hilfe bei der Organisation der Information
- Beispielgebung
- Unterhaltung
- Erinnerungshilfe.

Die Bedingungen, unter denen diese und andere Funktionen erfüllt werden, können eigentlich nur zusammen mit Erklärungen für die Wirksamkeit von Bildern erläutert werden. Im folgenden wird so vorgegangen, daß zunächst auf *generelle* Empfehlungen zur Verwendung von Illustrationen eingegangen und dann das Verhältnis von bildlicher und sprachlicher Werbung untersucht wird. Den Abschluß bilden Überlegungen zur Erfassung der Bildhaftigkeit bzw. des visuellen Vorstellungsbilds von Werbebotschaften.

Werden in der Werbung Illustrationen verwendet, dann dienen sie in einigen Fällen der Erläuterung eines Textes. Ein Beispiel hierfür bilden Geschäftsberichte als Bestandteil des Finanzmarketing. Wenn der Text im Mittelpunkt stehen soll, dann empfiehlt sich, die Illustration nicht komplexer als den Text zu machen (vgl. im Überblick Levie, 1987). Illustrationen sind vor allem dann wirksam, wenn räumliche Bedingungen aus dem Text veranschaulicht werden und wenn eher Grundideen als Details enthalten sind. In der Regel ist die Funktion und auch die erhoffte Wirkung von Bildern jedoch an einen stärkeren Anteil an der Werbung geknüpft. Oftmals haben Texte in der Werbung nur noch die Aufgabe, Titel (headline), Erläuterung oder allenfalls Begleittext zu sein.

Ein Sonderfall im Verhältnis von Text und Bild sind die Bildzeichen bzw. „Piktogramme", bei denen der Text völlig fehlt. Abbildung 73 zeigt unterschiedlich verständliche Piktogramme.

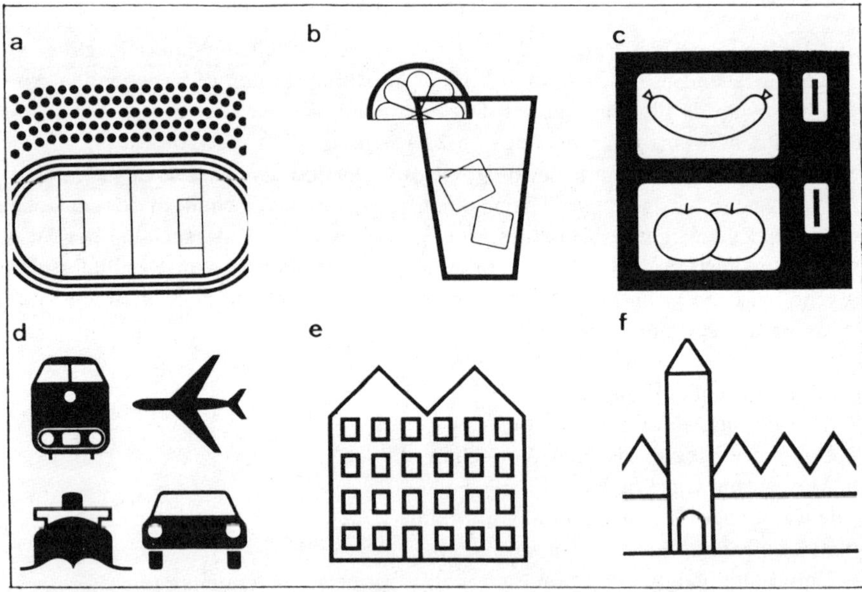

Abbildung 73: Einige Beispiele für Piktogramme (Teigeler, 1982, S. 151)

Während die Beispiele a (Stadion), b (Erfrischungsgetränk) und c (Lebensmittel-Automat) recht gelungen sind, wirken die anderen Piktogramme (d = Reisebüro; e = Museum; f = historisches Stadtbild) noch deutlich verbesserbar.

Einen Forschungsschwerpunkt im letzten Jahrzehnt stellte das Verhältnis von Text und Illustration dar. Beispielsweise wurde gefunden, daß das Benennen („framing") von Illustrationen dazu führt, daß mehr über die Werbung nachgedacht wird (Edell & Staelin, 1983). Diese Erkenntnis bestätigt das allgemeinpsychologische Gesetz, wonach die Benennung bildhafter Dinge deren Verarbeitung erleichtern kann und dazu beiträgt, daß sie besser erinnert werden. Solche Benennungen haben die Funktionen der Aufmerksamkeitszentrierung, der Kommentierung, der Strukturierung und der Klassifizierung (Zimmer, 1983). Childers und Houston (1984) fanden, daß vor allem dann eine Überlegenheit von „Bild und Wort" im Vergleich zu „nur Wort" besteht, wenn die dargebotenen Werbungen nicht auf sensorischer Ebene (z. B. Aussehen der Anzeige), sondern auf semantischer Ebene (z. B. Informationsgehalt der Anzeige) verarbeitet werden.

Lutz und Lutz (1977) unterscheiden interaktive und nichtinteraktive visuelle Beziehung zwischen Marke und Produkt. „Interaktiv" heißt nach Lutz und Lutz, daß eine bildliche Interaktion oder eine Buchstabeninteraktion vorliegen (siehe Abbildung 74).

Abbildung 74: Beispiele für interaktive Illustration von Produkt und Marke (Lutz & Lutz, 1977, S. 474)

Ein wichtiges Ziel von Werbetreibenden ist es, daß die Rezipienten die Beziehung zwischen einem Produkt und einer Marke lernen. Lutz und Lutz (1977) prüften, ob dieses Lernen durch den Einsatz interaktiver Illustrationen von Produkt und Marke im Vergleich zu nichtinteraktiver Illustrierung verbessert wird. Zudem wurde der Lerneffekt dieser zwei Illustrierungsvarianten mit dem Verzicht auf Illustration verglichen (siehe Abbildung 75).

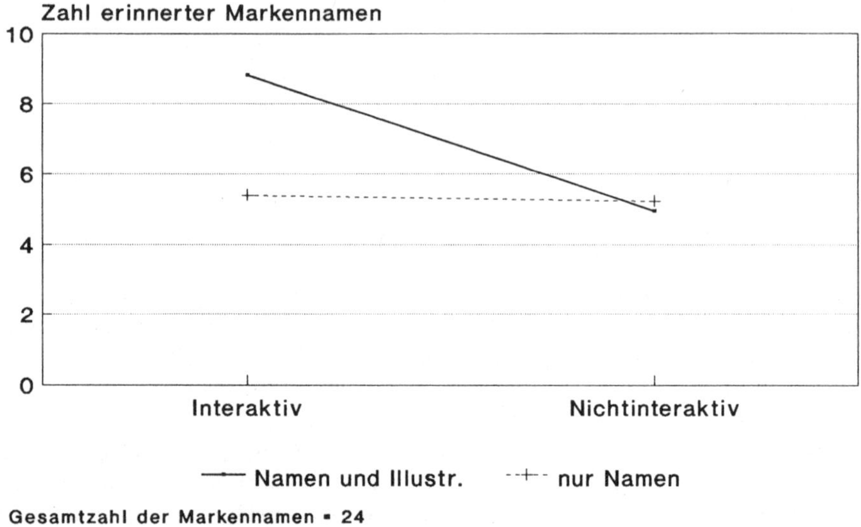

Abbildung 75: Illustration, Interaktion von Illustration und Markennamen und die Erinnerung an die Marken (Lutz & Lutz, 1977)

Lutz und Lutz fanden, daß die Erinnerung an die Markennamen nur dann durch die Illustration verbessert wurde, wenn es sich um eine Interaktion (und zwar um eine Bildinteraktion) von Illustration und Markennamen handelte.

Im direkten Vergleich von Text und Illustration zeigt sich, daß die Illustration zuerst betrachtet wird (vgl. Abschnitt 4.3). Illustrationen bzw. Bilder sind länger erinnerbar als der begleitende Text und auch länger als entsprechende Wörter (z. B. Lutz-Alesandrini, 1983). Zudem sind Bilder für aktuelle Entscheidungsprozesse einflußreicher als abstrakte Informationen (Nisbett, Borgida, Crandall & Reed, 1976). Die Ursache hierfür liegt in der Lebendigkeit bzw. „vividness" der bildlich dargebotenen Informationen. Noch nicht ganz klar ist, auf welchem Weg bildhaft dargebotene Information wirksam ist. So fanden McGill und Anand (1989), daß zusätzlich eine Verarbeitung (Elaboration) der dargebotenen Stimuli stattfinden muß (weiterführend hierzu Kisielius & Sternthal, 1986). Die meisten Werbeforscher betonen allerdings den Vorteil der Verwendung von Illustrationen (z. B. Fernsehspots) vor allem für *wenig* involvierte Rezipienten (vgl. Abschnitt 3.1.3). Dennoch läßt sich auch vermuten, daß die Verwendung von Bildern wiederum geringes Involvement fördert. Rossiter und Percy (1983) gehen von der hohen Wirksamkeit bildhafter bzw. visueller Werbestimuli aus und schlagen eine Hierarchie unterschiedlich stark wirksamer Werbungen vor (siehe Tabelle 71).

Die Haupterklärung für die Wirkung von Bildern wird in der Generierung von Vorstellungsbildern gesucht. Die „Imagery-Forschung" postuliert, daß die Darbietung von Bildern dazu führt, daß die Inhalte der Werbung sowohl *semantisch*

Tabelle 71: Vorschlag einer Hierarchie von visuellen Werbestimuli gemäß ihrem Erinnerungswert (nach Rossiter & Percy, 1983)

1. Dynamische konkrete Bilder (Video)
2. Statische konkrete Bilder (Print)
3. Dynamische abstrakte Bilder (Video)[a]
4. Statische abstrakte Bilder (Print)
5. Dynamische konkrete Sätze oder Phrasen (Audio)[b]
6. Dynamische abstrakte Sätze oder Phrasen (Audio)
7. Dynamische konkrete Wörter (Audio)
8. Dynamische abstrakte Wörter (Audio)
9. Statische konkrete Sätze oder Phrasen (Print)[b]
10. Statische konkrete Wörter (Print)
11. Statische abstrakte Sätze, Phrasen oder Wörter (Print)

a) dürfte keine große praktische Bedeutung haben
b) nur positiv formulierte konkrete Sätze oder Phrasen

als auch *bildhaft* im Gedächtnis gespeichert werden. Hieraus folgt dann, daß die Gedächtnisinhalte leichter wiedergefunden werden können. Childers und Houston (1984) führen zusätzlich die Erklärungen an, (1) daß Bilder mehr redundante Hinweisreize enthalten, so daß es dann mehr Wege gibt, die gelernten Informationen aufzufinden, (2) daß eine Beziehungsstiftung, z. B. zwischen Marke und Produkt, möglich wird (vgl. oben: interaktive Illustration), oder (3) daß eine stärkere Stimulusdifferenzierung und damit weniger Verwechslungsgefahr gegeben sind.

Ohne daß die Frage der Erklärung der Wirkung von Bildern zur Zeit eindeutig beantwortbar ist, spricht doch vieles dafür, daß aktive Vorstellungsbilder und sogar „mentale Filme" vor unserem „inneren Auge" generiert werden und ablaufen. Folgende Untersuchung demonstriert die Umsetzbarkeit dieser Erkenntnis. Edell und Keller (1989) untersuchten die Wirkung des koordinierten Einsatzes von Fernseh- und Radioanzeigen. Sie fanden, daß eine Radiowerbung, die den gleichen Inhalt wie eine Fernsehwerbung hat, so aufgenommen wird, daß die Hörer wenig inhaltliche (Gegen-)Argumente generierten, sondern quasi „mental" das Video der Fernsehwerbung nochmals in ihrer Vorstellung ablaufen ließen.

Eine weitere methodische Anregung aus der Imagery-Forschung für die Werbung besteht in der Entwicklung nicht-sprachlicher Untersuchungsmethoden. Ruge (1988) stellte eine „Imagery-Skala" vor, die die bildhaften Vorstellungen von Konsumenten erfassen soll. Den Befragten werden verschiedene Bilder vorgelegt und sie sollen beschreiben, welches von diesen Bildern besser zu ihren Vorstellungen von einem Produkt paßt. Tabelle 72 gibt beispielhaft Beschreibungen der verwendeten Bilder zu den fünf Dimensionen Vividness (Lebendigkeit/Bildhaftigkeit), Bewertung, Intensität, Komplexität und Neuartigkeit.

Der Wert solcher Skalen besteht darin, daß die „Vorstellungsqualität" bzw. die bildhaften Vorstellungen erfaßt werden und damit Artikulations- oder Erinne-

Tabelle 72: Skalen eines Imagery-Differentials (nach Ruge, 1988)

Dimension	Bilderskalen (Beispiel)
Vividness	Straße flach (klar – neblig)
Bewertung (Gefallen)	Mädchengesicht (ernst – lächelnd)
Intensität	See (mit Surfern – ruhig)
Komplexität	Nägel (wenige - viele)
Neuartigkeit	Datsun (Auto mit Mann, normale – ungewöhnliche Anordnung)

rungsprobleme, die z. B. beim Recall-Test bestehen, umgangen werden können (Kroeber-Riel, 1983). Auch Lutz-Alesandrini (1983) plädiert für visuelle Meßmethoden, da viele Erinnerungen nicht verbalisiert werden können, aber sehr wohl „passive" Vorstellungsbilder vorhanden sind.

Die Forschung zur Verwendung von Bildern und zur „Imagery" steht immer noch erst in ihren Anfängen – wenn sie mit der definitiven Verwendung von Illustrierungsstrategien kontrastiert wird. Weiterführende Literatur findet sich bei Levie (1987) und Rossiter und Percy (1983). Dem allzugroßen Optimismus hinsichtlich der Verwendung von Bildern, wie er beispielsweise von Kroeber-Riel (1983) vorgebracht wird, sollen zum Abschluß einige nachdenkliche Aspekte gegenübergestellt werden (siehe Kasten 28).

Kasten 28: Der Streit um die Bilder

> Zweifel über Angemessenheit und Verständlichkeit von Bildern finden sich seit Jahrhunderten in theologischen Streitgesprächen. Gelten Bilder als leicht verständlich, so tragen sie doch auch zur Verwirrung bei und sind erklärungsbedürftig. Hofmann (1989) führt an, daß Thomas von Aquino (im 13. Jhdt.) der Auffassung war, daß das Bild wirksamer sei als das Predigerwort, um Frömmigkeit zu erzeugen; andere beklagten jedoch die Uneindeutigkeit des Bildes und betonen, wie etwa Luther, die Überlegenheit des Wortes über das Bild.

5.8 Corporate Identity

„Corporate Identity" kann definiert werden als homogener und überzeugender Zusammenhang von Erscheinung, Worten und Taten eines Unternehmens, als seine Identität. Das Programm der „Corporate Identity" steht für den Versuch, eine Unternehmens-*Persönlichkeit* gegenüber internen und externen Zielgruppen zu kommunizieren. Eine Unternehmens-Persönlichkeit wird geprägt durch das Unternehmens-Verhalten, das Erscheinungsbild und die Kommunikation.

Warum bemühen sich Unternehmen um eine *Identität?* Ein Anlaß dafür ist in der erlebten Orientierungslosigkeit vieler Unternehmen zu sehen. Die Verabsolutierung einer Marketing-Orientierung bedeutet ein rein *reaktives* Verhalten gegenüber Forderungen des Marktes und damit einen Identitätsverlust. Zugleich bereitet es auch Außenstehenden Schwierigkeiten, einzuschätzen, wie oder was ein Unternehmen *wirklich* ist. Und so wie sich im Leben eines Menschen immer wieder Identitätsprobleme ergeben („Wer bin ich?"; „Wie bin ich?"; „Wie will ich sein?"), so haben auch Unternehmen Identitätsprobleme. Sie entstehen beispielsweise, wenn Unternehmen diversifizieren, z. B. andere Firmen in neuen Tätigkeitsbereichen kaufen (etwa wenn sich ein Unternehmen der Automobilbranche in die „Hochtechnologie" einkauft).

Welche Wirkungen sollen nun „Corporate Identity"-Programme hervorrufen? Gutjahr (1980) unterscheidet thematische und unthematische Wirkungen von „Corporate Identity". Die thematischen Wirkungen beziehen sich auf sachbezogene Informationen (z. B. Firmenname, Standortangabe), Eigenschaften des Unternehmens (z. B. wirtschaftliche Stellung) und appellative Aspekte, die eine Signal- oder Gefühlswirkung erzeugen sollen. Die unthematischen Wirkungen stehen für „Anmutungsgehalte" oder „Eindrucksqualitäten", also Aspekte, die auf der visuellen, ganzheitlichen Ebene Emotionen ansprechen sollen.

Aus der gestalterischen Perspektive stellt sich im Rahmen von „Corporate Identity"-Maßnahmen die Aufgabe, Unternehmen gewisse Symbole oder Signets zu verleihen, die die Kommunikation vereinheitlichen sollen und zugleich eine bestimmte Aussagekraft besitzen. Die Wirkung von bestimmten Signet-Elementen, nämlich einfachen Linien, läßt sich zumindest ansatzweise bestimmen, denn bereits in den 20er Jahren fanden Untersuchungen zur Anmutungswirkung von verschiedenen Linien statt. Poffenberger und Barrows (1924) gaben ihren Versuchspersonen die Linien in Abbildung 76 vor. Für eine Liste von Adjektiven sollten insgesamt 500 Versuchspersonen die jeweils am besten passende Linie auswählen. Die Ergebnisse sind in Tabelle 73 wiedergegeben.

Tabelle 73: Gefühle und die entsprechenden Linien (Poffenberger, 1925, S. 380)

Gefühl	Beschreibung der typischen Kurve/Ecke
traurig	langsame abfallende Kurve (c)
ruhig	langsame horizontale Kurve (a)
faul	langsame abfallende Kurve (c)
fröhlich	mittlere ansteigende Kurve (e)
aufregend	schnelle ansteigende Ecken (q)
wild	schnelle/mittlere ansteigende Ecken (n; q)
tot	langsame horizontale/ansteigende Kurve/Ecken (a; b; j; k)
verspielt	mittlere ansteigende Kurve (e)
schwach	langsame abfallende Kurve (c)
freundlich	langsame horizontale Kurve (a)
hart	mittlere horizontale Ecken (n)
ernsthaft	langsame horizontale Ecken (j)
mächtig	mittlere ansteigende Ecken (n)

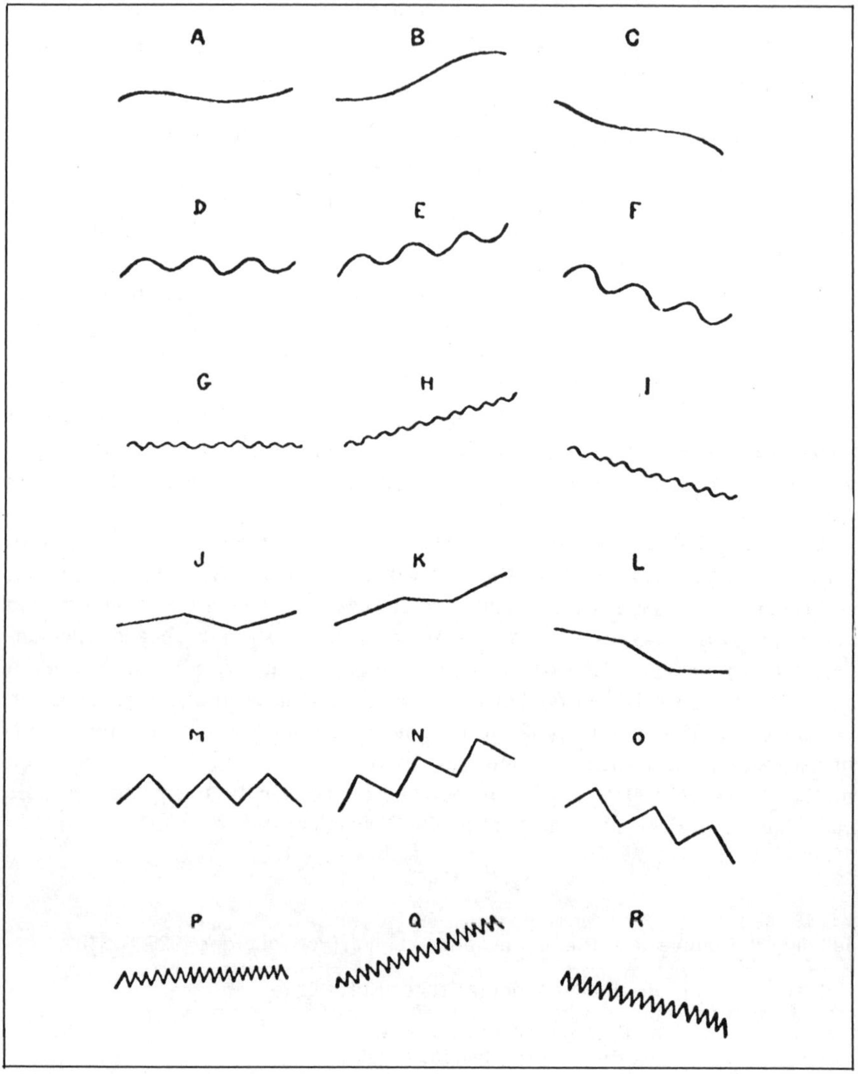

Abbildung 76: Demonstrationsbeispiele für verschiedene Linien (Poffenberger, 1925, S. 370)

Die Ergebnisse von Poffenberger und Barrows (1924) lassen sich inzwischen auch für die Gestaltung von Comics nutzen. So lassen sich durch zackige Sprechblasen Wildheit oder Aufregung veranschaulichen (Moser, 1990 a).

Eine weitere Möglichkeit, um die Wirkung von Signets oder „Logos" abzuschätzen, besteht in der Verwendung des Semantischen Differentials. Zum Beispiel

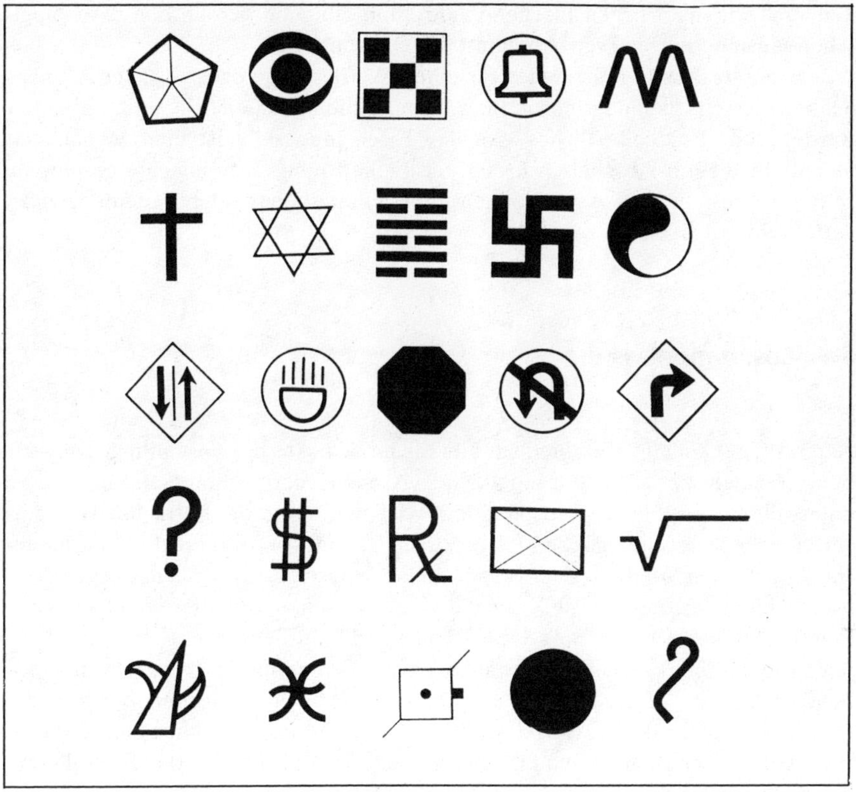

Abbildung 77: Symbole aus einer Untersuchung von Thayer (1988, S. 441)

verwendete Thayer (1988) drei Adjektivpaare (negativ/positiv; langweilig/interessant; häßlich/schön), um die Symbole in Abbildung 77 beurteilen zu lassen.

Eine Reihe enthält jeweils thematisch zusammengehörende Symbole (Reihe 1 = Unternehmenssymbole, Reihe 2 = philosophisch-religiöse Symbole, Reihe 3 = ikonische Symbole, Reihe 4 = kontextuelle Symbole und Reihe 5 = Symbole ohne Bedeutung). Die ikonischen und die bedeutungslosen Symbole wurden etwas weniger attraktiv bewertet als die anderen Symbolarten.

Symbole oder „Ornamente“ sind wohl die ältesten Werbemittel. Sie finden sich auf Fahnen und Flaggen, aber auch auf Wirtshausschildern oder bei Handwerkern und Händlern als Blickfang und Wegweiser. Kainz (1927) berichtete über drei Auffassungen zur Herkunft von Ornamenten. Zum einen gibt es die Auffassung, daß Ornamente Nachahmungen der Natur sind. (Ein Kreis stellt also eine Nachahmung der Sonne dar). Eine andere Annahme lautet, daß die Technik die Quelle der Ornamente ist. (Zum Beispiel soll der Nagelkopf der Ursprung für Kreisornamente sein.) Kainz (1927) vertrat die Auffassung, daß es eine „ursprüngliche

Tendenz" zur natürlichen Flächenorganisation gibt, die sich an den psychologischen Gestaltgesetzen (vgl. Abschnitt 3.1.2) orientiert.

„Corporate Identity" bedeutet für einen Werbepsychologen, daß die Einheitlichkeit des Erscheinungsbildes eines Unternehmens untersucht und verbessert werden soll. Ein einheitliches visuelles Erscheinungsbild ist eine Möglichkeit hierzu. In diesem Abschnitt wurden beispielhaft einige vereinfachte graphische Mittel vorgestellt, um Assoziationen, Vorstellungsbilder oder Bedeutungen zu vermitteln.

5.9 Zusammenfassung

Kapitel 5 behandelte verschiedene inhaltliche Aspekte der Gestaltung von Werbung. Gemeinsam ist diesen inhaltlichen Aspekten ihr verbreiteter Einsatz, die unterstellbare vielfältige psychologische Wirkung, sowie die Betrachtbarkeit aus verschiedenen psychologischen Perspektiven. So hat der Werbetext unterschiedliche Funktionen, und es sind verschiedene Wirkungskriterien anzulegen (Verständlichkeit, Anregung etc.). Die drei motivational orientierten inhaltlichen Werbetechniken Humor, Sex-Appeal und Furcht wurden ebenso im Spannungsfeld von Aufmerksamkeit, Verständlichkeit, Erinnerungswirkung, Verhaltenskonsequenz usw. diskutiert. Das gemeinsame Merkmal der letzten vier Aspekte (Modelle, Mimik, Bilder, Corporate Identity) ist ihr ausgesprochen nichtsprachlicher Anteil. Gerade in diesen inhaltlichen Aspekten dürfte ein erhebliches Potential für die Werbung in internationalen Märkten zu finden sein.

6 Ausblick

Das abschließende Kapitel soll von außenstehender Warte zwei grundsätzliche Fragen der Werbepsychologie ansprechen. Zunächst werden anhand einer Rekapitulation der vorstehenden fünf Kapitel die Vielfalt der Anwendungsmöglichkeiten der Psychologie in der Werbung angesprochen und weitere zukünftige Anwendungsmöglichkeiten der Psychologie skizziert. Im zweiten Teil werden ethische Fragen werbepsychologischen Handelns angesprochen, die sich besonders dann ergeben, wenn von der Wirksamkeit dieser „psychologischen Technologie" ausgegangen wird.

6.1 Zum Verhältnis von Theorie und Praxis in der Werbepsychologie

In diesem Abschnitt soll die Frage angesprochen werden, in welchem Verhältnis psychologische Theorien und Methoden zur Werbepraxis stehen. Handelt es sich bei der Werbepsychologie um „angewandte Psychologie" oder um „psychologisierendes Praktikerwissen"? Anhand einer Rekapitulation der vorstehenden Kapitel soll zunächst die Heterogenität der Vorgehensweisen der Anwendung der Psychologie in der Werbepraxis verdeutlicht werden. Dann wird auf einige Äußerungen zum „wissenschaftlichen" Status der Werbepsychologie eingegangen.

In Kapitel 1 wurden Marketingkonzepte eingeführt. Psychologische Ergebnisse dienten deren *Klassifikation* und *Differenzierung*. Beispielsweise wurde mittels des psychologischen Phänomens der „symbolischen Selbstergänzung" beschrieben, worauf der „Zusatznutzen" eines Produktes abheben kann.

Kapitel 2 beschrieb, wie *psychologische Methoden* im Werbebereich angewandt werden können. Diese Methoden wurden oftmals zur Untersuchung theoretischer Sachverhalte entwickelt und konnten dort Ihre „Nützlichkeit" zeigen; anschließend wurden sie dann in den Werbebereich übertragen. Des weiteren wurde die *heuristische Funktion von psychologischen Modellen* betont.

Kapitel 3 stellte wohl dann das dar, was am ehesten noch als „Werbepsychologie als angewandte Psychologie" bezeichnet werden kann. Es wurden *Anwendungen* als Ableitungen *von inhaltlichen Theorien* demonstriert. Beispielsweise wurde erläutert, wie allgemeine Wahrnehmungs- oder Lerngesetze auf den Werbebereich übertragen werden können.

Kapitel 4 behandelte „technische" Probleme der Werbegestaltung, die von ihrer Natur her nicht-psychologisch sind, von denen aber psychologische Auswirkungen erwartet werden; die Psychologie betreibt hier *Evaluation* oder „Technikfolgenabschätzung“. Die betreffenden Probleme werden aus anderen Spezialgebieten oder aus der Praxis vorgegeben.

Kapitel 5 thematisierte schließlich *Phänomene,* die psychologisch beschrieben werden und interessant oder fraglich sind – jedenfalls aber inhaltlich oft eingesetzt werden. Die Psychologie kann versuchen, diese Phänomene (z. B. „Sex-Appeal“ in der Werbung) auf ihre Wirksamkeit zu untersuchen. Sie kann aber auch Aufklärungsarbeit leisten und untersuchen, warum bestimmte inhaltliche Mittel (fälschlicherweise?) für so effektiv gehalten werden.

Gibt es auch in der Zukunft neue Anwendungsmöglichkeiten von Theorien, Methoden und Ergebnissen der Psychologie in der Werbung? Die vorstehende Aufzählung kann dazu verwendet werden, solche neuen Möglichkeiten aufzuzeigen. Im folgenden sollen einige Spekulationen angestellt werden: Es könnte sich zeigen, daß die psychologische Diskussion des ökonomischen Nutzenbegriffs Eingang in die Unterscheidung von Grund- und Zusatznutzen finden könnte. Das Verkäuferverhalten könnte sich in einer zukünftigen Dienstleistungsgesellschaft ändern. Die Grenzen des Marketing-Denkens könnten für den Non-Profit-Bereich deutlicher herausgearbeitet werden (Rothschild, 1979). Was die Entwicklungen im methodischen Bereich betrifft, so ist in den letzten Jahren eine Zunahme des Interesses an physiologischen Meßverfahren zu verzeichnen (Cacioppo et al., 1989). Die Entwicklungen im Bereich der Künstlichen Intelligenz können neue Modelle und Methoden zur Verfügung stellen, so z. B. Möglichkeiten der computerunterstützten Reaktionsmessung. Theorien über das Entscheidungsverhalten der Konsumenten könnten aus neueren Entwicklungen in der Sozialpsychologie profitieren (z. B. Frey, 1990). Als weiterer Schwerpunkt dürfte sich der Themenbereich „Stimmung und Emotion“ entwickeln (Holbrook & O'Shaughnessy, 1984). Der Problembereich der „Neuen Medien“ könnte Anlaß zur Analyse des veränderten Nutzerverhaltens geben. Beispielsweise ergeben sich neue Fragen zur Verarbeitung von Informationen beim „elektronischen Kaufen“.

Psychologische Phänomene wie die der Diskriminierung, der Ästhetisierung der Werbung oder der Wirksamkeit von Furchtappellen im Bereich des Gesundheits- und Regenerationsverhaltens könnten zukünftige Fragen sein. Und auch hier muß es offen bleiben, ob bereits vorliegende Ergebnisse einfach extrapoliert werden können.

Bereits seit Beginn des Jahrhunderts wurden auch von Wissenschaftlern Überlegungen angestellt zur Frage, wie sich das Verhältnis von Theorie und Praxis der Werbepsychologie darstellt. So ist Poffenberger (1925) der Auffassung, daß die Psychologie aus drei verschiedenen Perspektiven heraus für den Bereich der Werbung von Bedeutung sein kann. Zum einen sind es die Kenntnisse über Fakten und allgemeine Gesetze des menschlichen Erlebens und Verhaltens (siehe hierzu Kapitel 3). Den zweiten Beitrag der Psychologie für die Werbepraxis sieht Poffenberger in der Aufklärung der Grenzen allgemeiner Gesetze durch Untersuchungen über die *Unterschiede* zwischen Individuen, den Geschlechtern, den Altersgruppen usw. Der dritte und nach Auffassung von Poffenberger wichtigste

Beitrag der Psychologie besteht in der Bereitstellung von *Methoden* zur Bewertung von geplanten oder bereits durchgeführten Werbemaßnahmen (vgl. Kapitel 2).

Auch in der neueren werbepsychologischen Literatur wird diskutiert, welchen „theoretischen" Status die Werbepsychologie hat. V. Rosenstiel und Neumann (1982) sehen die angewandte Psychologie – und damit auch die Werbepsychologie – als Mittler zwischen Theorie und Praxis. V. Rosenstiel und Ewald (1983) charakterisieren in Anlehnung an Herrmann (1979) die Markt- und Werbepsychologie als *Technologie* und schreiben: „Für die Bewertung marktpsychologischer Befunde ist das Kriterium der Nützlichkeit bedeutsamer als das der Wahrheit." (1983, S. 245) Werbepsychologie besteht allenfalls in Ausnahmefällen in der Prüfung psychologischer Theorien auf deren *Wahrheitswert.* Vielmehr nutzt sie psychologische Theorien und Methoden und prüft diese auf ihre *Brauchbarkeit.* Dabei werden manchmal die heterogensten Ansätze kombiniert. Es werden z. B. gleichzeitig verschiedene Lerntheorien für die Planung einer Werbekampagne eingesetzt: Das klassische Konditionieren zur Planung der (affektiv getönten) Illustration einer Werbung, kognitive Ansätze zur Gestaltung der verbalen Botschaft und Theorien über das mechanische Lernen zur Mediaplanung. Schließlich findet in praktischen Anwendungen oftmals eine starke Vereinfachung theoretischer Ansätze statt.

Insgesamt enthält die Werbepsychologie Elemente der Angewandten Psychologie, psychologischer Technologie und von Praktikerwissen. In einer sich rasch verändernden Umwelt mögen Alltagserfahrungen und Praktikerwissen, womöglich gar über Generationen hinweg weitergegeben, an Bedeutung verlieren. Psychologisches Denken und – mit einiger Anstrengung – auch psychologische Grundlagenforschung können die entstehenden Lücken teilweise ausfüllen, könnten aber auch für das Entstehen von Lücken verantwortlich gemacht werden. Was lange Zeit selbstverständlich war, wird durch die zunehmende Erforschung psychologischer Mechanismen zur Disposition gestellt. Hier wird die Verantwortlichkeit des werbepsychologischen Anwenders angesprochen.

6.2 Ethische Fragen in der Werbepsychologie

> *„Adolf Hitler practised positioning. So does Procter & Gamble as well as every successful politician."*
>
> (Ries & Trout, 1981, S. 2)

Schon seit einiger Zeit ist das Image der Werbung und werbepsychologischer Maßnahmen nicht das beste. Furcht vor Beeinflußbarkeit und *Manipulation* durch die „geheimen Verführer" prägte ablehnende Haltungen gegen Werbung, gegen die „Werbefritzen" und gegen Werbepsychologie. Dabei wurde eine Produzentensouveränität vorausgesetzt, die den Konsumenten zum allzu willigen Spielball degradiert. Diese Manipulation setze schon bei Kindern an und führe zur *Induzierung* bzw. Stabilisierung von *Rollenstereotypen* (Kroeber-Riel, 1980, S. 568 ff.). Aus anderer Richtung wird der Werbepsychologie *einseitige Anbieter-Orientierung* vorgeworfen (vgl. v. Rosenstiel & Neumann, 1982), indem ihre Ergebnisse nur den Anbietern von Nutzen seien. Zwar lassen sich noch eine Reihe weiterer Argumente gegen Werbung anführen; allerdings handelt es sich dabei eher um ökonomische denn um (werbe-)psychologische Probleme (z. B. Kosten der Werbung oder Verzerrungen des Wettbewerbs).

Unter dem Stichwort „geheime Verführer" wird kritisiert, daß die Werbepsychologie ethisch fragwürdige „Psychotechnologien" zur Verfügung stelle. Der Einsatz dieser Technologien widerspreche *fundamentalen menschlichen Werten.* So begünstige die Werbepsychologie die frühzeitige Manipulation von Kindern; sie treffe Marktsegmente, die sie nicht treffen sollte, weil sich diese vor Manipulation nicht schützen könnten. Hier stehen also *beobachtbare* bzw. *vermutete* Wirkungen in einem Spannungsverhältnis zu den *erwünschten* Wirkungen. Die Bemerkung von Wiswede (1972) in Abschnitt 3.6 zeigte, daß es nicht allen unbedingt so klar zu sein scheint, was denn für Kinder gut ist: Sollen Kinder mit der (Werbe-)Realität möglichst früh vertraut gemacht werden? Oder gibt es hier eine Verantwortung, die negative Konsequenzen der Werbung berücksichtigen muß? Wie Jonas (1979) feststellt, ist in unserer „zivilisatorischen Welt" immer weniger klar, was der „eigentliche" menschliche Zustand oder das menschlich Gute sind.

Ergänzend kann gefragt werden, ob die Manipulationsmacht in Anbetracht der Vielzahl von Innovationsmißerfolgen und der insgesamt sehr geringen Beachtung von Werbung überhaupt so groß sein kann. Und außerdem: In einzelnen Fällen kann die Manipulation sogar als gesellschaftlich erwünscht gelten (z. B. der Abschluß von Lebensversicherungen). Bei der heutigen Flut werblicher Informationen scheint nur schwer vorstellbar, daß Werbung auch vermißt werden kann. Nun gibt es allerdings auch einige Berufe, denen Werbung gesetzlich untersagt ist (z. B. Rechtsanwälte oder Zahnärzte). Hite und Fraser (1988) werteten die Ergebnisse von verschiedenen Befragungen zu Nutzen und Schaden von Werbung für diese Berufsgruppen aus. Interessanterweise wird der Nutzen von Werbung von Verbrauchern *höher* eingeschätzt als von den betroffenen Repräsentanten der Berufe. Die Konsumenten waren *weniger* der Meinung, daß Werbung die Glaubwürdigkeit der Berufe beschädigt, Konsumenten irreführt oder Mißtrauen erweckt. Die Konsumenten waren darüberhinaus *stärker* der Auffassung, daß Werbung das Bewußtsein für Qualitätsunterschiede schärft, das Qualitätsniveau erhöht und intelligentere Wahlen ermöglicht.

Mit „Induzierung von Rollenstereotypen" wurde der Aspekt angesprochen, daß die Werbepsychologie *konservativ* sei, daß sie z. B. Vorurteile abbilde und demzufolge antiaufklärerische Tendenzen verstärke. Das gesellschaftliche Interesse, dem hier entgegengewirkt wird, heißt *Veränderung zum Besseren.* Die Werbepsychologie verstärkt die Macht der Produzenten über die Konsumenten; in einer an möglichst egalitärer Machtverteilung interessierten Gesellschaft, die die Souveränität des einzelnen (und damit auch des einzelnen Konsumenten) betont, steht dies im Widerspruch zu *gesellschaftlichen Werten.* Die Ausführungen in Abschnitt 5.3 sollten bereits deutlich gemacht haben, daß vor allem die Darstellung der Frau in der Werbung äußerst problematisch ist. Dennoch ist eher von Fall zu Fall zu überlegen, ob es möglicherweise nur bestimmte gesellschaftliche Gruppen sind, die sich beispielsweise durch Stereotypen beleidigt fühlen, während sich andere Gruppen gerade bestätigt sehen (vgl. die Untersuchung von Leigh et al. (1987) in Abschnitt 5.5).

Die Kritik an der einseitigen Anbieterorientierung trifft schließlich das *Wertfreiheitspostulat* der „technologischen Wissenschaft" Werbepsychologie, also ein *methodologisches Prinzip.* Worin drückt sich die Einseitigkeit der Anbieterorientierung aus? Zunächst ist auf die einseitige Auswahl von Forschungsfragen sowie eine einseitige Darstellung der Ergebnisse zu verweisen. In der Tat sind die Interpretationen von Ergebnissen zumeist aus Anbieterperspektive vorgenommen worden. Jedoch kommen als potentielle Interessenten an Ergebnissen der Werbepsychologie nicht nur Anbieter, sondern auch Verbraucher und politische Entscheidungsträger in Frage. V. Rosenstiel und Ewald (1983) demonstrieren die Uneindeutigkeit der Zuordnung von markt- und werbepsychologischen Ergebnissen anhand von Untersuchungen zu Informationsnutzung und -belastung. Wenn beispielsweise der durchschnittliche Konsument sich von der Menge an Informationen auf Verpackungen verwirren läßt, dann ist dies nicht nur für den Anbieter nutzbar, sondern auch für Verbraucherschützer (die z. B. darauf drängen, gesetzlich die Darbietung von Informationen festzulegen). Dennoch bleibt das Problem, daß durch die Art der Darstellung von Forschungsergebnissen die Anwendbarkeit für Konsumenten und deren Organisationen erschwert sein dürfte.

Mit der schwerwiegendste Einwand gegen werbepsychologisches Tun ist die Unterstützung der Schaffung eines bestimmten Menschentyps mit der Tendenz zu Materialismus, demonstrativem Konsum und Infantilismus. Fromm (1976) hat schon vor Jahrzehnten das Aufkommen des „Marketing-Menschen" erkannt. Nach der Verbreitung von Marketingkonzepten in nicht-ökonomischen Bereichen machen sie auch vor dem Ausverkauf der Persönlichkeit zugunsten des Designs nicht halt. Das Fazit von Guggenberger (1987, S. 11) in seinem Buch „Sein oder Design" mag in Anbetracht der angeführten Kritik den Leser tröstlich stimmen:

> *„Daß wir im Dunkeln tappen, daß wir voreinander und gar vor uns selber Theater spielen können, uns etwas vormachen, bis die anderen, ja schließlich gar wir selber es glauben, dies, nicht zuletzt, macht Leben möglich und Zusammenleben erträglich."*

Literatur

Adams, F. M. & Osgood, C. E. (1973). A cross-cultural study of the affective meanings of color. Journal of Cross-Cultural Psychology, 4, 135–156.

Adams, H. F. (1920). Advertising and its mental laws (erste Auflage 1916). New York: Macmillan.

Adelmann, P. K. & Zajonc, R. B. (1989). Facial efference and the experience of emotion. Annual Review of Psychology, 40, 249–280.

Alexander, W. M. & Judd, B. (1978). Do nudes in ads enhance brand recall? Journal of Advertising Research, 18, 47–50.

Allen, C. T. & Janiszewski, C. A. (1989). Assessing the role of contingency awareness in attitudinal conditioning with implications for advertising research. Journal of Marketing Research, 26, 30–43.

Allison, R. J. & Uhl, F. P. (1964). Influence of beer brand identification on taste perception. Journal of Marketing Research, 1, 36–39.

Anastasi, A. (1973). Angewandte Psychologie. Weinheim: Beltz.

Appel, V. (1987). Editorial environment and advertising effectiveness. Journal of Advertising Research, 27, 11–16.

Arndt, J. (1973). Haire's shopping list revisited. Journal of Advertising Research, 13, 57–61.

Asch, S. E. (1946). Forming impressions of personality. Journal of Abnormal and Social Psychology, 41, 258–290.

Asch, S. E. (1956). Studies of independence and conformity: I. A minority of one against a unanimous majority. Psychological Monographs, 70 (9).

Atkin, C. & Block, M. (1983). Effectiveness of celebrity endorsers. Journal of Advertising Research, 23, 57–61.

Backhaus, K. (1982). Investitionsgütermarketing. München: Vahlen.

Bänsch, A. (1987). Zur Verwendung von Furchtappellen in der Werbung und im persönlichen Verkauf. Jahrbuch der Absatz- und Verbrauchsforschung, 33, 304–318.

Baker, J. M. & Churchill, J. R. G. (1977). The impact of physically attractive models on advertising evaluations. Journal of Marketing Research, 14, 538–555.

Baker, S. (1961). Visual persuasion. New York: McGraw-Hill.

Bandura, A. (1986). Social foundations of thought and action. A social cognitive theory. Englewood Cliffs, NJ: Prentice Hall.

Baron, R. A. (1970). Attraction toward a model and the model's competencies as determinants of adult imitative behavior. Journal of Personality and Social Psychology, 14, 345–351.

Batra, R. (1986). Affective advertising: Role, processes, and measurement. In R. A. Peterson, W. D. Hoyer & W. R. Wilson (Hrsg.), The role of affect in consumer behavior (S. 53–86). Lexington, Ma: Lexington.

Batra, R. & Ray, M. L. (1985). How advertising works at contact. In L. F. Alwitt & A. A. Mitchell (Hrsg.), Psychological processes and advertising effects (S. 13–44). Hillsdale, N. J.: Erlbaum.

Batra, R. & Ray, M. L. (1986). Situational effects of advertising repetition: The moderating influence of motivation, ability, and opportunity to respond. Journal of Consumer Research, 12, 432–445.

Bawa, K. & Shoemaker, R. W. (1989). Analyzing incremental sales from a direct mail coupon promotion. Journal of Marketing, 53, 66–78.

Beeskow, W., Dichtl, E., Finck, G. & Müller, S. (1983). Die Bewertung von Marketing-

Aktivitäten. In M. Irle (Hrsg.), Enzyklopädie der Psychologie, D, III, 5 (S. 483–674). Göttingen: Hogrefe.
Behrens, G. (1982). Das Wahrnehmungsverhalten der Konsumenten. Thun: Deutsch.
Behrens, G. (1988). Konsumentenverhalten. Heidelberg: Physica.
Behrens, G. & Hartmann, K. (1977). Werbepsychologie. München: Verlag für Wirtschaftsskripten.
Belch, G. E. & Belch, M. H. (1984). An investigation of the effects of repetition on cognitive and affective reactions to humorous and serious television commercials. In T. C. Kinnear (Hrsg.), Advances in Consumer Research (Bd. 11, S. 4–10). Provo, UT: Association for Consumer Research.
Belkaoni, A. & Belkaoni, J. M. (1976). A comparative analysis of the roles portrayed by women in print advertisments. Journal of Marketing Research, 13, 168–172.
Bem, D. J. (1972). Self-perception theory. In L. Berkowitz (Hrsg.), Advances in Experimental Social Psychology (Bd. 6, S. 1–62). N. Y.: Academic Press.
Bergh, B. van den, Adler, K. & Oliver, L. (1987). Linguistic distinction among top brand names. Journal of Advertising Research, 27, 39–44.
Bergler, R. (1963). Psychologie des Marken- und Firmenbildes. Göttingen: Vandenhoeck & Ruprecht.
Bergler, R. (1972). Dimensionen der Werbemittelanalyse. In R. Bergler (Hrsg.), Marktpsychologie (S. 220–269). Bern: Huber.
Berlyne, D. E. (1960). Conflict, arousal and curiosity. New York: McGraw-Hill.
Berndt, R. & Altobelli, C. F. (1988). Bruttoseitenpreise, verbreitete Auflagen und Anzeigenseiten verschiedener Zeitschriftengruppen. Werbeforschung und Praxis, 32, 2–6.
Bernhard, U. (1977). Die Bedeutung und Verwendung der Blickregistrierung für den Pretest. In K. D. Hartmann & K. Koeppler (Hrsg.), Fortschritte der Marktpsychologie (S. 169–186). Frankfurt a. M.: Fachbuchhandlung für Psychologie.
Bettman, J. R. (1979). An information processing theory of consumer choice. Los Angeles, Ca: Addison-Wesley.
Bettman, J. R. (1982). A functional analysis of the role of overall evaluation of alternatives and choice processes. In A. Mitchell (Hrsg.), Advances in Consumer Research (Bd. 9, S. 87–93). Ann Arbor, Mi: Association for Consumer Research.
Bierhoff, H. W. (1984). Sozialpsychologie. Stuttgart: Kohlhammer.
Birren, F. (1945). Selling with color. New York: McGraw-Hill.
Bornstein, R. F. (1989). Exposure and affect: Overview and meta-analysis of research, 1968–1987. Psychological Bulletin, 106, 265–289.
Bortz, J. (1989). Lehrbuch der empirischen Forschung. München: Springer.
Bost, E. (1987). Ladenatmosphäre und Konsumentenverhalten. Heidelberg: Physica.
Bradfort, E. J. G. (1913). A note on the relation and aesthetic value of the perceptive types in color appreciation. American Journal of Psychology, 24, 545–554.
Brand, H. W. (1978). Die Legende von den geheimen Verführern. Weinheim: Beltz.
Bransford, J. D. (1979). Human cognition: Learning, understanding and remembering. Belmont, CA: Wadsworth.
Breckler, S. J. (1984). Empirical validation of affect, behavior, and cognition as distinct components of attitude. Journal of Personality and Social Psychology, 47, 1191–1205.
Bredenkamp, J. & Wippich, W. (1977). Lern- und Gedächtnispsychologie (2 Bde.). Stuttgart: Kohlhammer.
Brooker, G. (1981). A comparison of the persuasive effects of mild humor and mild fear appeals. Journal of Advertising, 10, 29–40.
Brown, D. & Bryant, J. (1983). Humor in the mass media. In P. E. McGhee & J. H. Goldstein (Hrsg.), Handbook of humor research (Bd. 2, S. 143–172). New York: Springer.
Bruner, J. S. & Goodman, C. C. (1947). Value and need as organizing factors in perception. Journal of Abnormal and Social Psychology, 42, 33–44.

Bühler, K. (1935). Sprachtheorie. Jena: G. Fischer.

Burger, J. M. (1986). Increasing compliance by improving the deal: The that's-not-all technique. Journal of Personality and Social Psychology, 51, 277–283.

Burnkraut, R. E. & Sawyer, A. G. (1983). Effects of involvement and message content on information-processing intensity. In. R. J. Harris (Hrsg.), Information processing research in advertising (S. 43–64). Hillsdale, N. J.: Erlbaum.

Burtt, H. E. & Clark, J. C. (1923). Facial expressions in advertisements. Journal of Applied Psychology, 7, 114–125.

Byrne, D. (1959). The effect of subliminal food stimuli on verbal responses. Journal of Applied Psychology, 43, 249–251.

Caballero, M. J., Lumpkin, J. R. & Madden, C. S. (1989). Using physical attractiveness as an advertising tool. Journal of Advertising Research, 29, 16–22.

Cacioppo, J. T. & Petty, R. E. (1989). Effects of message repetition on argument processing, recall, and persuasion. Basic and Applied Social Psychology, 10, 3–12.

Cacioppo, J. T., Petty, R. E. & Geen, T. R. (1989). Attitude structure and function: From the tripartite to the homeostasis model of attitudes. In A. R. Pratkanis, S. J. Breckler & A. G. Greenwald (Hrsg.), Attitude structure and function (S. 275–310). Hillsdale, N. J.: Erlbaum.

Cantor, J. & Venus, P. (1980). The effect of humor on recall of a radio advertisement. Journal of Broadcasting, 24, 13–22.

Cantril, H. (1960). Soviet leaders and mastery over man. New Brunswick. N. Y.: Rutgers University Press.

Celsi, R. L. & Olson, J. C. (1988). The role of involvement in attention and comprehension processes. Journal of Consumer Research, 15, 210–224.

Chapman-Burke, M. C. & Edell, J. A. (1989). The impact of feelings on ad-based affect and cognition. Journal of Marketing Research, 26, 69–83.

Cherry, E. C. (1953). Some experiments on the recognition of speech with one and two ears. Journal of the Acoustical Society of America, 25, 975–979.

Chestnut, R., LaChance, C. & Lubitz, A. (1977). The „decorative" female model: Sexual stimuli and the recognition of advertisements. Journal of Advertising, 6, 11–14.

Childers, T. L. (1986). Assessment of the psychometric properties of an opinion leadership scale. Journal of Marketing Research, 23, 184–188.

Childers, T. L. & Houston, M. J. (1984). Conditions for a picture-superiority effect on consumer memory. Journal of Consumer Research, 11, 643–654.

Christensen, C. (1989). The psychophysics of spending. Journal of Behavioral Decision Making, 2, 69–80.

Churchill, F. A., Ford, N. M., Hartley, S. W. & Walther, O. C. (1985). The determinants of salesperson performance: A meta-analysis. Journal of Marketing Research, 12, 103–118.

Costley, C. L. (1988). Meta analysis of involvement research. In M. J. Houston (Hrsg.), Advances in Consumer Research (Bd. 15, S. 554–562). Provo, UT: Association for Consumer Research.

Cox, D. S. & Cox, A. D. (1988). What does the familiarity breed? Complexity as a moderator of repetition effects in advertisement evaluation. J. of Consumer Res., 15, 111–116.

Craik, F. I. M. & Lockhard, R. S. (1972). Levels of processing: A framework for memory research. Journal of Verbal Learning and Verbal Behavior, 11, 671–684.

Cuperfain, R. & Clarke, T. K. (1985). A new perspective of subliminal perception. Journal of Advertising, 14, 36–41.

Curry, D. J. & Riesz, P. C. (1988). Prices and price/quality relationships: A longitudinal analysis. Journal of Marketing, 52, 36–51.

Dahlhoff, H. D. (1980). Kaufentscheidungsprozesse von Familien. Frankfurt a. M.: Fachbuchhandlung für Psychologie.

Davis, H. L., Hoch, S. J. & Ragsdale, E. K. E. (1986). An anchoring and adjustment model of spousal predictions. Journal of Consumer Research, 13, 25–34.

Davis, H. L. & Rigaux, B. P. (1974). Perception of marital roles in decision processes. Journal of Consumer Research, 1, 51–62.
Deaux, K. & Wrightsman, L. S. (1984). Social psychology in the 80s. Monterey, CA: Brooks.
Deighton, J., Romer, D. & McQueen, J. (1989). Using drama to persuade. Journal of Consumer Research, 16, 335–343.
DeSarbo, W. S. & Harshman, R. A. (1985). Celebrity-brand congruence analysis. In J. H. Leigh & C. R. Martin, jr. (Hrsg.), Current Issues and Research in Advertising (Bd. 8, S. 17–52).
Diamond, D. S. (1968). A quantitative approach to magazine advertisement format selection. Journal of Marketing Research, 5, 376–386.
Diller, H. (1977). Der Preis als Qualitätsindikator. Die Betriebswirtschaft, 37, 219–234.
Diller, H. (1988). Das Preiswissen von Konsumenten (Neue Anhaltspunkte und empirische Ergebnisse). Marketing ZFP, 10, 17–24.
Duncan, C. P. & Nelson, J. E. (1985). Effects of humor in a radio advertising experiment. Journal of Advertising, 14, 33–40.
Eagly, A. H. & Carli, L. L. (1981). Sex of researchers and sex-typed communications as determinants of sex differences in influenceability: A meta-analysis of social influence studies. Psychological Bulletin, 90, 1–20.
Earl, P. (1987). Lifestyle economics. Brighton: Wheatsheaf.
Ebbinghaus, H. (1885). Über das Gedächtnis. Leipzig: Duncker & Humblot.
Edell, J. A. & Keller, K. L. (1989). The information processing of coordinated media campaigns. Journal of Marketing Research, 26, 149–163.
Edell, J. A. & Staelin, R. (1983). The information processing of pictures in print advertisements. Journal of Consumer Research, 10, 45–61.
Ehrlich, D., Guttman, J., Schoenbach, P. & Mills, J. (1971). Die Verarbeitung relevanter Informationen nach einer Entscheidung. In H. Thomae (Hrsg.), Die Motivation menschlichen Handelns (S. 405–412). Köln: Kiepenheuer & Witsch.
Ekman, P. & Friesen, W. V. (1969). The repertoire of nonverbal behavior: Categories, origins, usage and coding. Semiotica, 1, 49–98.
Ekman, P., Friesen, W. V. & Ellsworth, P. (1974). Gesichtssprache. Wien: Böhlau.
Elbracht, D. (1967). Erkennbarkeit und Lesbarkeit von Zeitungsschriften. Archiv, 4, 24–28.
Engel, J. F., Blackwell, R. D. & Miniard, P. W. (1986). Consumer behavior. Chicago: Dryden.
Engel, J. F., Kegerreis, R. J. & Blackwell, R. D. (1969). Word-of-mouth communication by the innovator. Journal of Marketing, 3, 15–19.
Engelkamp, J. (1976). Satz und Bedeutung. Stuttgart: Kohlhammer.
Epple, E. (1959). Rechte Seite – rechts oben! Eine experimentelle Untersuchung über die Abhängigkeit des Aufmerksamkeitswertes von der Plazierung einer Anzeige. Frankfurt/Main: Frankfurter Illustrierte.
Etgar, M. & Goodwin, S. A. (1982). One-sided versus two-sided comparative message appeals for new brand introductions. Journal of Consumer Research, 8, 460–465.
Farley, J. U. (1964). Why does „brand loyality" vary over products? Journal of Marketing Research, 1, 9–14.
Farr, J. N., Jenkins, J. J. & Paterson, D. G. (1951). Simplification of flesch reading ease formula. Journal of Applied Psychology, 35, 333–337.
Feider, J. (1985). Konsumentenreaktion auf Preise. Göttingen: Vandenhoeck & Ruprecht.
Festinger, L. (1954). A theory of social comparison processes. Human Relations, 7, 117–140.
Festinger, L. (1957). A theory of cognitive dissonance. Evanston, Ill: Row & Peterson.
Fleitz, H. (1955). Die Aufmerksamkeitswirkung bei der Anzeigenwerbung. Wirtschaft und Werbung, 9, 650–654.
Fisher, W. A. & Byrne, D. (1978). Sex differences in response to erotica? Love vs. lust. Journal of Personality and Social Psychology, 36, 117–125.

Fleishman, E. A. (1951). An experimental consumer panel technique. Journal of Applied Psychology, 35, 133–135.
Flesch, R. F. (1949). A new readability yardstick. Journal of Applied Psychology, 32, 221–233.
Folkes, V. S. (1988). The availability heuristic and perceived risk. Journal of Consumer Research, 15, 13–23.
Foppa, K. (1975). Lernen, Gedächtnis, Verhalten. Köln: Kiepenheuer & Witsch.
Forbes, F. W. & Cottle, W. C. (1953). A new method for determining readability of standardized tests. Journal of Applied Psychology, 37, 185–190.
Ford, J. & Ellis, E. (1980). A reexamination of group influence on member brand preference. Journal of Marketing Research, 17, 125–132.
Foxall, G. R. & Goldsmith, R. E. (1988). Personality and consumer research: Another look. Journal of the Market Research Society, 30, 111–125.
Frank, M. G. & Gilovich, T. (1988). The dark side of self- and social perception: Black uniforms and aggression in professional sports. Journal of Personality and Social Psychology, 54, 74–85.
Frankel, L. R. & Solov, B. M. (1962). Does recall of an advertisement depend on its position in the magazine? Journal of Advertising Research, 2, 28–32.
Freedman, J. L. & Fraser, S. C. (1966). Compliance without pressure: The foot-in-the-door technique. Journal of Personality and Social Psychology, 4, 195–202.
Freud, S. (1905). Der Witz und seine Beziehung zum Unbewußten. Leipzig: Deuticke (GW, Bd. 6).
Frey, B. S. (1990). Entscheidungsanomalien: Die Sicht der Ökonomie. Psychologische Rundschau, 41, 67–83.
Frey, D. & Benning, E. (1984). Informationssuche von Konsumenten nach Entscheidungen. Marketing ZFP, 6, 107–113.
Friedman, H. & Friedman, L. (1979). Endorser effectiveness by product type. Journal of Advertising Research, 19, 63–71.
Fromm, E. (1976). Haben oder Sein. Stuttgart: Deutsche Verlags-Anstalt.
Fruhner, R., Schuler, H., Funke, U. & Moser, K. (in Druck). Einige Determinanten der Bewertung von Personalauswahlverfahren. Zeitschrift für Arbeits- und Organisationspsychologie.
Gardner, M. P. (1985). Mood states and consumer behavior: A critical review. Journal of Consumer Research, 12, 281–300.
Garwood, S. G., Cox, L., Kaplan, V., Wasserman, N. & Sulzer, J. L. (1980). Beauty is only „name" deep: The effect of first-name on ratings of physical attraction. Journal of Applied Social Psychology, 10, 431–435.
Gelb, B. D. & Zinkhan, G. M. (1985). The effect of repetition on humor in a radio advertising study. Journal of Advertising, 14, 13–20.
Gerstner, E. (1985). Do higher prices signal higher quality? Journal of Marketing Research, 12, 209–215.
Gilly, M. C. (1988). Sex roles in advertising: A comparison of television advertisements in Australia, Mexico and the United States. Journal of Marketing, 52, 75–85.
Goldberg, P. (1968). Are women prejudiced against women? Transaction, 5, 28–30.
Gorenflo, D. W. & Crano, W. D. (1989). Judgmental subjectivity/objectivity and locus of choice in social comparison. Journal of Personality and Social Psychology, 57, 605–614.
Gorn, G. J. (1982). The effects of music in advertising on choice behavior: A classical conditioning approach. Journal of Marketing, 46, 94–101.
Granbois, D. H. (1968). Improving the study of customer in-store behavior. Journal of Marketing, 32, 28–33.
Greenwald, A. G. (1989). Why are attitudes important? In A. R. Pratkanis, J. S. Breckler & A. G. Greenwald (Hrsg.), Attitude structure and function (S. 1–10). Hillsdale, N. J.: Erlbaum.

Grunert, K. G. & Stupening, E. (1981). Werbung – ihre gesellschaftliche und ökonomische Problematik. Frankfurt a. M.: Campus.
Guggenberger, B. (1987). Sein oder Design. Berlin: Rotbuch.
Guggenheim, B. (1984). Advertising media planning and evaluation: Current research issues. In J. H. Leigh & C. R. Martin, jr. (Hrsg.), Current Issues and Research in Advertising (Bd. 7, S. 19–38).
Guilford, J. P. (1964). Persönlichkeit. Weinheim: Beltz.
Gutjahr, G. (1974). Markt- und Werbepsychologie (Bd. 2). Heidelberg: Sauer.
Gutjahr, G. (1980). Corporate Identity – Meinung und Wirkung. In K. Birkigt & M. M. Stadler (Hrsg.), Corporate Identity (S. 73–88). München: verlag moderne industrie.
Gutman, J. (1972). Tachistoscopic tests of outdoor ads. Journal of Advertising Research, 12, 21–27.
Hadley, H. D. (1950). How readership is affected by size of an advertisement. Advertising Agency, 43 (7), (8).
Haire, M. (1950). Projective techniques in marketing research. Journal of Marketing, 14, 649–656.
Hannah, D. B. & Sternthal, B. (1984). Detecting and explaining the sleeper effect. Journal of Consumer Research, 11, 632–642.
Hargreaves, D. J., Colman, A. M. & Sluckin, W. (1983). The attractiveness of names. Human Relations, 36, 393–402.
Harris, R. J., Sturm, R. E., Klassen, M. L. & Bechtold, J. I. (1986). Language in advertising. In J. H. Leigh & C. R. Martin, jr. (Hrsg.), Current Issues and Research in Advertising (Bd. 9, S. 1–26).
Haseloff, O. W. (1969). Über Wirkungsbedingungen politischer und werblicher Kommunikation. Kommunikation, 3, 151–187.
Hasitschka, W. & Hruschka, H. (1982). Nonprofit-Marketing. München: Vahlen.
Hass, R. G. (1981). Effects of source characteristics on cognitive responses and persuasion. In R. E. Petty, T. M. Ostrom & T. C. Brock (Hrsg.), Cognitive responses in persuasion (S. 141–172). Hillsdale, NJ: Erlbaum.
Hassebrauck, M. (1988). Beauty is more than „name" deep: The effect of women's first name on ratings of physical attractiveness and personality attributes. Journal of Applied Social Psychology, 18, 721–726.
Haugtvedt, C., Petty, R. F., Cacioppo, J. T. & Steidley, T. (1988). Personality and ad effectiveness: Exploring the utility of need for cognition. In M. J. Houston (Hrsg.), Advances in Consumer Research (Bd. 15, S. 209–212). Provo, UT: Association for Consumer Research.
Helfrich, H. (1988). Zur Sprachabhängigkeit von Farbkategorien. Zeitschriften für Semiotik, 10, 95–107.
Heller, E. (1984). Wie Werbung wirkt: Theorien und Tatsachen. Frankfurt a. M.: Fischer.
Henderson Blair, M. (1988). An empirical investigation of advertising wearin and wearout. Journal of Advertising Research, 27, 45–50.
Hepner, H. W. (1949). Effective advertising. New York: McGraw-Hill.
Herkner, W. (1986). Psychologie. Berlin: Springer.
Herrmann, Th. (1979). Psychologie als Problem. Stuttgart: Klett.
Hirschman, A. O. (1988). Engagement und Enttäuschung. Frankfurt a. M.: Suhrkamp.
Hirschman, E. C. (1981). American Jewish ethnicity: Its relationship to some selected aspects of consumer behavior. Journal of Marketing, 45, 102–110.
Hirschman, E. C. (1987). People as products: Analysis of a complex marketing exchange. Journal of Marketing, 51, 98–108.
Hite, R. E. & Eck, R. (1987). Advertising to children: Attitudes of business vs. consumers. Journal of Advertising Research, 28, 40–53.
Hite, R. E. & Fraser, C. (1988). Meta-analysis of attitudes toward advertising by professionals. Journal of Marketing, 52, 95–103.

Hofmann, W. (1989). Die Geburt der Moderne aus dem Geist der Religion (Unveröffentlichtes Manuskript) Südwestfunk – Teleakademie.
Holbrook, M. B. & Corfman, K. P. (1985). Quality and value in the consumption experience: Phaedrus rides again. In J. Jacoby & J. C. Olson (Hrsg.), Perceived quality (S. 31–58). Lexington, Ma: Lexington Books.
Holbrook, M. B. & Hirschman, E. C. (1982). The experiential aspects of consumption: Consumer fantasies, feelings, and fun. Journal of Consumer Research, 9, 132–140.
Holbrook, M. B. & O'Shaugnessy, J. (1984). The role of emotion in advertising. Psychology and Marketing, 1, 45–64.
Homer, P. M. (1990). The mediating role of attitude toward the ad: Some additional evidence. Journal of Marketing Research, 27, 78–86.
Houston, F. S. & Scott, D. (1984). The determinants of advertising page exposure. Journal of Advertising, 13, 27–33.
Houston, J. M. (1979). Consumer evaluations of product information sources. In J. H. Leigh & C. R. Martin jr. (Hrsg.), Current Issues and Research in Advertising (Bd. 2, S. 48–63).
Hovland, C. I. (1957). Summary and implications. In C. I. Hovland (Hrsg.), The order of presentation in persuasion (S. 129–157). New Haven: Yale University.
Hovland, C. I. & Janis, Y. L. (1959, Hrsg.). Personality and persuasibility. New Haven: Yale University Press.
Hovland, C. J. & Weiss, W. (1951). The influence of source credibility on communication effectiveness. Public Opinion Quarterly, 15, 635–650.
Howard, J. A. & Sheth, J. N. (1969). The theory of buyer behavior. New York: Wiley.
Huth, R. & Pflaum, D. (1980) (1986²). Einführung in die Werbelehre. Stuttgart: Kohlhammer.
Hymes, D. (1979). Soziolinguistik. Frankfurt a. M.: Suhrkamp.
Iacocca, L. (1987). Eine amerikanische Karriere. Frankfurt a. M.: Ullstein.
Irle, M. (1983, a) (Hrsg.). Enzyklopädie der Psychologie, D, III, 4/5.Göttingen: Hogrefe.
Irle, M. (1983, b). Forschungsprogramme in der Marktpsychologie. In M. Irle (Hrsg.), Enzyklopädie der Psychologie, D, III, 4 (S. 1–44). Göttingen: Hogrefe.
Jacobi, H. (1972). Werbepsychologie: Ganzheits- und gestaltpsychologische Grundlagen der Werbung. Wiesbaden: Gabler.
Jacoby, J., Hoyer, W. D. & Zimmer, M. R. (1983). To read, view, or listen? A cross-media comparison of comprehension. In J. H. Leigh & C. R. Martin, jr. (Hrsg.), Current Issues and Research in Advertising (Bd. 6, S. 201–217).
Jain, S. C. (1989). Standardization of international marketing strategy: Some research hypotheses. Journal of Marketing, 53, 70–79.
Janis, I. L. & Feshbach, S. (1953). Effects of fear arousing communication. Journal of Abnormal and Social Psychology, 48, 78–92.
Janis, I. L., Kaye, D. & Kirschner, P. (1965). Facilitating effects of „eating-while-reading" on responsiveness to persuasive communications. Journal of Personality and Social Psychology, 1, 181–186.
Janiszewski, C. (1988). Preconscious processing effects: The interdependence of attitude formation and conscious thought. Journal of Consumer Research, 15, 199–209.
Jennings, J., Geis, F. L. & Brown, V. (1980). Influence of television commercials on women's self-confidence and independent judgment. Journal of Personality and Social Psychology, 38, 203–210.
Johnson, B. T. & Eagly, A. H. (1989). Effects of involvement on persuasion: A meta-analysis. Psychological Bulletin, 106, 290–314.
Johnston, W. J. & Bonoma, T. V. (1981). The buying center: Structure and interaction patterns. Journal of Marketing, 45, 143–156.
Jonas, H. (1979). Das Prinzip Verantwortung. Frankfurt a. M.: Suhrkamp.
Kahle, L. R. & Homer, P. M. (1985). Physical attractiveness of the celebrity endorser: A social adaptation perspective. Journal of Consumer Research, 11, 954–961.

Kahneman, D. (1973). Attention and effort. Englewood Cliffs, N. J.: Erlbaum.
Kainz, F. (1927). Gestaltgesetzlichkeit und Ornamententstehung. Zeitschrift für Angewandte Psychologie, 28, 267–327.
Kamen, J. M. & Toman, R. J. (1970). Psychophysics of prices. Journal of Marketing Research, 7, 27–35.
Kamins, M. A. (1989). Celebrity and noncelebrity advertising in a two-sided context. Journal of Advertising Research, 29, 34–42.
Kardes, R. F. (1988). Spontaneous inference processes in advertising: The effects of conclusion omission and involvement on persuasion. Journal of Consumer Research, 15, 225–232.
Kastl, A. J. & Child, J. L. (1968). Emotional meaning of four typographical variables. Journal of Applied Psychology, 52, 440–446.
Kay, H. (1972). Do we really know the effects of using „fear“ appeals? Journal of Marketing, 36, 55–64.
Keitz, B. v. (1986). Wahrnehmung von Informationen. In F. Unger (Hrsg.), Konsumentenpsychologie & Markenartikel. Heidelberg: Physica (S. 97–121).
Kellaris, J. J. & Cox, A. D. (1989). The effects of background music in advertising: A reassessment. Journal of Consumer Research, 16, 113–118.
Kelly, J. P. & Solomon, P. J. (1975). Humor in television advertising. Journal of Advertising, 5, 31–35.
Kerin, R. A., Lundstrom, W. J. & Scilimpaglia, D. (1979). Women in advertisements: Retrospect and prospect. Journal of Advertising, 8, 37–42.
Kinsey, A. C., Pomeroy, C. E., Martin, C. E. & Gebhard, P. H. (1953). Sexual behavior in the human female. Philadelphia: Saunders.
Kirmani, A. & Wright, P. (1989). Money talks: Perceived advertising expense and expected product quality. Journal of Consumer Research, 16, 344–353.
Kisielius, J. & Sternthal, B. (1986). Examining the vividness controversy: An availability-valence interpretation. Journal of Consumer Research, 12, 418–431.
Klare, G. R., Nichols, W. H. & Shuford, E. H. (1957). The relationship of typographic arrangement to the learning of technical training material. Journal of Applied Psychology, 41, 41–45.
Klebba, J. M. (1985). Physiological measures of research: A review of brain activity, electrodermal response, pupil delation and voice analysis methods and studies. In J. H. Leigh & C. R. Martin jr. (Hrsg.), Current Issues and Research in Advertising (Bd. 8, S. 53–77).
Kollat, D. T. & Willet, R. P. (1967). Customer impulse purchasing behavior. Journal of Marketing Research, 4, 21–31.
Kotler, P. (1978). Marketing für Nonprofit Organisationen. Stuttgart: Poeschel.
Kotler, P. (1982). Non-Profit Marketing. Stuttgart: Poeschel.
Krishnamurti, L. & Raj, S. P. (1985). The effect of advertising an consumer price sensitivity. Journal of Marketing Research, 22, 119–129.
Kroeber-Riehl, W. (1983). Wirkung von Bildern auf das Konsumentenverhalten. Marketing ZFP, 5, 153–161.
Kroeber-Riehl, W. (1980^2, 1984^3). Konsumentenverhalten. München: Vahlen.
Krugman, H. E. (1965). The impact of television advertising: Learning without involvement. Public Opinion Quarterly, 29, 349–356.
Kumpf, M. (1983). Bezugsgruppen und Meinungsführer. In M. Irle (Hrsg.), Enzyklopädie der Psychologie, D, III, 4 (S. 282–343). Göttingen: Hogrefe.
La France, M. & Mayo, C. (1976). Racial differences in gaze behavior during conversation: Two systematic observational studies. J. of Pers. and Social Psychology, 53, 547–552.
Langer, J., Schulz v. Thun, F. & Tausch, R. (1981). Sich verständlich ausdrücken. München: Reinhardt.
Laslett, H. R. (1918). The value of relevancy in advertisement illustrations. Journal of Applied Psychology, 2, 270–279.

Latané, B. (1981). Psychology of social impact. American Psychologist, 36, 343–356.
Lazarsfeld, P. F., Berelson, B. & Gaudet, A. (1948). The people's choice. New York: Columbia University Press.
Le Bon, G. (1896). Psychologie des foules. London: Unwin.
Leckenby, J. D. & Plummer, J. T. (1983). Advertising stimulus measurement and assessment research: A review of advertising testing methods. In H. J. Leigh & C. R. Martin, jr. (Hrsg.), Current Issues and Research in Advertising (Bd. 6, S. 135–165).
Leibenstein, H. (1950). Bandwagon, snob and Veblen effects in the theory of consumers' demand. Quarterly Journal of Economics, 64, 183–207.
Leigh, T. W., Rethans, A. & Reichenbach Whitney, T. (1987). Role portrayals of women in advertising: Cognitive responses and advertising effectiveness. Journal of Advertising Research, 27, 54–63.
Levie, W. H. (1987). Research on pictures: A guide to the literature. In D. M. Willows & H. A. Houghton (Hrsg.), The psychology of illustration (Bd. 1, S. 1–50). New York: Springer.
Levine, R., Chein, J. & Murphy, G. (1942). The relation of the intensity of a need to the amount of perceptual distortion. Journal of Psychology, 13, 283–293.
Lewandowsky, S. & Murdock, B. B. Jr. (1989). Memory for serial order. Psychological Review, 96, 25–57.
Lichtenstein, D. R., Bloch, P. H. & Black, W. L. (1988). Correlates of price acceptability. Journal of Consumer Research, 15, 243–252.
Lichtenstein, D. R. & Burton, S. (1989). The relationship between perceived and objective price-quality. Journal of Marketing Research, 26, 429–443.
Lichtenstein, S., Slovic, P., Fischhoff, B., Layman, H. & Combs, B. (1978). Judged frequency of lethal events. Journal of Experimental Psychology: Human Learning and Memory, 4, 551–578.
Lilli, W. (1983). Perzeption, Kognition: Image. In M. Irle (Hrsg.), Enzyklopädie der Psychologie, D, III, 4 (S. 402–471). Göttingen: Hogrefe.
Lindsay, P. H. & Norman, D. A. (1981). Einführung in die Psychologie. Berlin: Springer.
Linz, D. G., Donnerstein, E. & Penrod, S. (1988). Effects of long-term exposure to violent and sexually degrading depictions of women. J. of Pers. and Soc. Psych., 55, 758–768.
Littman, R. A. & Manning, H. M. (1954). A methodological study of cigarette brand discrimination. Journal of Applied Psychology, 38, 185–190.
Loken, B. & Howard-Pitney, B. (1988). Effectiveness of cigarette advertisements on women: An experimental study. Journal of Applied Psychology, 73, 378–382.
Lowe, E. D. & Lowe, J. W. G. (1985). Quantitative analysis of women's dress. In R. M. Solomon (Hrsg.), The psychology of fashion (S. 193–206). Lexington, Ma: Lexington.
Lucas, D. B. & Benson, C. E. (1030). The recall values of positive and negative advertising appeals. Journal of Applied Psychology, 14, 218–238.
Luckiesh, M. (1923). Light and color in advertising and merchandising. New York: Van Nostrand.
Luhmann, N. (1989). Vertrauen. Ein Mechanismus der Reduktion sozialer Komplexität. Stuttgart: Enke.
Lumpkin, J. R. & Festervand, T. A. (1987). Purchase information sources of the elderly. Journal of Advertising Research, 27, 31–43.
Lutz-Alesandrini, K. (1983). Strategies that influence memory for advertising communications. In R. J. Harris (Hrsg.), Information processing research in advertising (S. 65–82). Hillsdale, N. J.: Erlbaum.
Lutz, K. A. & Lutz, R. J. (1977). Effects of interactive imagery on learning: Application to advertising. Journal of Applied Psychology, 62, 493–498.
MacInnis, D. (1987). Constructs and individual differences in imagery processing: A review. In M. Wallendorf & P. Anderson (Hrsg.), Advances in Consumer Research (Bd. 14, S. 88–92). Provo, UT: Association for Consumer Research.

MacInnis, D. & Jaworski, B. J. (1989). Information processing from advertisements: Toward an integrative framework. Journal of Marketing, 53, 1–23.
MacKenzie, S., Lutz, R. & Belch, G. (1986). The role of attitude toward the ad as a mediator of advertising effectiveness: A test of competing explanations. Journal of Marketing Research, 23, 130–143.
Madden, T. J. & Weinberger, M. G. (1982). The effects of humor on attention in magazine advertising. Journal of Advertising, 11, 8–14.
Manusco, J. R. (1969). Why not create opinion leaders for new product introductions? Journal of Marketing, 33, 20–25.
Markiewicz, D. (1974). Effects of humor on persuasion. Sociometry, 37, 407–422.
Markus, H. (1978). The effect of mere presence on social facilitation: An unobtrusive test. Journal of Experimental Social Psychology, 14, 389–397.
Mayer, H. & Boor, W. (1988). Familie und Konsumentenverhalten. Jahrbuch der Absatz- und Verbrauchsforschung, 34, 120–153.
Mayer, H., Däumer, U. & Rühle, H. (1982). Werbepsychologie. Stuttgart: Poeschel.
Mazursky, D. & Schul, Y. (1988). The effects of advertisement encoding on the failure to discount information: Implications for the sleeper effect. Journal of Consumer Research, 15, 24–36.
McCracken, G. (1989). Who is the celebrity endorser? Cultural foundations of the endorsement process. Journal of Consumer Research, 16, 310–321.
McGill, A. L. & Anand, P. (1989). The effect of vivid attributes on the evaluation of alternatives: The role of differential attention and cognitive elaboration. Journal of Consumer Research, 16, 188–196.
McGuire, W. J. (1964). Inducing resistance to persuasion – some contemporary approaches. In L. Berkowitz (Hrsg.), Advances in Experimental Social Psychology (Bd. 1, S. 191–229). New York: Academic Press.
McGuire, W. J. (1985). The nature of attitude and attitude change. In G. Lindzey & E. Aronson (Hrsg.), Handbook of Social Psychology (S. 233–346). New York: Random House.
McSweeney, F. K. & Bierley, C. (1984). Recent developments in classical conditioning. Journal of Consumer Research, 11, 619–631.
Meffert, H. (1986). Marketing. Wiesbaden: Gabler.
Mehrabian, A. & de Wetter, R. (1987). Experimental test of an emotion-based approach to fitting brand names to products. Journal of Applied Psychology, 72, 125–130.
Meier, H. (1967). Deutsche Sprachstatistik. Hildesheim: G. Olms.
Metzger, W. (1974). Figural-Wahrnehmung. In W. Metzger (Hrsg.), Handbuch der Psychologie (S. 693–744). Göttingen: Hogrefe.
Meyers-Levy, J. (1989). The influence of a brand name's association set size and word frequency on brand memory. Journal of Consumer Research, 16, 197–207.
Meyers-Levy, J. & Tybout, A. M. (1989). Schema congruity as a basis for product evaluation. Journal of Consumer Research, 16, 39–54.
Midgley, D. F. (1987). A meta-analysis of the diffusion of innovations literature. In M. Wallendorf & P. Anderson (Hrsg.), Advances in Consumer Research 1987 (Bd. 14, S. 204–207). Provo, UT: Association of Consumer Research.
Milliman, R. E. (1982). The effects of background music upon the shopping behavior of supermarket patrons. Journal of Marketing, 46, 40–64.
Milliman, R. E. (1986). The influence of background music on the behavior of restaurant patrons. Journal of Consumer Research, 13, 286–289.
Miniard, P. W., Dickson, P. R. & Lord, K. R. (1988). Some central and peripheral thoughts on the routes to persuasion. In M. J. Houston (Hrsg.), Advances in Consumer Research (Bd. 15, S. 204–208). Provo, UT: Association for Consumer Research.
Mischel, W., Ebbesen, E. B. & Zeiss, A. R. (1972). Cognitive and attentional mechanisms in delay of gratification. Journal of Personality and Social Psychology, 21, 204–218.

Mistler-Lachmann, J. L. (1972). Levels of comprehension in processing of normal and ambiguous sentences. Journal of Verbal Learning and Verbal Behavior, 11, 614–623.
Mittal, B. & Lee, M. S. (1989). A causal model of consumer involvement. Journal of Economic Psychology, 10, 363–389.
Moede, W. (1920). Experimentelle Massenpsychologie. Leipzig: S. Hirzel.
Monroe, K. B. & Krishnan, R. (1985). The effect of price on subjective product evaluations. In J. Jacoby & J. C. Olson (Hrsg.), Perceived Quality (S. 209–232). Lexington, Ma: Lexington Books.
Monse, K. & Müller, S. (1977). Die Wirksamkeit wiederholter Furchtappelle auf die Einstellung zum Rauchen und die Höhe des Zigarettenkonsums. In K. D. Hartmann & K. Koeppler (Hrsg.), Fortschritte der Marktpsychologie (S. 237–258). Frankfurt a. M.: Fachbuchhandlung für Psychologie.
Moore, D. J., Reardon, R. & Qualls, W. J. (1989). Do multiple source appeals enhance the confidence level of message recipients? Applied Psychology: An International Review, 38, 237–250.
Moore-Shay, E. S. & Wilkie, W. L. (1988). Recent developments in research on family decisions. In M. J. Houston (Hrsg.), Advances in Consumer Research (Bd. 15, S. 454–460). Provo, UT: Association for Consumer Research.
Morgan, G. A., Goodson, F. E. & Jones, T. (1975). Age differences in the associations between felt temperatures and color choices. American Journal of Psychology, 88, 125–130.
Morokoff, P. J. (1985). Effects of sex guilt, repression, sexual „arousability", and sexual experience on female sexual arousal during erotica and fantasy. Journal of Personality and Social Psychology, 49, 177–187.
Morrison, B. J. & Dainoff, M. J. (1972). Advertisement complexity and looking time. Journal of Marketing Research, 9, 396–400.
Morrison, J. T. & Sherman, R. C. (1972). Who responds to sex in advertising? Journal of Advertising Research, 12, 15–19.
Moschis, G. P. & Moore, R. L. (1982). A longitudinal study of television advertising effects. Journal of Consumer Research, 9, 279–286.
Moscovici, S. (1979). Sozialer Wandel durch Minoritäten. München: Urban & Schwarzenberg.
Moser, K. (1990, a). Comics in der Werbung. In H. J. Kagelmann (Hrsg.), Jahrbuch der Comic-Forschung. München: Profil-Verlag.
Moser, K. (1990, b). Eingeschätzte Toleranz gegenüber AIDS-Kranken: Der Effekt der Informationsaktivierung (Unveröffentlichtes Manuskript). Universität Hohenheim.
Moser, K. (1990, c). Neuere Ergebnisse zum Personalmarketing. In H. Methner & A. Gebert (Hrsg.), Psychologen gestalten die Zukunft. Bonn: Deutscher Psychologen Verlag.
Moser, K. (1990, d). Metrische Probleme bei Paarvergleichsdaten: Effekte, Erklärungen, Konsequenzen (Unveröffentlichtes Manuskript). Universität Hohenheim.
Moser, K. & Schröder, J. (1989). Krise der Rationalität oder Krise des Rationalitätsbegriffs? In W. Schönpflug (Hrsg.), Bericht über den 36. Kongreß der Deutschen Gesellschaft für Psychologie (Bd. 2, S. 313–324). Göttingen: Hogrefe.
Mowen, J. C. & Cialdini, R. B. (1980). On implementing the door-in-the-face compliance technique in a business context. Journal of Marketing Research, 17, 253–258.
Müller, S. (1983). Das Anzeigenblatt. Marketing ZFP, 5, 161–164.
Münsterberg, H. (1912). Psychologie und Wirtschaftsleben. Leipzig: Barth.
Murch, G. M. & Woodworth, G. L. (1978). Wahrnehmung. Stuttgart: Kohlhammer.
Murphy, J. H., Cunningham, I. C. M. & Wilcox, G. B. (1977). The impact of program environment on recall of humorous television commercials. Journal of Advertising, 6, 17–21.
Murphy, P. E. & Staples, W. A. (1979). A modernized family life cycle. Journal of Consumer Research, 6, 12–22.

Murray, D. C. & Deabler, H. L. (1957). Colors and mood-tones. Journal of Applied Psychology, 41, 279–283.
Nahinski, I. D. (1956). The influence of certain typographical arrangements upon span of usual comprehension. Journal of Applied Psychology, 40, 37–39.
Nemeth, C. J. (1986). Differential contributions of majority and minority influence. Psychological Review, 93, 23–32.
Neslin, S. H. & Shoemaker, R. W. (1989). An alternative explanation for lower repeat rates after promotion purchases. Journal of Marketing Research, 26, 205–213.
Nickel, V. (1989). Sex-Symbole in der Werbebotschaft (Unveröffentlichtes Manuskript) Zentralausschuß der Werbewirtschaft (ZAW).
Nieschlag, R., Dichtl, E. & Hörschgen, H. (1988). Marketing. Berlin: Duncker & Humblot.
Nisbett, R. E., Borgida, E., Crandall, R. & Reed, H. (1976). Popular induction: Information is not necessarily informative. In J. S. Carrol & J. W. Payne (Hrsg.), Cognition and social behavior. Hillsdale, N. J.: Erlbaum.
Nixon, H. K. (1924). Attention and interest in advertising. Archives of Psychology, 11, 1–34.
Noble, C. E. (1952). An analysis of meaning. Psychological Review, 59, 421–430.
Noordzij, G. (1985). Das Kind und die Schrift. München: Typographische Gesellschaft.
North, A. J. & Jenkins, B. L. (1951). Reading speed and comprehension as a function of typography. Journal of Applied Psychology, 35, 225–228.
O'Guinn, T. C. & Faber, R. J. (1989). Compulsive buying: A phenomenological exploration. Journal of Consumer Research, 16, 147–157.
Obermiller, C. (1988). When do consumers infer quality from price? In M. J. Houston (Hrsg.), Advances in Consumer Research (Bd. 15, S. 304–310). Provo, UT: Association for Consumer Research.
Ogilvy, D. (1988). Was mir wichtig ist. Düsseldorf: Econ.
O'Shaugnessy, J. (1987). Why people buy. New York: Oxford University Press.
Ostrom, Th. M. (1969). The relationship between the affective, behavioral and cognitive components of attitude. Journal of Experimental Social Psychology, 5, 12–30.
Packard, V. (1957). The hidden persuaders. New York: McKay.
Paivio, A. I. (1971). Imagery and verbal processes. New York: Holt.
Patti, C. H. & McDonald, J. P. (1985). Corporate advertising: Process, practices, and perspectives (1970–1989). Journal of Advertising, 14, 42–49.
Pawlow, J. P. (1927). Conditioned reflexes. London: Oxford University Press.
Pepicello, W. J. & Weisberg, R. W. (1983). Linguistics and humor. In P. E. McGhee & J. H. Goldstein (Hrsg.), Handbook of humor research (Bd. 1, S. 59–83). New York: Springer.
Percy, L. (1983). A review of the effect of specific advertising elements upon overall communication response. In H. J. Leigh & C. R. Martin, jr. (Hrsg.), Current Issues and Research in Advertising (Bd. 6, S. 77–118).
Percy, L. & Rossiter, J. R. (1983). Mediating effects of visual and verbal elements in print advertising upon belief, attitude, and intention responses. In L. Percy & A. G. Woodside (Hrsg.), Advertising and consumer psychology (S. 171–198). Lexington, MA: Lexington.
Peterson, R. A. (1970). The price-perceived quality relationship: Experimental evidence. Journal of Marketing Research, 7, 525–528.
Peterson, R. A., Hoyer, W. D. & Wilson, W. R. (1986, Hrsg.). The role of affect in consumer behavior. Lexington, Ma: Lexington.
Peterson, R. A. & Kerin, R. A. (1977). The female role in advertisements: Some experimental evidence. Journal of Marketing, 41, 59–63.
Petty, R. E. & Brock, T. C. (1981). Thought disruption and persuasion: Assessing the validity of attitude change experiments. In R. E. Petty, T. M. Ostrom & T. C. Brock (Hrsg.), Cognitive responses in persuasion (S. 55–79). Hillsdale, N. J.: Erlbaum.
Petty, R. A. & Cacioppo, J. T. (1986). Communication and persuasion. New York: Springer.
Petty, R. E., Harkins, S. G. & Williams, D. K. (1980). The effect of group diffusion on

cognitive effort on attitudes: An information-processing view. Journal of Personality and Social Psychology, 38, 81–93.
Plummer, J. T. (1977). Consumer focus in cross-national research. Journal of Advertising, 6, 10–11.
Poffenberger, A. T. (1925). Psychology of advertising. Chicago: Shaw.
Poffenberger, A. T. & Barrows, B. E. (1924). The feeling value of lines. Journal of Applied Psychology, 8, 187–205.
Pokrywczynski, J. V. (1988). Sex in ads targeted to black and white readers. Journalism Quarterly, 65, 756–760.
Pomerantz, J. R. & Kubovy, M. (1981). Perceptual organization: An overview. In M. Kubovy & J. R. Pomerantz (Hrsg.), Perceptual organization (S. 423–456). Hillsdale, N. J.: Erlbaum.
Pratkanis, A. R., Breckler, S. J. & Greenwald, A. G. (1989, Hrsg.). Attitude structure and function. Hillsdale, N. J.: Erlbaum.
Pratkanis, R. A. & Greenwald, G. A. (1985). A reliable sleeper effect in persuasion: Implications for opinion change theory and research. In L. F. Alwitt & A. A. Mitchell (Hrsg.), Psychological processes and advertising effects (S. 157–176). Hillsdale, N. J.: Erlbaum.
Raffée, H. & Silberer, G. (1984, Hrsg.). Warentest und Unternehmen. Frankfurt a. M.: Campus.
Raju, P. S. (1980). Optimum stimulation level: Its relationship to personality, demographics and exploratory behavior. Journal of Consumer Research, 7, 272–282.
Rao, A. R. & Monroe, K. (1989). The effect of price, brand name and store name on buyer's perceptions of product quality: An integrative review. Journal of Marketing Research, 16, 351–357.
Rarrek, M. (1989). Musik als Mittel der Verkaufsförderung am Point of Sale. Werbeforschung & Praxis, 33, 10–16.
Raven, B. H. & Rubin, J. Z. (1983). Social Psychology. New York: Wiley.
Ray, M. L. (1982). Advertising and communication management. Englewood Cliffs, N. J.: Prentice-Hall.
Rehe, R. F. (1985). Typographie und Design für Zeitungen. Darmstadt: IFRA.
Reid, L. N. & Soley, L. C. (1981). Another look at the „decorative“ female model: The recognition of visual and verbal ad components. In J. H. Leigh & C. R. Martin jr. (Hrsg.), Current Issues and Research in Advertising (Bd. 4, S. 123–133).
Reid, L. N. & Soley, L. C. (1983). Decorative models and the readership of magazine ads. Journal of Advertising Research, 23, 27–32.
Richins, M. L. & Root-Shaffer, T. (1988). The role of involvement and opinion leadership in consumer word-of-mouth: An implicit model made explicit. In M. J. Houston (Hrsg.), Advances in Consumer Research (Bd. 15, S. 32–36). Provo, UT: Association for Consumer Research.
Richmond, D. & Hartman, P. T. (1982). Sex appeal in advertising. Journal of Advertising Research, 22, 53–60.
Ries, A. & Trout, J. (1981). Positioning: The battle for your mind. New York: McGraw-Hill.
Roberts, D. F. & Bachen, M. (1981). Mass communication effects. Annual Review of Psychology, 32, 307–356.
Roberts, M. L. & Wortzel, L. H. (1979). New life-style determinants of women's food shopping behavior. Journal of Marketing, 43, 28–39.
Robertson, T. S. (1971). Innovation and the consumer. New York: Holt.
Robertson, T. S. (1972). Soziale Faktoren bei innovativem Verhalten. In R. Bergler (Hrsg.), Marktpsychologie (S. 299–321). Bern: Huber.
Robertson, T. S. & Rossiter, J. R. (1974). Children and commercial persuasion: An attribution theory analysis. Journal of Consumer Research, 1, 13–20.

Robertson, T. S., Zielinski, J. & Ward, S. (1984). Consumer behavior. Glenview: Scott.
Roethlein, B. E. (1912). The relative legibility of different faces of printing types. American Journal of Psychology, 23, 1–38.
Rogers, E. M. (1962). Diffusion of innovations. New York: Free Press.
Rosenstiel, L. v. & Ewald, G. (1979). Marktpsychologie (2 Bde.). Stuttgart: Kohlhammer.
Rosenstiel L. v. & Ewald, G. (1983). Methoden und Ergebnisse marktpsychologischer Forschung. In M. Irle (Hrsg.), Enzyklopädie der Psychologie, D, III, 5 (S. 174–270). Göttingen: Hogrefe.
Rosenstiel, L. v. & Neumann, P. (1982). Einführung in die Markt- und Werbepsychologie. Darmstadt: Wissenschaftliche Buchgesellschaft.
Ross, H. L. (1976). How to create effective humurous commercials, yielding above average brand preference changes. Marketing News, March 26, 4.
Rossiter, J. R. (1988). The increase in magazine ad readership. Journal of Advertising Research, 28, 35–39.
Rossiter, J. R. & Percy, L. (1983). Visual communication in advertising. In R. J. Harris (Hrsg.), Information processing research in advertising (S. 83–125). Hillsdale, N. J.: Erlbaum.
Rothschild, M. L. (1979). Marketing communications in nonbusiness situations. Journal of Marketing, 43, 11–20.
Ruge, H. D. (1988). Das Imagery-Differential. Werbeforschung & Praxis, 32, 9–18.
Saegert, J. (1978). A demonstration of levels-of-processing theory in memory for advertising. In W. L. Wilkie (Hrsg.), Advances in Consumer Research (Bd. 6, S. 82–84). Ann Arbor, MI: Association of Consumer Research.
Saegert, J. & Young, R. K. (1983). Levels of processing and memory for advertisements. In L. Percy & A. G. Woodside (Hrsg.), Advertising and consumer psychology (S. 117–131). Lexington, MA: Lexington Books.
Sanbonmatsu, D. M. & Kardes, F. R. (1988). The effect of physiological arousal on information processing and persuasion. Journal of Consumer Research, 15, 379–385.
Sandage, C. H. (1945). Advertising theory and practice. Chicago: Irvin.
Schaie, K. W. (1961). Scaling the association between colors and mood-tones. American Journal of Psychology, 74, 266–273.
Scherhorn, G., Reisch, L. & Raab, G. (1990). Kaufsucht (Unveröffentlichtes Manuskript) Universität Hohenheim.
Schiffman, L. G. & Kanuk, L. L. (1983). Consumer behavior. Englewood Cliffs, N. J.: Prentice Hall.
Schmalen, H. (1982). Preispolitik. Stuttgart: Fischer.
Schneider, K. & Schmalt, H. D. (1981). Motivation. Stuttgart: Kohlhammer.
Schuler, H. & Moser, K. (in Druck). Persönlichkeitsmerkmale und deren Erfassung. In E. Gaugler & W. Weber (Hrsg.), Handwörterbuch des Personalwesens. Stuttgart: Poeschel.
Schulz von Thun, F. (1981). Miteinander reden: Störungen und Klärungen. Reinbek bei Hamburg: Rowohlt.
Schwanzer, B. (1986). Die Bedeutung der Architektur für die corporate identity eines Unternehmens. Wien: Modulverlag.
Scitovsky, T. (1989). Psychologie des Wohlstands. Frankfurt a. M.: Campus.
Sexton, D. E. & Haberman, P. (1974). Women in magazine advertisements. Journal of Advertising Research, 14, 41–46.
Shugan, S. M. (1980). The cost of thinking. Journal of Consumer Research, 7, 99–111.
Signitzer, B. (1988). Public Relations-Forschung im Überblick. Publizistik, 33, 92–116.
Sigush, V., Schmidt, A., Reinfeld, A. & Wiedemann-Sutor, I. (1970). Psychosexual stimulation: Sex differences. Journal of Sex Research, 6, 10 24.
Simmel, G. (1989). Philosophie des Geldes. Frankfurt a. M.: Suhrkamp.
Simon, H. (1982). ADPLUS: An advertising model with wearout and pulsation. Journal of Marketing Research, 19, 352–363.

Singh, S. N. & Cole, C. A. (1985). Forced-choice recognition test: A critical review. Journal of Advertising, 14, 52–58.
Six, B. (1983). Effektivität der Werbung. In M. Irle (Hrsg.), Enzyklopädie der Psychologie, D, III, 4 (S. 340–395). Göttingen: Hogrefe.
Smith, G. H. & Engel, R. (1968). Influence of a female model on perceived characterisitics of an automobile. Proc. 76th Annual Convention, APA, 681–682.
Snyder, M. & DeBono, K. G. (1985). Appeals to image and claims about quality: Understanding the psychology of advertising. J. of Pers. and Social Psychology, 49, 586–597.
Sorrentino, R. M., Bobocel, D. R., Gitta, M. Z., Olson, J. M. & Hewitt, E. C. (1988). Uncertainty orientation and persuasion: Individual differences in the effect of personal relevance on social judgments. Journal of Personality and Social Psychology, 55, 357–371.
Spiegel, B. (1970). Werbepsychologische Untersuchungsmethoden. Berlin: Duncker & Humblot.
Starch, D. (1907). Advertising. New York: Scott.
Starch, D. (1923). Principles of advertising. Chicago: Shaw.
Starch, D. (1966). Measuring advertising readership and results. New York: McGraw-Hill.
Steadman, M. (1969). How sexy illustrations affect brand recall. Journal of Advertising Research, 9, 15–19.
Stein, B. S. (1978). Depth of processing re-examined: The effects of precision of encoding and test appropriateness. Journal of Verbal Learning and Verbal Behaviour, 17, 165–174.
Stephan, C. W. & Stephan, W. G. (1985). Two social psychologies: An integrative approach. Chicago, Ill: Dorsey Press.
Sternthal, B. & Craig, C. S. (1973). Humor in advertising. Journal of Marketing, 37, 12–18.
Strong, E. K. Jr. (1913). The effect of time-interval upon recognition memory. Psychological Review, 20, 339–372.
Suls, J. M. (1983). Cognitive processes in humor appreciation. In P. E. McGhee & J. H. Goldstein (Hrsg.), Handbook of humor research (Bd. 1, S. 39–58). New York: Springer.
Sutton, J. R. & Rafaeli A. (1988). Untangling the relationship between displayed emotions and organizational sales: The case of convenience stores. Academy of Management Journal, 31, 461–487.
Swim, J., Borgida, E., Maruyama, G. & Myers, D. G. (1989). Joan McKay versus John McKay: Do gender stereotypes bias evaluation? Psychological Bulletin, 105, 409–429.
Tajfel, H. & Wilkes, A. L. (1963). Classification and quantitative judgment. British Journal of Social Psychology, 54, 101–114.
Tanaka, J. S., Painter, A. T. & Winborne, C. (1988). Dimensions of the need for cognition: Subscales and gender differences. Multivariate Behavioral Research, 23, 35–50.
Teigeler, P. (1968). Verständlichkeit und Wirksamkeit von Sprache und Text. Stuttgart. Nadolski.
Teigeler, P. (1982). Verständlich sprechen, schreiben, informieren. Bad Honnef: Bock & Herchen.
Thayer, F. (1988). Measuring recognition and attraction in corporate, advertising trademarks. Journalism Quarterly, 65, 439–442.
Thomas, L. (1983). Der Einfluß von Kindern auf Produktpräferenzen ihrer Mütter. Berlin: Duncker & Humblot.
Thorson, E. & Rothschild, M. L. (1985). Recognition and recall of commercials: Predicton from a text-comprehension analysis of commercial scripts. In L. F. Alwitt & A. A. Mitchell (Hrsg.), Psychological processes and advertising effects (S. 287–302). Hillsdale, N. J.: Erlbaum.
Tigert, D. J. (1974). Life style analysis as a basis for media selection. In W. D. Wells (Hrsg.), Life style and psychographics (S. 179–194). Chicago: American Marketing Association.
Tinker, M. A. (1969). Legibility of print. Ames, IO: Iowa State University.
Trommsdorff, V. (1984). Kampagnen gegen das Rauchen und ihre Wirkungsmessung. Marketing ZFP, 6, 166–174.

Tulving, E. & Pearlstone, Z. (1966). Availability versus accessibility of information in memory for words. Journal of Verbal Learning and Verbal Behavior, 5, 381–391.
Turkkan, J. S. (1989). Classical conditioning: The new hegemony. The Behavioral and Brain Sciences, 12, 121–179.
Tversky, D. (1977). Features of similarity. Psychological Review, 84, 327–352.
Twedt, D. K. (1952). A multiple factor analysis of advertising readership. Journal of Applied Psychology, 36, 207–215.
Unger, F. (1986). Grundlagen in Kommunikation und Beeinflussung. In Unger, F. (Hrsg.), Konsumentenpsychologie & Markenartikel (S. 18–55). Heidelberg: Physica.
Upmeyer, A. (1985). Soziale Urteilsbildung. Stuttgart: Kohlhammer.
Urbany, J. E., Dickson, P. R. & Wilkie, W. L. (1989). Buyer uncertainy and information search. Journal of Consumer Research, 16, 208–215.
Veblen, T. (1986, Original 1899). Theorie der feinen Leute. Frankfurt a. M.: Fischer.
Venkatesan, M. & Losco, J. (1975). Women in magazine ads: 1957–71. Journal of Advertising Research, 15, 49–54.
Vershofen, W. (1940). Handbuch der Verbrauchsforschung. Berlin: C. Heymann.
Vicary, J. (1957). Subliminal svengali? Sponsor, 11, 38–42.
Vögeli, F. (1960). Beleuchtung und Farbgestaltung im Betrieb. Bern: Haupt.
Wage, J. L. (1982). Psychologie und Technik des Verkaufsgesprächs. Landsberg am Lech: Verlag moderne industrie.
Washburn, M. F. (1911). A note on the affective value of colors. American Journal of Psychology, 22, 114.
Webster, F. E. & Pechmann, F. V. (1970). A replication of the „shopping list" study. Journal of Marketing, 34, 61–63.
Weinberg, P. (1977). Die Produkttreue der Konsumenten. Wiesbaden: Gabler.
Weinberg, P. (1981). Das Entscheidungsverhalten der Konsumenten. Paderborn: Schöningh.
Weller, B. R., Roberts, C. R. & Neuhaus, C. (1979). A longitudinal study of the effect of erotic content upon advertising brand recall. In J. H. Leigh & C. K. Martin jr. (Hrsg.), Current Issues and Research in Advertising (Bd. 2, S. 145–161).
Wesson D. A. (1989). Headline lengh as a factor in magazine ad readership. Journalism Quarterly, 66, 466–468.
West, S. G. & Wicklund, R. A. (1985). Einführung in sozialpsychologisches Denken. Weinheim: Beltz.
Wexner, L. B. (1954). The degree to which colors (hues) are associated with mood-tones. Journal of Applied Psychology, 6, 432–435.
Whipple, T. W. & Courtney, A. E. (1981). How men and women judge humor. In H. J. Leigh & C. R. Martin jr. (Hrsg.), Current Issues and Research in Advertising (Bd. 4, S. 43–56).
Wicklund, R. A. & Gollwitzer, P. M. (1982). Symbolic self-completion. Hillsdale, NJ: Erlbaum.
Wilson, D. R. & Moore, N. K. (1979). The role of sexually-oriented stimuli in advertising: Theory and literature review. In W. A. Wilkie (Hrsg.), Advances in Consumer Research (Bd. 6, S. 55–61). Ann Arbor, MI: Association for Consumer Research.
Wilson, E. J. (1988). Source effects in advertising and personal communications (Unveröffentlichtes Manuskript) Louisiana State University.
Wippich, W. & Bredenkamp, J. (1977). Bestimmung der Bildhaftigkeit (I), Konkretheit (C) und der Bedeutungshaltigkeit (m) von 498 Verben und 400 Adjektiven. Zeitschrift für experimentelle und angewandte Psychologie, 24, 671–680.
Wise, G. L., King, A. L. & Merenski, J. P. (1974). Reactions to sexy ads vary with age. Journal of Advertising Research, 14, 11–16.
Wiswede, G. (1972). Der Mythos vom manipulierten Verbraucher. Jahrbuch für Absatz- und Verbrauchsforschung, 18, 157–170.

Woodside, A. G. & Glenesk, G. B. (1984). Thought processing of advertisements in low versus high noise conditions. Journal of Advertising, 13, 4–11/33.

Woodside, A. G. & Soni, P. K. (1988). Assessing the quality of advertising inquiries by mode of response. Journal of Advertising Research, 28, 31–37.

Zaichkowsky, J. L. (1985). Measuring the involvement construct. Journal of Consumer Research, 12, 341–352.

Zaichkowsky, J. L. (1988). Involvement and the price cue. In M. J. Houston (Hrsg.), Advances in Consumer Research (Bd. 15, S. 323–327). Provo, UT: Association for Consumer Research.

Zajonc, R. B. (1980). Feeling and thinking: Preferences need no inferences. American Psychologist, 35, 151–175.

Zajonc, R. B. (1986). Basic mechanisms of preference formation. In R. A. Peterson, W. D. Hoyer & W. R. Wilson (Hrsg.), The role of affect in consumer behavior (S. 1–16). Lexington, Ma: Lexington.

Zaltman, G. & Wallendorf, M. (1979). Consumer behavior: Basic findings and management implications. New York: Wiley.

Zanot, E. J., Pincus, J. D. & Lamp, E. J. (1983). Public perceptions of subliminal advertising. Journal of Advertising, 12, 39–44.

Zentes, J. (1983). Grundbegriffe des Marketing. Stuttgart: Poeschel.

Zentralausschuß der Werbewirtschaft (ZAW, Hrsg., 1990). Werbung in Deutschland 1990. Bonn: Edition ZAW.

Zielske, H. A. (1959). The remembering and forgetting of advertising. Journal of Marketing, 23, 239–243.

Zimbardo, P. G. (1984). Psychologie. Berlin: Springer.

Zimmer, H. D. (1983). Sprache und Bildwahrnehmung: Die Repräsentation sprachlicher und visueller Informationen und deren Integration in der Wahrnehmung. Frankfurt: Haag & Herchen.

Zinkhan, G. M. (1983). An empirical investigation of aided recall in advertising. In H. J. Leigh & C. R. Martin jr. (Hrsg.), Current Issues and Research in Advertising (Bd. 6, S. 137–160).

Zuckerman, M. (1984). Sensation seeking: A comparative approach to a human trait. The Behavioral and Brain Sciences, 7, 413–471.

Abbildungsnachweis

Der Abdruck der folgenden Werbebeispiele erfolgte mit freundlicher Genehmigung von:

- terre des hommes Bundesrepublik Deutschland e. V., Osnabrück (Abb. 1, S. 6)
- Schindler & Parent Werbeagentur GmbH und Public Relation GmbH, Meersburg (Abb. 6, S. 26)
- elbeo GmbH, Augsburg/RG Wiesmeier Werbeagentur GmbH, München (Abb. 23, S. 76)
- Bundesverband der Pharmazeutischen Industrie e. V., Frankfurt/von Mannstein Werbeagentur, Solingen (Abb. 34, S. 116)
- Margaret Astor AG, Mainz (Abb. 64, S. 194)
- Bundeszentrale für gesundheitliche Aufklärung, Köln (Abb. 67, S. 198)
- Deutsche Bundespost Telekom/TEAM/BBDO GmbH Werbeagentur GWA, Düsseldorf (Abb. 70/71, S. 207)

Stichwortverzeichnis